KB161813

임동석중국사상100

논 어

論 語

朱熹 集註 / 林東錫 譯註

"상아, 물소 뿔, 진주, 옥. 진괴한 이런 물건들은 사람의 이목은 즐겁게 하지만 쓰임에는 적절하지 않다. 그런가 하면 금석이나 초목, 실, 삼베, 오곡, 육재는 쓰임에는 적절하나 이를 사용하면 닳아지고 취하면 고갈된다. 그렇다면 사람의 이목을 즐겁게 하면서 이를 사용하기에도 적절하며, 써도 닳지 아니하고 취하여도 고갈되지 않고, 똑똑한 자나 불초한 자라도 그를 통해 얻는 바가 각기 그 자신의 재능에 따라주고, 어진 사람이나 지혜로운 사람이나 그를 통해 보는 바가 각기 그 자신의 분수에 따라주되 무엇이든지 구하여 얻지 못할 것이 없는 것은 오직 책뿐이로다!"

《소동파전집》(34) 〈이씨산방장서기〉에서 구당(丘堂) 여원구(呂元九) 선생의 글씨

책머리에

동양에서 2천여 년을 두고 첫째로 많이 읽고 연구해온 책을 거론하라면 누구나 주저없이 《논어》를 들 것이다. 우리나라도 이미 삼국시대 이를 읽고 연구하여 일본에게 전해준 기록이 생생히 남아있다.

그만큼 동양인이라면 이를 기본 계단으로 삼아 깊고 심오한 학문의 세계로 들어섰던 것이다. 특히 과거 유학이 곧 국시였던 시대에는 태어나 죽을 때까지 이 《논어》의 구절을 읊고 되색이며 화제와 비유, 생동의 근거로 삼아 생활 전반에 이를 적용하였다. 그리하여 집집마다 꽂아두고 서당마다 이를 암송하였으며 나아가 과거시험과 벼슬길에 이를 읽지 아니하고 선뜻 나선다는 것은 꿈도 꿀 수 없었다.

나도 지난날 선생님에게 이 《논어》를 배우면서 선비의 꿈을 꾸었고, 학문의 길을 나서게 되는 계기를 얻게 되었다. 특히 단장취의斷章取義한 구절일망정 지금까지 나를 이토록 한 가지에 매달릴 수 있게 한 것이 바로 "죽어야 말리 너겨"(死而後己. 191)이다. 그래서 힘들고 지칠 때마다 '하늘이 나를 사랑하기 때문에 이렇게 노고롭게 하나보다'라고 하면서 "사랑한다면서 능히 괴롭지 말라하랴?"(愛之, 能勿勞乎. 340)를 되뇌이며 "가고 또 가고"(行行重行行)하는 길밖에 없었다. 작은 표점하나 그냥 지나치지 못하다가 끝내 일의 바른 길을 터득하는 기쁨도 맛보았으니 일찍이 어떤 사람이 공자를 두고 "그 선생님은 어찌 그리 다능한가?"라고 묻자 공자가 이를 듣고 "나는 어려서 빈천했었다. 그 때문에 하찮은 일에도 능력이 많은 것이다"(吾少也賤, 故多能鄙事. 211)라 하였다. 그리고 급히 성과를 보고자 하였더니 가로막는 걸림돌이 하나둘이 아니었다. 이에 "급히 가고자 하면 이르지 못하나니"(欲速則不達. 319) "공인이 그 일을 잘하려면 먼저 연장부터 잘 베려 놓는 법"(工欲善其事, 必先利其器. 388)의 의미를 깨닫게도 되었다. 이처럼 《논어》는 결국 내 생활 그 자체가 되고 말았다. 그 결과 이제 나도 〈사서四書〉 완정본完整本을 하나 갖게 되었다. 아니 힘써 만들어본 〈노력본勞力本〉이라 해야 맞을 것이다. 좌우간 나로서는 꿈을 이룬 것이며 꽃다운 청장년을 후회없이 되색임질할 수 있다는 안도감까지 든다.

벌써 30여 년이 훌쩍 흘렀다. 내 딴에는 〈사서집주〉를 완전히 역주하여 이 시대 많은 학자들의 연구를 망라하고 싶었던 엉뚱한 오기가 발동했던 것이 벌써 이렇게 많은 성상을 보낸 것이다. 물론 동양 어느 학자가 〈사서〉에 관심을 가지고 읽지 않은 자가 있었겠으며 어느 연구자가 〈사서〉에 대하여 나름대로의 의견과 꿈을 가지지 않은 분이 있었겠는가? 당시나 지금이나 학자 축에도 들지 못하던 내가 그러한 생각을 가진 것은 물론 〈사서〉의 구절구절이 너무 좋아서이기도 하였겠지만 그보다 누구나 덤빌 수 있는 〈사서〉에 대하여, 과연 누구나 덤벼 난맥상을 이루고 있었음을 보았기 때문이었다.

당시는 아직 컴퓨터라는 것이 일반화되지 않아 원고지에 일일이 썼으며 나아가 자료는 있는 대로 찾아 복사하고 카드를 만들어 오려 붙여야 할 시대였다. 그 뒤 비록 문명의 이기가 나왔지만 그래도 입력과 검증, 교정은 절대적인 시간을 요구하였다. 나아가 새로운 이론과 서적이 나타날 때마다 다시 대조하고 참고해야하는 작업은 사실 나에게 커다란 고통을 주었다.

그러나 오히려 그러한 시간들이 행복하였음은 아마 나는 이미 숙명적으로 평원을 마음 놓고 가고 싶은 대로 달릴 수 있는 자동차가 아니라 이미 깔려있는 레일을 달려야 하는 기차와 같은 운명을 가진 자였기 때문이리라. 방향을 바꿀 수도 없고 설 수도 없는 그러한 외길을 타고났으니 어디로 가고 누구를 원망하겠는가? 게다가 출판은 더욱 어려운 일이었다. 누구나 하는 〈사서〉가 뭐 다시 출판할 거리가 되겠는가 라는 평가와, 대학자도 아닌 자가 감히

〈사서〉에 손을 대는가 라는 의구심 때문이었으리라. 새롭게 체재를 갖추어 언해까지 넣었으며 집주集註의 음주音注 부분도 빠짐이 없고, 집주의 전고 典故도 일일이 찾아 밝혔다고 자신감을 보였지만 그것은 강변에 불과하였고 학문적인 것은 고사하고 상업성 자체가 걸림돌이었기 때문이었다.

　그러나 모든 것은 시간과 함께 흘렀다. 지구상 수 천년 수 천만 명이 읽고 연구하여 학문과 감정에 영향을 준 책이 꽤 많겠지만 이 〈사서〉만큼 핍진하게 우리의 역사와 사상을 통제한 책도 드물 것이다. 이 시대에 이러한 일을 담당해보겠다고 나선 것이 바로 과욕이었으며 역부족이었는지 모른다. 그러나 『사이후이死而後已』에 매달리다가도 "마치 말을 할 줄 모르는 듯이" (似不能言. 236) 이 세상을 살다 가리라는 경지에 오르지 못했음을 늘 자책하기도 하였다. 그러나 다시 일어나 정리하고 따져보고 하여 감히 〈노력본〉이라고 내세울만한 이 시대 이 나라의 학문 수준을 알리고 싶었다. 하고 싶은 말도 많고 쓰고 싶은 이야기도 많으나 모두가 췌사贅辭임이 분명한 것 같다. 게다가 조악粗惡하고 누소漏疏한 부분은 각론 연구자가 완벽하게 짚어주기를 바란다. 강호제현江湖諸賢의 편달鞭撻과 질책叱責이 답지遝至하기를 빌 뿐이다. 검증된 책으로 다시 나기 위하여 어떠한 지적도 겸허하게, 그리고 애정어린 관심으로 수용할 것이다.

줄포茁浦 임동석林東錫이 부곽재負郭齋에서 새판을 내면서

일러두기

1. 이 책은 주희朱熹의 〈사서집주四書集註〉《논어論語》 전체의 원문原文과
   집주문集註文을 빠짐없이 현대식으로 역주譯註한 것이다.
2. 대체로 모든 판본이 경經의 원문 중간에 집주문이 실려 있으나 전체 원문의
   대의를 먼저 이해하기 쉽도록 하고자 해당처에 번호를 부여하고 집주문은
   따로 아래로 모아 역주하였다.
3. 각 편별로 전체 일련번호와 편장篇章의 순서 번호를 넣어 쉽게 구분하며
   역주 내의 설명에서도 쉽게 찾아볼 수 있도록 하였다.
4. 장별로 역대이래 각 학자들의 의견과 주장을 주註에서 처리하였다.
5. 그 외에 어휘, 구절, 허사, 문법적 문제, 음운, 인명 등 문제가 될 만한
   것들은 모두 주에서 처리하였다.
6. 음주音注 부분에서 반절식反切式, 직음식直音式, 성조변별식聲調辨別式 등도
   언해음諺解音과 대조하여 일일이 누락됨이 없이 밝혔다.
7. 매 단락마다 〈도산본陶山本〉과 〈율곡본栗谷本〉 언해를 실어 문장의 직역은
   물론 국어학에도 도움이 되도록 하였다.
8. 언해는 단어별 언해음諺解音을 괄호 안에 넣었으며 띄어쓰기를 하여 시각적으로
   구분되도록 하였으며 문장 부호는 표시하지 않았다.
9. 국내외 각종 사서 판본板本, 역주본譯註本, 현대 번역본, 백화어白話語 번역본
   등을 두루 참고하였다. 특히 중국 판본은 〈사부간요四部刊要〉본이 가장
   완벽하다고 보아 이를 근거로 하되 〈십삼경주소十三經注疏〉본과 대만사범대학
   臺灣師範大學 사서교학연토회四書教學研討會 표점활자본標點活字本을 참고로
   하였으며, 국내 판본으로는 내각장본內閣藏本 〈경서經書(大學, 論語, 孟子, 中庸)〉
   〈成均館大學校 大東文化研究院 影印, 世宗 甲寅字)를 근거로 하였으며, 〈언해본
   諺解本〉 두 종류도 교차 검증하였다.

10. 집주集註에 거론된 인명人名은 처음 출현하는 곳에 간단히 약력을 밝혔으며 전체 부록(《大學》 말미)에 따로 모아 설명하였다.

11. 이체자異體字는 원본대로 실었다. 예: 恆(恒), 閒(間), 肨(朌) 등.

12. 집주 내의 전고典故도 일일이 찾아 밝혔으며, 각주脚註에 처리할 수 없는 경우는 해당 부분 괄호 안에 넣었다.

13. 원문에 현토懸吐는 하지 않았으며 현대 중국식 표점부호標點符號를 사용하였다. 다만 우리말 해석문解釋文에는 한국식 문장 부호를 사용하여 구분하였다.

14. 글씨(서예), 전각 자료 등은 현대 국내 작가의 것은 허락을 받아 게재한 것이며, 중국 석가石可의 《孔子事蹟圖·論語箴言印》(1988 山東 齊魯書社)의 전각 작품 등을 전재한 것임을 밝힌다.

15. 부록附錄(1)에는 주희의 〈사서독법四書讀法〉 등과 공자 관련 역사 기록을 실었으며, 부록(2)에는 《논어》 원문 전체를 실어 쉽게 찾아볼 수 있도록 하였다.

16. 사서四書 각 책에 대한 해제는 따로 하지 않고 전체 『사서총해제四書總解題』를 마련하여 《대학》 말미에 실어 일체의 학술적 문제를 일관되게 설명하였다.

17. 기타 자세한 것은 부록과 해제를 참고하기 바란다.

논어

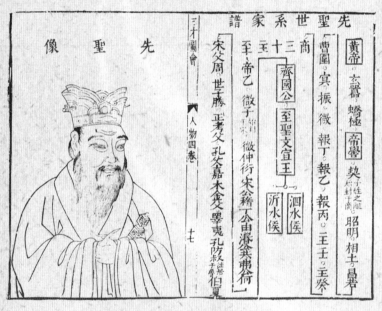

〈孔子像〉과 공자 家系圖《三才圖會》

〈공자 別像〉《三才圖會》

〈孔丘〉"我非生而知之者, 好古敏以求之者也." 夢谷 姚谷良 그림

懷英(書)〈杏壇〉碑. 王立忠《精選中華文物石索》

論語

논어

山東 曲阜 孔子墓

之錫禮優往代事踰恒典
於是在三睠命吹萬歸仁
克隆帝道平承鴻業明玉
鏡以弌九圍席巖圖而御
六辯黃奉上玄肅恭清廟
宵衣夙食視膳之禮無方

虞世南〈孔子廟堂碑〉

차 례

- 책머리에
- 일러두기
- 〈사서총해제四書總解題〉임동석중국사상100《대학》부록을 볼 것

✽ 《논어집주》 下

〈11〉先進篇 (총 25장)

<12> 顏淵篇 (총 24장)

<13> 子路篇 (총 30장)

<14> 憲問篇 (총 47장)

● 《논어집주》 下

<1> 學而篇 (총 16장)

<2> 爲政篇 (총 24개)

<4> 里仁篇 (총 26장)

〈5〉 公冶長篇 (총 27장)

✹《논어집주》 下

<6> 雍也篇 (총 28장)

<7> 述而篇 (총 37장)

⟨9⟩ 子罕篇 (총 30장)

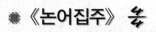

● 《논어집주》 ﾞ

〈15〉 衛靈公篇 (총 41장)

⟨16⟩ 季氏篇 (총 14장)

⟨17⟩ 陽貨篇 (총 26장)

<18> 微子篇 (총 11장)

<20> 堯曰篇 (총 3장)

🍃 부록 Ⅰ

🍃 부록 Ⅱ

논어

明 正統 9년(1444)에 간행된 《聖蹟圖》의 「夾谷會齊圖」

선진先進 第十一

총25장(254-278)

◈ 集註

　此篇多評弟子賢否. 凡二十五章. 胡氏曰:「此篇記閔子騫言
行者四, 而其一直稱閔子, 疑閔氏門人所記也.」

　이 편은 주로 제자弟子들에 대한 어짊의 여부를 평한 것으로
모두 25장이다.
　호씨胡氏(胡寅)는 이렇게 말하였다. "이 편은 민자건閔子騫의 언행
言行을 기록한 것이 네 곳으로, 그 중 하나는 곧바로 민자閔子라고
칭한 것으로 보아 민자건閔子騫의 문인門人이 기록한 것이 아닌가
한다."

254(11-1)

先進於禮樂

공자가 말하였다.

"예악禮樂을 먼저 배운 선배들은 야인野人들이요, 나중에 예악을 배운 후진들은 군자인 것처럼 되어 있다. 그러나 만약 누구의 예를 쓸 것인가 한다면 나는 먼저 예악을 배운 사람들을 따르리라."

子曰:「先進於禮樂, 野人也; 後進於禮樂, 君子也.㊀ 如用之, 則吾從先進.」㊁

【先進】劉寶楠은 《論語正義》에서 당시 卿大夫의 자제들이 조상의 덕으로 벼슬하는 것에 대하여 孔子가 불만을 말한 것이며, 先進이란 일반 선비들이 벼슬하기 전에 禮樂을 먼저 배우고 있는 자라 하였다. 그러나 이에 대한 이론은 분분하다.
【後進】벼슬하느라 바빠 禮樂을 익히지 못함. 君子라고 稱하는 당시의 벼슬아치를 일컫는 것으로 보고 있다.

◉ 諺解

陶山本　　子(ᄌ)ㅣ ᄀᆞᄅ^ᄋᆞ샤ᄃᆡ 先進(션진)이 禮(례)와 樂(악)애 野人(야ᅵᆫ)이오 後進(후진)이 禮(례)와 □□□□ 君子(군ᄌ)ㅣ라 ᄒᆞᄂᆞ니□
만일 用(용)ᄒ□(이하 落張)

栗谷本　　子(ᄌ)ㅣ ᄀᆞᄅᆞ샤ᄃᆡ 先進(션진)은 禮樂(례악)애 野人(야인)이오 後進(후진)은 禮樂(례악)애 君子(군ᄌ)ㅣ라 ᄒᆞᄂᆞ니
만일 쓰면 나ᄂᆞ 先進(션진)을 조초리라

◆ 集註

254-㉠

先進後進, 猶言前輩後輩. 野人, 謂郊外之民. 君子, 謂賢士大夫也.
程子曰:「先進於禮樂, 文質得宜, 今反謂之質朴, 而以爲野人. 後進之於禮樂, 文過其質, 今反謂之彬彬, 而以爲君子. 蓋周末文勝, 故時人之言如此, 不自知其過於文也.」

先進・後進은 前輩・後輩라는 말과 같다. 野人은 郊外의 百姓이며, 君子는 어진 士大夫를 일컫는다.
程子(程顥)는 이렇게 말하였다. "先進於禮樂이란 文質이 마땅함을 얻는 것인데, 지금은 도리어 이를 質朴하다고 말하며, 野人(촌스러운 사람)이라 여긴다. 後進於禮樂은

文이 그 質을 넘어선 것인데, 지금은 도리어 이를 彬彬하다고 말하며 君子라고
여긴다. 대개 周나라 말엽에는 文이 勝하여 그 때문에 당시 사람들이 이와 같이
말하면서도 스스로 文에 지나쳐 있음을 알지 못한 것이리라."

254-㉑

用之, 謂用禮樂. 孔子旣述時人之言, 又自言其如此, 蓋欲損過以就中也.

用之란 禮樂으로써 함을 말한다. 孔子가 이미 당시 사람들의 말을 기술하고
또 스스로 이와 같이 말한 것은 아마 지나친 것을 덜어 중간으로 가게 하고자
한 것이리라.

255(11-2)

從我於陳蔡者

공자가 말하였다.

"내가 진陳·채蔡에서 고생할 때 나를 따랐던 자들 모두가 다 내 집 문까지 다 이르지는 않았구나."

덕행德行은 안연顏淵·민자건閔子騫·염백우冉伯牛·중궁仲弓이요, 언어言語는 재아宰我·자공子貢이며, 정사政事에는 염유冉有·계로季路이며, 문학文學은 자유子游·자하子夏였다.*

子曰:「從我於陳·蔡者, 皆不及門也.」㊀

德行: 顏淵, 閔子騫, 冉伯牛, 仲弓.

言語: 宰我, 子貢.

政事: 冉有, 季路.

文學: 子游, 子夏.㊁

【陳·蔡】 孔子가 일찍이 두 나라의 국경에서 먹을 것이 떨어져 고생하였던 사건. 《史記》,《孔子世家》,《說苑》,《韓詩外傳》,《孔子家語》 등에 널리 기록되어 있다.

【不及門】 漢·唐까지는 '벼슬에 오르지 못하였다'는 뜻(「不及仕進之門, 不仕於卿大夫之門」)으로 보기도 하였다.

【顔淵】 顔回.

【閔子騫】 閔損.

【冉伯牛】 冉耕.

【仲弓】 冉雍.

【宰我】 宰予.

【子貢】 端木賜.

【冉有】 冉求.

【季路】 仲由. 子路.

【文學】 古代 文獻에 대한 연구, 詩·書·易 등. 혹은 文物典章制度로도 본다.

【子游】 言偃.

【子夏】 卜商.

* 많은 學者들이 『德行』 이하는 별개의 章으로 분리해야 한다고 보았다. 한편 이 부분에 실린 내용과 人物을 흔히 '孔門四科十哲'이라 한다.

〈閔損〉(子騫) 王立忠 《精選中華文物石索》

子(ᄌ)ㅣ ᄀᆞᆯᄋᆞ샤ᄃᆡ 나를 陳(딘)□□□□□ ᄒᆞ얏던 者(쟈)ㅣ 다 門(문)에 밋디 아니 ᄒᆞ엿도다

德行(덕ᄒᆡᆼ)애ᄂᆞᆫ 顔淵(안연)과 閔子騫(민ᄌᆞ건)과 冉伯牛(셤ᄇᆡᆨ우)와 仲弓(듕궁)이오 言語(언어)애ᄂᆞᆫ 宰我(ᄌᆡ아)와 子貢(ᄌᆞ공)이오 政事(졍ᄉᆞ)애ᄂᆞᆫ 冉有(셤유)와 季路(계로)ㅣ오 文學(문ᄒᆞᆨ)애ᄂᆞᆫ 子游(ᄌᆞ유)와 子夏(ᄌᆞ하)ㅣ니라

894 **논어**

子(ᄌ) ㅣ ᄀᆞᄅᆞ샤ᄃᆡ 나를 陳蔡(딘채)예 가 조찻던 者(쟈) ㅣ 다
門(문)의 及(급)디 아녓도다

德行(덕ᄒᆡᆼ)은 顔淵(안연)과 閔子騫(민ᄌ건)과 冉伯牛(염ᄇᆡᆨ우)와 仲弓(듕궁)
이오 言語(언어)ᄂᆞᆫ 宰我(ᄌᆡ아)와 子貢(ᄌ공)이오 政事(졍ᄉᆞ)ᄂᆞᆫ 冉有(염유)와
季路(계로) ㅣ 오 文學(문ᄒᆞᆨ)ᄂᆞᆫ 子游(ᄌ유)와 子夏(ᄌ하) ㅣ 니라

◈ 集 註

255-㉠

從, 去聲.

○ 孔子嘗厄於陳·蔡之間, 弟子多從之者, 此時皆不在門. 故孔子思之, 蓋不忘
其相從於患難之中也.

從은 去聲이다.

○ 孔子가 일찍이 陳·蔡之間에서 困厄을 당하였을 때 弟子들이 많이 따랐었다.
그러나 이 때에는 모두가 그의 門下에 있지 않았다. 그 때문에 孔子가 그때를
생각한 것으로 아마 患難 속에서 서로 따랐던 일을 잊지 못하였던 것이리라.

255-㉡

行, 去聲.

○ 弟子因孔子之言, 記此十人, 而并目其所長, 分爲四科. 孔子敎人各因其材,
於此可見.

○ 程子曰:「四科乃從夫子於陳·蔡者爾, 門人之賢者固不止此. 曾子傳道而不
與焉, 故知十哲世俗論也.」

行은 去聲이다(德行은 덕항, 즉 德에 대한 것이란 뜻으로 볼 수 있다).

○ 弟子가 孔子의 말을 근거로 이 열 사람을 기록하고 아울러 그 잘하는 바를
項目으로 묶어 四科로 나눈 것이다. 孔子가 사람을 가르침에 각각 그 재질에
따랐음을 여기에서 볼 수 있다.

○ 程子(程頤)는 이렇게 말하였다. "四科는 이에 陳·蔡之間에서 고생할 때에 따랐던 자들뿐이며, 門人들 중에 어진 자는 사실 여기에 그치는 것은 아니다. 曾子는 傳道한 것으로 (뛰어났건만) 여기에 포함되지 못하고 있다. 그러므로 十哲이란 世俗의 논리임을 알 수 있다."

256(11-3)

回也非助我者也

공자가 말하였다.

"안회顏回는 나를 도와주는 자가 아니로다. 내가 한 말에 대하여 기뻐하지 아니하는 모습이 없구나."

> 子曰:「回也非助我者也, 於吾言無所不說.」⊖

【回】顏回.
【說】悅과 같다. '열'로 읽는다. 그러나 邢昺은 「說, 解也」라 하였다.

子(ᄌ)ㅣ ᄀᆞᆯ오샤ᄃᆡ 回(회)ᄂᆞᆫ 나를 돕ᄂᆞᆫ 者(쟈)ㅣ 아니로다 내 말애 說(열)ᄐᆡ 아닐 빼 업곤□

 子(ᄌ)ㅣ ᄀᆞᄅᆞ샤ᄃᆡ 回(회)ᄂᆞᆫ 날을 助(조)ᄒᆞᄂᆞᆫ 者(쟈)ㅣ 아니로다 내 말애 說(열)ᄐᆡ 아닐 배 업고녀

◈ 集註

256-㊀

說, 音悅.

○ 助我, 若『子夏之起予』, 因疑問而有以相長也. 顏子於聖人之言, 默識心通, 無所疑問. 故夫子云然, 其辭若有憾焉, 其實內深喜之.

○ 胡氏曰:「夫子之於回, 豈眞以助我望之? 蓋聖人之謙德, 又以深贊顏氏云爾.」

說은 음이 悅(열)이다.

○ 助我는 "子夏가 나를 흥기시킨다"(八佾篇 048(3-8))와 같으며 疑問을 품음으로써 相長함이 있음을 뜻한다. 顏子는 聖人의 말에 默識心通(묵묵히 알고 마음으로 통함)하여 의문되는 바가 없었다. 그 때문에 夫子가 이렇게 말한 것이다. 그 말은 마치 유감이 있는 듯하나 그 사실은 안으로 심히 기쁘게 여긴 것이다.

○ 胡氏(胡寅)는 이렇게 말하였다. "夫子가 顏回에게 어찌 진실로 자신을 도와주기를 희망하였겠는가? 대개 聖人의 謙德이며 또한 깊이 顏回를 칭찬하여 말한 것일 따름이다."

257(11-4)

孝哉閔子騫

공자가 말하였다.

"효성스럽도다, 민자건閔子騫이여! 그 누구도 그의 부모곤제父母昆弟가 칭찬한 말에 덧붙일 것이 없구나."

子曰:「孝哉, 閔子騫! 人不間於其父母昆弟之言.」㊀

【閔子騫】閔損.
【父母昆弟】昆은 兄과 같다. 父母兄弟와 같다.
【間】批評·間評을 뜻함. 첨언을 함. 陳群은 「人不得有非間之言」이라 하였다.

子(ᄌ)ㅣ ᄀᆞᆯᄋᆞ샤ᄃᆡ 孝(효)ᄒ다 閔子騫(민ᄌᆞ건)이여 사름이 그 父母(부모)와 昆弟(곤뎨)의 말애 間(간)티 몯ᄒᆞᆺ다

 子(ᄌ)ㅣ ᄀᆞ르샤ᄃᆡ 孝(효)ᄒ다 閔子騫(민ᄌᆞ건)이여 人(인)이 그 父母(부모) 昆弟(곤뎨)의 말에 間(간)티 몯ᄒᆞᆺ다

◆ 集 註

257-㊀

間, 去聲.

○ 胡氏曰:「父母兄弟稱其孝友, 人皆信之無異辭者, 蓋其孝友之實, 有以積於中而著於外, 故夫子嘆而美之.」

間은 去聲이다.

○ 胡氏(호인)는 이렇게 말하였다. "父母兄弟가 그의 孝友를 칭찬하고 남들도 모두 이를 믿고 달리 말하는 자가 없으니, 대체로 그 孝友의 사실이 그 심중에 쌓여 밖으로 드러난 것이다. 夫子가 이 때문에 감탄하면서 아름답다 한 것이다."

258(11-5)

南容三復白圭

남용南容이 백규白圭의 시詩를 세 번이나 반복하자, 공자가 그 형의
딸을 주어 아내 삼도록 하였다.**

南容三復白圭, 孔子以其兄之子妻之.㊀

【南容】南宮适.《史記》에는 南宮括로 실려 있다. 한편《孔子家語》弟子解에는
南宮鞱로, 〈曲禮〉子夏問에는 南宮縚로 각각 그 이름 표기가 다르다.
【白圭】《詩經》大雅 抑篇의 구절. "白圭의 흠은 갈아서 없앨 수 있지만, 우리는
말을 잘못하면 거두어들일 수 없네"라는 뜻이다.
* 南容을 조카사위로 삼은 내용은 093(5-1)에도 있다.
*《大戴禮記》衛將軍文子篇에「獨居思仁, 公言言義, 其聞詩也. 一日三復白圭之玷;
是南宮縚之行也. 夫子信其仁, 以爲異姓」이라 하였다.

諺解

 南容(남용)이 白圭(빅규)를 세 번 復(복)ᄒ거늘 孔子(공ᄌ)ㅣ 그 兄(형)의 子(ᄌ)로뻐 妻(쳐)ᄒ시다

 南容(남용)이 세 번 白圭(빅규)를 復(복)ᄒ거늘 孔子(공ᄌ)ㅣ 그 兄(형)의 子(ᄌ)로뻐 妻(쳐)ᄒ시다

◆ 集註

258-一

三·妻, 並去聲.

○ 詩大雅抑之篇曰:「白圭之玷, 尙可磨也; 斯言之玷, 不可爲也.」南容一日三復此言, 事見家語, 蓋深有意於謹言也. 此邦有道所以不廢, 邦無道所以免禍, 故孔子以兄子妻之.

○ 范氏曰:「言者行之表, 行者言之實, 未有易其言而能謹於行者. 南容欲謹其言如此, 則必能謹其行矣.」

三·妻는 모두 去聲이다.

○《詩經》大雅 抑篇에 "白圭의 흠집은 그래도 갈아버릴 수 있지만, 말의 흠은 지울 수 없네"라 하였다. 南容이 이 구절을 하루에 세 번 반복한 것은《孔子家語》(弟子解)를 보라. 아마 말의 삼감에 깊이 뜻을 가지고 있었던 듯하다. 이는 나라에 道가 있으면 버림을 받지 않을 것이요, 나라에 도가 없어도 禍를 면할 수 있다(093(5-1)). 그 때문에 孔子가 형의 딸로써 그의 아내가 되도록 한 것이다.

○ 范氏(范祖禹)는 이렇게 말하였다. "말이란 행동의 표면이며, 행동이란 말의 實質이다. 그 말을 쉽게 하면서 능히 행동에 조심하는 경우는 있지 않다. 南容이 그 말을 삼가고자 함이 이와 같았다면 틀림없이 행동 또한 능히 삼갔을 것이다."

259(11-6)

季康子問弟子孰爲好學

계강자季康子가 물었다.

"제자 중에 누가 배움을 좋아합니까?"

공자가 대답하였다.

"안회顔回라는 자가 있어 배움을 좋아하였지요. 불행하게도 명이 짧아 죽고 말았습니다. 지금은 배움을 좋아하는 자가 없습니다."*

季康子問:「弟子孰爲好學?」

孔子對曰:「有顔回者好學, 不幸短命死矣, 今也則亡.」㊀

【季康子】魯나라 大夫(前出).

【顔回】顔淵.

* 본장은 雍也篇 121(6-2)에는 魯 哀公이 孔子에게 물은 것으로 실려 있다.

陶山本 　季康子(계강ᄌᆞ)ㅣ 묻ᄌᆞ오ᄃᆡ 弟子(뎨ᄌᆞ)ㅣ 뉘 學(ᄒᆞᆨ)을 好(호)
ᄒᆞᄂᆞ닝잇고 孔子(공ᄌᆞ)ㅣ 對(ᄃᆡ)ᄒᆞ야 ᄀᆞᆯᄋᆞ샤ᄃᆡ 顔回(안회)라 ᄒᆞ리
이셔 學(ᄒᆞᆨ)을 好(호)ᄒᆞ더니 幸(ᄒᆡᆼ)티 몯ᄒᆞ야 命(명)이 短(단)ᄒᆞ야 죽은 디라
이제ᄂᆞᆫ 업스니라

栗谷本 　季康子(계강ᄌᆞ)ㅣ 問(문)호ᄃᆡ 弟子(뎨ᄌᆞ)ㅣ 뉘 學(ᄒᆞᆨ)을 好(호)
ᄒᆞᄂᆞ니잇고 孔子(공ᄌᆞ)ㅣ 對(ᄃᆡ)ᄒᆞ야 ᄀᆞᆯ샤ᄃᆡ 顔回(안회)라 ᄒᆞᄂᆞᆫ
者(쟈)ㅣ 이셔 學(ᄒᆞᆨ)을 好(호)ᄒᆞ더니 幸(ᄒᆡᆼ)티 몯ᄒᆞ야 命(명)이 短(단)ᄒᆞ야
주근 디라 이제ᄂᆞᆫ 업스니라

◆ 集註

259-㊀

好, 去聲.
○ 范氏曰:「哀公·康子問同而對有詳略者, 臣之告君, 不可不盡. 若康子者, 必待
其能問乃告之, 此教誨之道也.」

好는 去聲이다.
○ 范氏(范祖禹)는 이렇게 말하였다. "哀公과 季康子의 질문이 같은데도(雍也篇
121(6-2)) 대답은 상세하기도 하고 간략하기도 한 것은, 臣下로서 임금에게 대답
함이 극진하지 않을 수 없어서이다(雍也篇의 내용이 더 자세함). 季康子 같은 경우라면
그가 능히 물어오기를 기다려야 이에 대답하여 주었으니, 이것이 教誨之道(가르쳐
깨우쳐주는 도리(121(6-2))이다."

260(11-7)

顔淵死

안연顔淵이 죽자 그의 아버지인 안로顔路가 선생님(공자)의 수레를 팔아 그것으로 곽椁을 마련하겠다고 청하자 공자가 이렇게 말하였다.

"재주가 있건 재주가 없건 역시 누구나 각각 그 아들을 들먹이게 된다. 내 아들 이鯉가 죽었을 때에도 관棺만 썼지 곽은 쓰지 않았다. 나는 수레 없이 도보로 걸으면서 곽까지 마련해야 하는 일은 할 수 없다. 이는 내가 대부의 뒤를 따르는 신분이라 도보로 걸을 수 없기 때문이다."

顔淵死, 顔路請子之車以爲之椁.㊀
子曰:「才不才, 亦各言其子也. 鯉也死, 有棺而無椁.
吾不徒行以爲之椁. 以吾從大夫之後, 不可
徒行也.」㊁

【顔淵】顔回.

【顔路】顔回의 父親.《史記》仲尼弟子列傳에 의하면 이름은 無繇, 字는 路이며, 孔子의 弟子라 하였다.

【椁】'內棺外 椁'의 椁과 같다. 관 밖에 다시 더하는 것. 栗谷《諺解》에는 '槨'으로 썼다.

【鯉】孔子의 아들. 字는 伯魚, 孔子가 70세 때 伯魚는 50세로 죽었다.

【大夫之後】大夫의 班列의 뒤에 서다. 즉 같은 大夫의 신분이라는 뜻, 혹은 일찍이 大夫를 지냈던 신분이라는 뜻으로도 본다.

【徒行】수레 등이 없이 도보로 다님.

◉ 諺解

陶山本　顔淵(안연)이 죽거늘 顔路(안로)ㅣ 子(ㅈ)의 車(거)를 請(쳥)ㅎ야 뻐 椁(곽)을 ㅎ여징이다 ㅎ대

子(ㅈ)ㅣ 골ㅇ샤디 才(직)ㅎ며 才(직)티 몯홈애 쏘흔 각각 그 子(ㅈ)ㅣ라 니를 꺼시니 鯉(리)ㅣ 죽거늘 棺(관)이 잇고 椁(곽)을 업시호니 내 徒行(도힝)ㅎ야 뻐 椁(곽)을 ㅎ디 아니홈은 내 태우의 後(후)에 從(죵)ㅎ눈 디라 可(가)히 徒行(도힝)티 몯호모로뻬니라

栗谷本　顔淵(안연)이 死(ㅅ)커늘 顔路(안로)ㅣ 子(ㅈ)의 車(거)를 請(쳥) ㅎ야 뻐 槨(곽)을 ㅎ려 ㅎ대

子(ㅈ)ㅣ ㄱ른샤디 才(직)와 不才(블직)예 쏘흔 각각 그 子(ㅈ)ㅣ라 니를 디니 鯉(리)ㅣ 죽거늘 棺(관)을 두고 槨(곽)을 업시호니 내 徒行(도힝)ㅎ야 뻐 槨(곽)을 ㅎ디 아니호믄 내 大夫(대부)의 後(후)를 從(죵)호믈 뻬라 可(가)히 徒行(도힝)티 몯홀 시니라

◆ 集註

260-㊀

顔路, 淵之父, 名無繇. 少孔子六歳, 孔子始教而受學焉. 椁, 外棺也. 請爲, 椁, 欲賣車以買椁也.

顏路는 顏淵의 아버지로 이름은 無繇이며, 孔子보다 6세 아래였다. 孔子가 가르침을 시작할 때부터 受學하였다. 椁은 外棺이다. 椁으로 삼자고 한 것은 수레를 팔아 椁을 사고자 한 것이다.

260-㉡

鯉, 孔子之子伯魚也, 先孔子卒. 言鯉之才雖不及顏淵, 然己與顏路以父視之, 則皆子也. 孔子時已致仕, 尚從大夫之列, 言後, 謙辭.

○ 胡氏曰:「孔子遇舊館人之喪, 嘗脫驂以賻之矣. 今乃不許顏路之請, 何邪? 葬可以無木享, 驂可以脫而復求, 大夫不可以徒行, 命車不可以與人而鬻諸市也. 且爲所識窮乏者得我, 而勉强以副其意, 豈誠心與直道哉? 或者以爲『君子行禮, 視吾之有無而已』. 夫君子之用材, 視義之可否, 豈獨視有無而已哉?」

鯉는 孔子의 아들인 伯魚이며, 孔子보다 일찍 죽었다. 鯉의 재능이 비록 顏淵에게 미치지는 못하였으나 자신과 顏路가 다 같이 아버지의 입장에서 보면 모두 아들임을 말한 것이다. 孔子는 당시에 이미 벼슬을 그만두었을 때이나 오히려 大夫의 반열을 따르고 있었는데도 후(大夫之後)라 한 것은 겸손의 말이다.

○ 胡氏(胡寅)는 이렇게 말하였다. "孔子가 옛 館舍 사람의 喪을 만나자 驂馬를 풀어 賻儀로 삼은 적이 있다(《禮記》 檀弓上에 '孔子之衛, 遇舊館人之喪, 入而哭之哀. 出, 使子貢說驂而賻之'라 함). 그런데 이제 와서 顏路의 청을 허락하지 않은 것은 무슨 연유인가? 이번의 葬禮에는 椁이 없어도 될뿐더러 驂馬는 풀어 주었어도 다시 구하면 된다. 그러나 大夫는 걸어다닐 수 없고, 命(임금의 법)에 수레는 남에게 주거나 저자에 내다 팔 수도 없게 되어 있었다(《禮記》 王制篇에 '命服命車, 不粥於市'라 함). 게다가 안면 있는 궁핍한 자가 자신을 통해 얻는 것이 있도록 하기 위해(《孟子》 告子上 150(11-10)을 볼 것) 억지로 그의 뜻에 부응한다면 어찌 誠心과 直道(곧은 도리)이겠는가? 혹자는 '君子의 行禮에는 나에게의 有無로 보아 처리할 뿐'(내 집 형편에 따름)이라 여겼다. 무릇 군자의 材物 사용은 義의 可否를 보는 것이니, 어찌 유독 있고 없음(有無)만을 볼뿐이겠는가?"

261(11-8)

顔淵死子曰噫天喪予

안연顔淵이 죽자 공자가 말하였다.
"아! 하늘이 나를 버렸구나! 하늘이 나를 버렸구나!"

顔淵死.

子曰:「噫! 天喪予! 天喪予!」㊀

【天喪予】喪은 失과 같다. 聲訓으로 풀이한다.

諺解

陶山本   顔淵(안연)이 죽거늘 子(ᄌ)ㅣ ᄀᆞᆯᄋᆞ샤듸 噫(희)라 하늘히 나를 喪(상)ᄒᆞ샷다 하늘히 나를 喪(상)ᄒᆞ샷다

栗谷本   顔淵(안연)이 死(ᄉ)커늘 子(ᄌ)ㅣ ᄀᆞᄅᆞ샤듸 噫(희)라 天(텬)이 날을 喪(상)ᄒᆞ샷다 天(텬)이 날을 喪(상)ᄒᆞ샷다

集 註

261-㊀

喪, 去聲.

○ 噫, 傷痛聲. 悼道無傳, 若天喪己也.

喪은 去聲(잃다)이다.

○ 噫는 상심하여 애통히 여기는 소리이다. 道가 전해지지 못함을 슬퍼하기를, 마치 하늘이 자신을 버린 것으로 여긴 것이다.

262(11-9)

顔淵死子哭之慟

안연顔淵이 죽어 공자의 곡이 너무 애통해하자, 그 시종자가 이렇게 말하였다.

"선생님께서는 지나치게 애통해하십니다."

그러자 공자가 이렇게 말하였다.

"지나치게 애통해한다고? 내 무릇 이런 사람을 위하여 애통해하지 않고 누구를 위하여 애통해한단 말이냐?"

顔淵死, 子哭之慟.

從者曰:「子慟矣.」㊀

曰:「有慟乎?㊁ 非夫人之爲慟而誰爲?」㊂

【慟】鄭玄의 注에 「變動容貌」라 하였고, 馬融은 「慟, 哀過也」라 하였다. '통'으로
읽는다.

【夫】發語詞. 虛詞이다.

◉ 諺解

南山本 　顔淵(안연)이 죽거늘 子(ᄌ)ㅣ 哭(곡)ᄒ심을 慟(통)ᄒ신대 從(죵)
　　　　ᄒ 者(쟈)ㅣ 글ᄋ샤ᄃᆡ 子(ᄌ)ㅣ 慟(통)ᄒ샤소이다

글ᄋ샤ᄃᆡ 慟(통)홈이 인ᄂ냐

夫(부) 人(신)을 爲(위)ᄒ야 慟(통)티 아니코 누를 爲(위)ᄒ야 ᄒ리오

栗谷本 　顔淵(안연)이 死(ᄉ)커늘 子(ᄌ)ㅣ 哭(곡)호믈 慟(통)히 ᄒ신대
　　　　從者(죵쟈)ㅣ 글ᄋ샤ᄃᆡ 子(ᄌ)ㅣ 慟(통)ᄒ샤소이다

ᄀᄅ샤ᄃᆡ 慟(통)호미 잇ᄂ냐

그 人(인)을 爲(위)ᄒ야 慟(통)티 아니ᄒ고 누를 爲(위)ᄒ리오

◆ 集註

262-㉠

從, 去聲.
○ 慟, 哀過也.

從은 去聲이다.
○ 慟은 슬퍼함이 과한 것이다.

262-㉡

哀傷之至, 不自知也.

哀傷이 지극하여 스스로도 알지 못하는 것이다.

262-三

夫, 音扶. 爲, 去聲.

○ 夫人, 謂顏淵. 言其死可惜, 哭之宜慟, 非他人之比也.

○ 胡氏曰:「痛惜之至, 施當其可, 皆情性之正也.」

夫는 음이 扶(부)이다. 爲는 去聲이다.

○ 夫人(무릇 이런 사람)은 顏淵을 가리킨다. 그의 죽음이 애석하여 곡함에 의당 그 애통함이 타인에 비할 바가 아님을 말한 것이다.

○ 胡氏(호인)는 이렇게 말하였다. "痛惜이 지극하고 베풂이 그 可함에 마땅함은, 모두가 情性之正이다."

263(11-10)

顔淵死門人欲厚葬之

안연顏淵이 죽어 문인들이 후하게 장례를 치르려 하자 공자가 이렇게 말하였다.

"안 된다."

그런데도 문인들이 후하게 장례를 치렀다. 그러자 공자가 이렇게 말하였다.

"안회는 나를 마치 자신의 아버지처럼 여겼다. 그러나 나는 그를 아들처럼 대할 수가 없구나. 이는 내 뜻이 아니다. 무릇 저 문인들 때문이다."

顏淵死, 門人欲厚葬之.

子曰:「不可.」㊀

門人厚葬之.㊁

子曰:「回也視予猶父也, 予不得視猶子也. 非我也,
　　　夫二三子也.」㊂

【厚葬】《禮記》檀弓에「稱家之有亡, 有, 毋過禮. 苟亡矣, 斂首足形, 還葬, 縣棺
而封」이라 하여 형편에 맞게 치러야 한다고 하였다.

● 諺解

陶山本　顏淵(안연)이 죽거늘 門人(문신)이 厚(후)히 葬(장)코져 흔대
　　　　子(ᄌ)ㅣ ᄀᆞᆯᄋᆞ샤ᄃᆡ 可(가)티 아니ᄒᆞ니라
門人(문신)이 厚(후)히 葬(장)흔대
子(ᄌ)ㅣ ᄀᆞᆯᄋᆞ샤ᄃᆡ 回(회)는 나를 봄을 父(부)ᄀᆞ티 ᄒᆞ거늘 나는 시러곰
봄을 子(ᄌ)ᄀᆞ티 몯호니 내 아니라 二三子(ᅀᅵ삼ᄌ)ㅣ니라

栗谷本　顏淵(안연)이 死(ᄉ)커늘 門人(문인)이 厚葬(후장)코져 흔대
　　　　子(ᄌ)ㅣ ᄀᆞᄅᆞ샤ᄃᆡ 可(가)티 아니타 ᄒᆞ더시다
門人(문인)이 厚(후)히 葬(장)흔대
子(ᄌ)ㅣ ᄀᆞᄅᆞ샤ᄃᆡ 回(회)는 날 보기를 父(부)ᄀᆞ티 ᄒᆞ더니 나는 시러곰
보믈 子(ᄌ)ᄀᆞ티 몯호니 내 아니라 二三子(이삼ᄌ)ㅣ니라

◈ 集註

263-㊀

喪具稱家之有無, 貧而厚葬, 不循理也. 故夫子止之.

喪事에서의 갖춤은 집안의 有無에 따라 맞추어 하는 것인데(《禮記》檀弓(上)에 '子游問喪具, 夫子曰: 稱家之有無'라 함), 가난하면서 후한 葬禮를 치르는 것은 이치를 따르지 않는 것이다. 그 때문에 夫子가 만류한 것이다.

263-㊁

蓋顔路聽之.

아마 顔路가 이를 들어준 것이리라.

263-㊂

歎不得如葬鯉之得宜, 以責門人也.

鯉를 葬禮 치를 때와 같은 마땅함을 이루지 못한 것을 탄식하여 그 門人을 질책한 것이다.

264(11-11)

季路問事鬼神

계로季路가 귀신을 섬기는 일에 대하여 여쭙자 공자가 이렇게 말하였다.

"사람을 섬기는 일에 능하지 못하다면 어찌 귀신을 섬기는 일에 능하랴?"

다시 여쭈었다.

"감히 죽음에 대하여 여쭙습니다."

공자가 이렇게 말하였다.

"살아 있는 것이 무엇인지도 모른다면 어찌 죽음을 알겠느냐?"

季路問事鬼神.
子曰:「未能事人, 焉能事鬼?」
　曰:「敢問死.」
　曰:「未知生, 焉知死?」㊀

【季路】子路. 仲由.
【焉】의문사. 安·何·烏 등과 같다.

◉ 諺 解

陶山本　季路(계로)ㅣ 鬼神(귀신) 셤김을 묻즈온대 子(즈)ㅣ 글ㅇ샤뒤 能(능)히 사름을 셤기디 몯ᄒ면 엇디 能(능)히 鬼(귀)를 셤기리오 敢(감)히 死(ᄉ)를 묻줍노이다 글ㅇ샤뒤 生(싱)을 아디 몯ᄒ면 엇디 死(ᄉ)를 알리오

栗谷本　季路(계로)ㅣ 鬼神(귀신) 事(ᄉ)호믈 問(문)ᄒ대 子(즈)ㅣ ᄀᆞᄅ샤뒤 能(능)히 人(인)을 事(ᄉ)티 몯ᄒ면 엇디 能(능)히 鬼(귀)를 事(ᄉ)ᄒ리오 敢(감)히 死(ᄉ)를 問(문)ᄒ노이다 ᄀᆞᄅ샤뒤 生(싱)을 아디 몯ᄒ면 엇디 死(ᄉ)를 알리오

264-㊀

焉, 於虔反.

○ 問事鬼神, 蓋求所以奉祭祀之意. 而死者人之所必有, 不可不知, 皆切問也. 然非誠敬足以事人, 則必不能事神; 非原始而知所以生, 則必不能反終而知所以死. 蓋幽明始終, 初無二理, 但學之有序, 不可躐等, 故夫子告之如此.

○ 程子曰:「晝夜者, 死生之道也. 知生之道, 則知死之道; 盡事人之道, 則盡事鬼之道. 死生人鬼, 一而二, 二而一者也. 或言『夫子不告子路』, 不知此乃所以深告之也.」

焉은 反切로 '於虔反'(언)이다.

○ 鬼神을 섬기는 것에 대하여 여쭈었다는 것은 아마 祭祀를 받드는 바의 뜻을 구한다는 뜻이리라. 죽음이란 사람에게 반드시 한 번은 닥치는 일로 알지 않으면 안 되는 것이니, 모두가 절실한 질문이다. 그러나 誠敬이 사람을 섬기기에 족하지 못하다면, 틀림없이 鬼神을 능히 섬길 수 없으며, 시작의 근원을 따져 生의 所以를 알지 못한다면, 틀림없이 끝의 돌이킴을 따져 死의 所以를 아는 것도 불가능하다. 대개 幽·明·始·終은 애초에는 두 가지 이치가 아니었으나, 다만 배움에 순서가 있어 단계를 뛰어넘을 수 없는 것이다. 그 때문에 夫子가 이와 같이 일러 준 것이다.

○ 程子(程頤)는 이렇게 말하였다. "낮과 밤이란 죽음과 삶의 道이다.(《周易》 繫辭傳) 生의 道를 안다면 死의 道를 알게 되고, 事人之道를 다한다면 事鬼之道를 다 할 수 있다. 死·生·人·鬼는 하나이면서 둘이며, 둘이면서 하나인 것이다. 혹자는 '夫子가 子路에게 일러주지 않은 것이다'라고 말하는데, 이것이 곧 깊이 일러 준 것임을 모르고 하는 말이다."

265(11-12)

閔子侍側

민자건閔子騫이 곁에 모시고 있으면서 은은闇闇히 하였고, 자로子路는 항항行行히 하였으며, 염유冉有와 자공子貢은 간간侃侃한 태도였다. 공자는 기꺼워하면서도 이렇게 말하였다.

"유(由; 자로)처럼 하다가는 옳은 죽음을 얻지 못하겠구나."

閔子侍側, 闇闇如也; 子路, 行行如也; 冉有·子貢, 侃侃
如也. 子樂.㊀
「若由也, 不得其死然.」㊁

【閔子騫】閔損. 孔門十哲의 하나.

【誾誾】말에 논리가 있음. '은은'으로 읽는다.

【行行】剛强한 태도. '항항'으로 읽는다.

【冉有】冉求.

【子貢】端木賜.

【侃侃】온화하고 즐거워하는 태도. '간간'으로 읽는다.

【由】仲由. 子路.

【不得其死然】좋은 죽음을 맞이하지 못함. 당시의 俗語. 뒤에 子路는 과연 衛나라 孔悝之難에 연루되어 죽는다.

⊙ 諺 解

陶山本　閔子(민ㅈ)는 側(측)에 뫼셔심애 誾誾(은은)툿 ᄒ고 子路(ㅈ로)는 行行(항항)툿 ᄒ고 冉有(염유)와 子貢(ㅈ공)은 侃侃(간간)툿 ᄒ거늘 子(ㅈ)ㅣ 樂(락)ᄒ시다

由(유)ᄀᄐ니는 그 死(ㅅ)를 得(득)디 몯홀돗 ᄒ도다

栗谷本　閔子(민ㅈ)는 側(측)에 侍(시)홀제 誾誾(은은)히 ᄒ고 子路(ㅈ로)는 行行(항항)히 ᄒ고 冉有(염유) 子貢(ㅈ공)은 侃侃(간간)히 ᄒ거늘 子(ㅈ)ㅣ 樂(락)ᄒ시다

由(유) ᄀᄐ니는 그 死(ㅅ)를 得(득)디 몯홀돗 ᄒ다

◆ 集 註

265-㊀

誾·侃, 音義見前篇. 行, 胡浪反. 樂, 音洛.

○ 行行, 剛强之貌. 子樂者, 樂得英才而教育之.

闇과 侃의 音義는 前篇(鄉黨篇 236(10-1) 集註)을 보라. 行은 反切로 '胡浪反'(항)이며, 樂은 음이 洛(락)이다.

○ 行行은 굳세고 강한 모습이다. 孔子가 즐거워한 것은 英才를 얻어 교육함을 즐거워한다는 뜻이다.

265-㊂

尹氏曰:「子路剛强, 有不得其死之理, 故因以戒之. 其後子路卒死於衛孔悝之難.」
洪氏曰:「漢書引此句, 上有曰字.」
或云:「上文樂字, 卽曰字之誤.」

尹氏(尹焞)는 이렇게 말하였다. "子路는 剛强하여 옳은 죽음을 맞이하지 못할 이치가 있었다. 그 때문에 이를 근거로 경계한 것이다. 그 뒤 子路는 결국 衛나라 孔悝之難(《左傳》哀公 十五·十六年을 볼 것)에 죽고 말았다."

洪氏(洪興祖)는 이렇게 말하였다. "《漢書》에 이 구절을 引用하면서 위에 曰자가 있다."

혹자는 이에 대해 "위 문장의 樂자는 曰자의 誤字이다"라 하였다.

266(11-13)

魯人爲長府

노魯나라 사람이 장부長府라는 창고를 짓자 민자건閔子騫이 이렇게 말하였다.

"옛날 그대로 쓰면 어떻겠는가? 하필이면 다시 고쳐 지을 게 뭐람?"

공자가 이를 듣고 이렇게 말하였다.

"무릇 평소 말을 하지 않을지언정 말을 했다 하면 꼭 들어맞는구나."

魯人爲長府.㉠
閔子騫曰:「仍舊貫, 如之何? 何必改作?」㉡
子曰:「夫人不言, 言必有中.」㉢

【長府】창고 이름. 財貨를 보관하는 것은 府라 한다.
【仍舊貫】'옛날 제도대로 하다'의 뜻. 仍은 '잉'으로 읽는다

⊙ 諺解

陶山本
魯人(로신)이 長府(댱부)를 爲(위)ᄒ더니
閔子騫(민ᄌ건)이 ᄀᆞᆯ오ᄃᆡ 녜 일을 인홈이 엇더ᄒ뇨 엇디 반ᄃ시 고텨 作(작)ᄒ리오
子(ᄌ)ㅣ ᄀᆞᆯᄋ샤ᄃᆡ 夫(부) 人(신)이 言(언)티 아닐 ᄲᅮᆫ이언뎡 言(언)ᄒ면 반ᄃ시 中(듕)홈이 인ᄂ니라

栗谷本
魯人(로인)이 長府(댱부)를 ᄒ거늘
閔子騫(민ᄌ건)이 ᄀᆞᆯ오ᄃᆡ 舊貫(구관)을 仍(잉)호ᄃᆡ 엇더ᄒ관ᄃᆡ 엇디 구ᄐᆡ텨 곳텨 作(작)ᄒᄂ고
子(ᄌ)ㅣ ᄀᆞᄅ샤ᄃᆡ 그 人(인)이 言(언)티 아닐 ᄲᅮᆫ이언뎡 言(언)ᄒ면 반ᄃ시 中(듕)호미 잇ᄂ니라

◈ 集註

266-㊀

長府, 藏名. 藏貨財曰府. 爲, 蓋改作之.

長府는 갈무리하는 창고의 이름이다. 貨財(財貨)를 갈무리하는 곳을 府라 한다. 爲는 아마 고쳐 짓는다는 뜻인 듯하다.

266-㊁

仍, 因也. 貫, 事也.
王氏曰:「改作, 勞民傷財. 在於得已, 則不如仍舊貫之善.」

仍은 因(인습, 여전히의 뜻)이다. 貫은 일(事)이다.
王氏(王安石)는 이렇게 말하였다. "고쳐 지으면 백성을 수고롭게 하고 재물을 낭비하게 된다. 그칠 수 있는 단계에 있다면 옛 일 그대로 하는 장점만한 것이 없다."

266-㊂

夫, 音扶. 中, 去聲.

○ 言不妄發, 發必當理, 惟有德者能之.

夫는 음이 扶(부)이다. 中은 去聲이다.

○ 망발하지 않고 한 말이 틀림없이 이치에 맞는 것은, 오직 덕 있는 자만이 이에 능할 수 있음을 말한 것이다.

267(11-14)

由之瑟奚爲於丘之門

공자가 말하였다.

"중유仲由는 어찌 나의 집에서 슬瑟을 연주하는고?"

그래서 문인들이 자로(子路; 중유)를 존경하지 아니하게 되었다.

공자가 이렇게 말하였다.

"중유는 당堂에까지는 올랐으나 아직 방 안까지는 들어오지 못하였도다."*

子曰:「由之瑟奚爲於丘之門?」⊖

門人不敬子路.

子曰:「由也升堂矣, 未入於室也.」⊖

【由】子路, 仲由

【瑟】현악기인 거문고의 일종. 큰 거문고라 함. 줄이 15・19・25・27줄로 된 것
 등 여러 종류가 있음.

【升堂入室】學問의 경지에 오르는 차례를 비유한 것.

* 馬融은 「子路鼓瑟, 不合雅頌」이라 하여, 孔子가 瑟 소리가 雅頌에 맞지 않는다고
 못마땅히 여겼기 때문이라 하였다.

 諺解

 子(ᄌ)ㅣ 글ᄋ샤ᄃᆡ 由(유)의 瑟(슬)을 엇디 丘(구)의 門(문)에
 ᄒᆞᄂᆞ뇨

門人(문신)이 子路(ᄌ로)를 敬(경)티 아니ᄒᆞᆫ대 子(ᄌ)ㅣ 글ᄋ샤ᄃᆡ 由(유)ᄂᆞᆫ
堂(당)의 올ᄋ고 室(실)에 드디 몯ᄒᆞ연ᄂᆞ니라

 子(ᄌ)ㅣ ᄀᆞᄅᆞ샤ᄃᆡ 由(유)의 瑟(슬)을 엇디 丘(구)의 門(문)에셔
 ᄒᆞᄂᆞᆫ고

門人(문인)이 子路(ᄌ로)를 敬(경)티 아니ᄒᆞᆫ대 子(ᄌ)ㅣ ᄀᆞᄅᆞ샤ᄃᆡ 由(유)ᄂᆞᆫ
堂(당)의 升(승)ᄒᆞ고 室(실)에 드디 몯홀 ᄯᆞᆫ이니라

◆ 集註

267-㊀

程子曰:「言其聲之不和, 與己不同也.」

家語云:「子路鼓瑟, 有北鄙殺伐之聲.」蓋其氣質剛勇, 而不足於中和, 故其發
於聲者如此.

程子(程頤)는 이렇게 말하였다. "그 소리가 조화를 이루지 못하여 자신과 같지
않음을 말한 것이다."

《家語》(辨樂解篇. 그러나《說苑》修文篇 '子路鼓瑟有北鄙之聲'의 설명이 더욱 자세함)에는 이렇게 말하였다. "子路가 瑟을 연주함에 北鄙殺伐의 소리가 있었다." 아마 그의 기질이 剛勇하여 中和에 부족하기 때문에 소리의 나타남이 이와 같았을 것이다.

267-㉒

門人以夫子之言, 遂不敬子路, 故夫子釋之. 升堂入室, 喩入道之次第. 言子路之學, 已造乎正大高明之域, 特未深入精微之奧耳, 未可以一事之失而遽忽之也.

門人들이 夫子의 말을 근거로 결국 子路를 공경하지 않게 되었고, 그 때문에 孔子가 이를 해석한 것이다. 升堂入室은 道로 들어가는 차례를 비유한 것이다. 子路의 學問이 이미 正大高明한 경지에 다다랐으나, 특히 아직 精微之奧한 곳까지는 깊이 이르지 못하였을 뿐이므로 一事之失만 가지고 갑자기 홀대해서는 안 된다고 말한 것이다.

268(11-15)

子貢問師與商也孰賢

자공이 여쭈었다.

"사(顓孫師; 자장)와 상(卜商; 자하)은 누가 더 어집니까?"

공자가 이렇게 말하였다.

"자장은 지나치고 복상은 미치지 못하지."

다시 여쭈었다.

"그렇다면 자장이 낫다는 뜻입니까?"

공자는 이렇게 말하였다.

"지나친 것은 미치지 못한 것과 같다."

子貢問:「師與商也孰賢?」

　子曰:「師也過, 商也不及.」㊀

　　曰:「然則師愈與?」㊁

　子曰:「過猶不及.」㊂

【師】顓孫師. 字는 子張.

【商】卜商. 子는 子夏.

諺 解

陶山本　　子貢(ᄌ공)이 묻ᄌ오ᄃᆡ 師(ᄉ)와 다ᄆᆞᆺ 商(샹)이 뉘 賢(현)ᄒᆞ닝잇고
　　　　　子(ᄌ)ㅣ ᄀᆞᆯᄋᆞ샤ᄃᆡ 師(ᄉ)ᄂᆞᆫ 넘고 商(샹)은 밋디 몯ᄒᆞᄂᆞ니라
　　　ᄀᆞᆯ오ᄃᆡ 그러면 師(ᄉ)ㅣ 나으닝잇가
　　　子(ᄌ)ㅣ ᄀᆞᆯᄋᆞ샤ᄃᆡ 너믐이 밋디 몯홈과 ᄀᆞᆮᄐᆞ니라

栗谷本　　子貢(ᄌ공)이 問(문)호ᄃᆡ 師(ᄉ)와 다ᄆᆞᆺ 商(샹)이 뉘 賢(현)ᄒᆞ니잇고
　　　　　子(ᄌ)ㅣ ᄀᆞᄅᆞ샤ᄃᆡ 師(ᄉ)ᄂᆞᆫ 過(과)ᄒᆞ고 商(샹)은 及(급)디 몯ᄒᆞ니라
　　　ᄀᆞᆯ오ᄃᆡ 그러면 師(ᄉ)ㅣ 나ᄋᆞ니잇가
　　　子(ᄌ)ㅣ ᄀᆞᄅᆞ샤ᄃᆡ 過(과)ㅣ 不及(블급) ᄀᆞᆮᄐᆞ니라

268-㊀

子張才高意廣, 而好爲苟難, 故常過中. 子夏篤信謹守, 而規模狹隘, 故常不及.

子張은 재주가 높고 뜻이 넓으나 구차히 어려운 일을 만들기 좋아하여(《荀子》
不苟篇에 ‘君子行, 不貴苟難’이라 함), 그 때문에 항상 중도를 넘어섰다. 子夏는 믿음을
돈독히 하고 지킴에 근신하나 규모가 협소하고 막히어 그 때문에 늘 미치지
못하였다.

268-㊁

與, 平聲.
○ 愈, 猶勝也.

與는 平聲이다.
○ 愈는 낫다(勝)와 같은 말이다.

268-㊂

道以中庸爲至. 賢知之過, 雖若勝於愚不肖之不及, 然其失中則一也.
○ 尹氏曰:「中庸之爲德也, 其至矣乎! 夫過與不及, 均也. 差之毫釐, 繆以千里.
故聖人之敎, 抑其過引其不及, 歸於中道而已.」

道는 中庸을 최고로 삼는다. 어짊과 지혜가 지나침은, 비록 어리석고 불초하여
미치지 못함보다 나은 듯하나, 결국 中庸을 잃은 면에서는 매한가지이다.
○ 尹氏(尹焞)는 이렇게 말하였다. “中庸의 德이 됨은 그 지극한 것인저!(146.
6-27) 무릇 지나침과 모자람은 똑같다. 그 차이가 毫釐(털끝. 아주 작은 차이를 뜻함)
일지라도 결국은 천리나 달라진다. 그 때문에 聖人의 가르침은 지나침을 억제하고
모자람을 끌어올려 中道로 귀결되게 할 뿐이다.”

269(11-16)

季氏富於周公

계씨季氏의 부유함이 주공周公보다 더한데도 염구冉求가 많은 세금을 거두어 더욱 불려주자 공자가 이렇게 말하였다.

"염구는 우리 무리가 아니다. 너희들은 북을 울리며 성토해도 좋다."*

> 季氏富於周公, 而求也爲之聚斂而附益之.㊀
> 子曰:「非吾徒也. 小子鳴鼓而攻之, 可也.」㊁

【季氏】季孫氏. 당시 魯나라의 權門 집안.
【周公】두 가지 說이 있다. 즉 周公 旦(姬旦)이라는 설과, 周나라 天子의 측근 公卿大夫를 지칭한다는 설이 그것이다.
【冉求】冉有. 字는 子有.
* 이 사건은 《左傳》 哀公 11年과 12年에 실려 있다.

季氏(계시)ㅣ 周公(쥬공)에셔 가음 열거늘 求(구)ㅣ 爲(위)ᄒᆞ야 聚斂(취렴)ᄒᆞ야 附益(부익)ᄒᆞᆫ대

子(ᄌᆞ)ㅣ 길ᄋᆞ샤ᄃᆡ 우리 물이 아니로소니 小子(쇼ᄌᆞ)아 鼓(고)를 鳴(명)ᄒᆞ야 攻(공)홈이 可(가)ᄒᆞ니라

 落帳

◆ 集註

269-㈠

爲, 去聲.

○ 周公以王室至親, 有大功, 位冢宰, 其富宜矣. 季氏以諸侯之卿, 而富過之, 非攘奪其君·刻剝其民, 何以得此? 冉求爲季氏宰, 又爲之急賦稅以益其富.

爲는 去聲이다.

○ 周公은 王室의 至親으로서 大功이 있었고, 직위는 冢宰였으므로 그의 부유함은 마땅한 것이다. 그러나 季氏는 諸侯의 卿이면서 그 부유함이 이보다 지나치니 그 임금을 攘奪하거나 그 百姓에게 각박하게 굴지 않고서야 어찌 이런 富를 얻을 수 있겠는가? 冉求는 季氏의 家宰가 되어 있었으며 게다가 이를 위해 賦稅를 급히 굴며 그 부유함에 더 불려주었던 것이다.

269-㈢

非吾徒, 絶之也. 小子鳴鼓而攻之, 使門人聲其罪以責之也. 聖人之惡黨惡而害民也如此. 然師嚴而友親, 故已絶之, 而猶使門人正之, 又見其愛人之無已也.

○ 范氏曰:「冉有以政事之才, 施於季氏, 故爲不善至於如此. 由其心術不明, 不能反求諸身, 而以仕爲急故也.」

非吾徒란 이를 끊어버리는 것이다. '小子鳴鼓而攻之'란 門人들로 하여금 그 죄를 질책하여 성토토록 한 것이다. 聖人이, 惡한 이와 黨을 짓고 百姓을 해치는 것에 대하여 미워함이 이와 같았던 것이다. 그러나 스승은 엄하고 벗 사이는 친하여야 하니 그 때문에 이미 끊어 버린다 하고도 오히려 門人들을 시켜 이를 바로잡아 주도록 하였으니, 또한 그의 사람을 사랑함에 끝이 없음을 볼 수 있다.

○ 范氏(范祖禹)는 이렇게 말하였다. "冉有는 政事의 재능을 季氏에게 베풀었다. 그 때문에 不善한 일을 지음이 여기에 이른 것이다. 그 心術이 밝지 않음으로 인해 능히 이를 돌이켜 자신에게 구하지 못하여, 벼슬하는 일을 급한 것으로 여긴 까닭이다."

270(11-17)

柴也愚

　고시高柴는 우둔하였고, 증삼曾參은 노둔하였으며, 전손사(顓孫師; 자장)는 편벽된 성격이었고, 중유(仲由; 子路)는 조속粗俗하였다.

> 柴也愚,㊀ 參也魯,㊁ 師也辟,㊂ 由也喭.㊃

【柴】 高柴.(B.C. 521~?) 字는 子羔. 孔子의 弟子로 30세 아래였다 한다. '시'로 읽는다.
【辟】 편벽됨. 黃式三의 《論語後案》에 「辟讀若左傳闕西辟之辟, 偏也. 以其志過高而流於一偏也」라 하였다. '벽'으로 읽는다.
【喭】 거칠고 속됨. 粗俗함. '언'으로 읽는다.

柴(싀)는 愚(우)ᄒ고
參(ᄉᆞᆷ)은 魯(로)ᄒ고
師(ᄉᆞ)는 辟(벽)ᄒ고
由(유)는 喭(언)ᄒ니라

落帳

◆ 集 註

270-㉠

柴, 孔子弟子, 姓高, 字子羔. 愚者, 知不足而厚有餘. 家語記其「足不履影, 啓蟄不殺, 方長不折. 執親之喪, 泣血三年, 未嘗見齒. 避難而行, 不徑不竇」. 可以見其爲人矣.

柴(高柴)는 孔子의 弟子로 姓은 高이며, 字는 子羔이다. 愚란 지혜는 부족하나 厚德함은 남음이 있는 경우를 말한다. 《孔子家語》(弟子行)에 그는 "발로는 남의 그림자도 밟지 않았고, 땅을 열고 나온 벌레를 죽이지도 않았으며, 바야흐로 자라난 풀도 꺾지 아니하였다. 父母의 喪을 집행함에 3년 동안 피눈물을 흘리면서 이빨을 드러내어 웃은 적이 없었다. 난을 피해 갈 때도 지름길이나 작은 구멍으로는 나가지 않았다"라 하였으니, 그의 사람됨을 가히 알 수 있다.

270-㉡

魯, 鈍也.
程子曰:「參也竟以魯得之」.
又曰:「曾子之學, 誠篤而已. 聖門學者, 聰明才辨, 不爲不多, 而卒傳其道, 乃質魯之人爾. 故學以誠實爲貴也.」

尹氏曰:「曾子之才魯, 故其學也確, 所以能深造乎道也.」

魯는 우둔하다는 뜻이다.

程子(程頤)는 이렇게 말하였다. "曾參이야말로 끝내 魯鈍(둔하고 미련함)함으로써 이(道)를 얻었다."

또 이렇게 말하였다. "曾子의 학문은 誠·篤뿐이다. 聖人 門下의 배우는 자들은 총명하고 才辨한 이들이 많지 않을 수 없으나, 끝내 그 도를 전수한 이는 결국 바탕이 노둔한 사람일 뿐이었다. 그러므로 學問이란 성실을 귀히 여기는 것이다."

尹氏(尹焞)는 이렇게 말하였다. "曾子는 재주가 노둔하였다. 그 때문에 그의 學問이 확실하였으니 이것이 능히 道에 깊이 다다를 수 있는 所以이다."

270-㊂

辟, 婢亦反.

○ 辟, 便辟也. 謂習於容止, 少誠實也.

辟은 反切로 '婢亦反'(벽)이다.

○ 辟은 偏僻되다의 뜻이다. 容止(용모와 행동거지)에만 익숙하여, 誠實함이 적음을 말한다.

270-㊃

喭, 五旦反.

○ 喭, 粗俗也. 傳稱喭者, 謂俗論也.

○ 楊氏曰:「四者性之偏, 語之使知自勵也.」

吳氏曰:「此章之首, 脫『子曰』二字.」

或疑下章『子曰』, 當在此章之首, 而通爲一章.

喭은 反切로 '五旦反'(안, 언)이다.

○ 喭은 거칠고 속됨을 뜻한다. 傳에 喭이란 '속된 논의를 말한다'라고 하였다.

○ 楊氏(楊時)는 이렇게 말하였다. "네 가지는 性品의 치우친 것이다. 이를 말하여 스스로 알고 면려시키고자 한 것이다."

吳氏(吳棫)는 이렇게 말하였다. "이 章의 머리에 '子曰' 두 글자가 빠져 있다."

혹자는 다음 아래 장의 '子曰'이 마땅히 본장의 첫자리에 있어 통합해 하나의 章이 되어야 하는 것이 아닌가 여겼다.

271(11-18)

回也其庶乎

공자가 말하였다.

"안회顔回는 도에 가까워 먹을 것이 자주 떨어졌다. 사(賜; 端木賜, 子貢)는 천명을 받아들이지 않고 재물을 잘 늘려나가면서도, 추측하는 대로 자주 적중하기도 하였다."

> 子曰:「回也其庶乎, 屢空.㊀ 賜不受命, 而貨殖焉, 億則
> 屢中.」㊁

【庶】庶幾. 대체로 칭찬하거나 거의 이루어졌을 때 쓰는 말이다. '道에 가까이 가다'로 풀이함.

【屢空】 자주 비다. 즉 먹을 것이 자주 떨어짐. 혹은 그러한 경우가 여러 번
 있었음을 말한다.
【子賜】 端木賜, 子貢.
【億】 憶과 같음. '억측하다. 추측하다'의 뜻이다.
【貨殖】 財産이 늘어남. 흔히 오늘날 經濟·利息과 같은 뜻으로 쓰였다.

◉ 諺 解

 　子(ᄌ)ㅣ 골ᄋ샤ᄃᆡ 回(회)ᄂᆞᆫ 그 庶(셔)ᄒᆞ고 ᄌᆞ조 空(공)ᄒᆞ니라
　賜(ᄉᆞ)ᄂᆞᆫ 命(명)을 受(슈)티 아니ᄒᆞ고 貨(화)를 殖(식)ᄒᆞ나 億(억)
ᄒᆞ면 ᄌᆞ조 中(듕)ᄒᆞᄂᆞ니라

　　(앞 부분 落帳)
　　空(공)ᄒᆞᄂᆞ니라
　賜(ᄉᆞ)ᄂᆞᆫ 命(명)을 受(슈)티 몯ᄒᆞ야 貨殖(화식)ᄒᆞ나 億(억)ᄒᆞ면 ᄌᆞ로 中(듕)
ᄒᆞᄂᆞ니라

◈ 集 註

271-㊀

　庶, 近也, 言近道也. 屢空, 數至空匱也. 不以貧窶動心而求富, 故屢至於空匱也.
言其近道, 又能安貧也.

　庶는 가깝다의 뜻이다. 道에 가까움을 말한다. 屢空이란 자주 공궤空匱함에
이르는 것이다. 빈구貧窶하다는 이유로 마음이 동요되어, 부유함을 구하는
일이 없었으므로, 자주 空匱함에 이른 것이다. 그가 道에 가까웠고 게다가
가난을 능히 편안히 여김을 말한 것이다.

271-㊁

中, 去聲.

○ 命, 謂天命. 貨殖, 貨財生殖也. 億, 意度也. 言子貢不如顏子之安貧樂道, 然其才識之明, 亦能料事而多中也.

程子曰:「子貢之貨殖, 非若後人之豐財, 但此心未忘耳. 然此亦子貢少時事, 至聞性與天道, 則不爲此矣.」

○ 范氏曰:「屢空者, 簞食瓢飮屢絶而不改其樂也. 天下之物, 豈有可動其中者哉? 貧富在天, 而子貢以貨殖爲心, 則是不能安受天命矣. 其言而多中者億而已, 非窮理樂天者也. 夫子嘗曰:『賜不幸言而中, 是使賜多言也』, 聖人之不貴言也如是.」

中은 去聲(적중하다)이다.

○ 命은 天命을 일컫는다. 貨殖은 貨財(財貨)를 生殖(增殖)시켜 나가는 것이다. 億은 意度(의탁)이다. 子貢은 顏子처럼 安貧樂道하지는 못하였으나, 그 才識之明은 역시 능히 일을 요량하여 많이 적중하였음을 말한 것이다.

程子(程頤)는 이렇게 말하였다. "子貢의 貨殖은 뒷사람들의 豐財(재물을 풍성히 함)와는 같지 않다. 다만 이러한 마음을 잊지 못하였을 따름이다. 그러나 이 역시 子貢이 젊었을 때의 일이며, 性과 天道를 듣게 된 때에 이르러서는 그렇게 하지도 않았다."

○ 范氏(范祖禹)는 이렇게 말하였다. "屢空이란 簞食瓢飮조차 자주 끊어졌으나 그 즐거움을 바꾸지 않았다는 것이다. 天下의 萬物 중에 그러한 그의 중심을 가히 동요시킬 만한 것이 어찌 있었겠는가? 貧富는 하늘에 있는 것인데도 子貢이 貨殖으로 마음을 삼았다면, 이는 天命을 편안히 수용할 수 없는 것이다. 그의 말이 많이 적중하였다는 것은 억측이 맞은 것이지 궁리하여 天命을 즐긴 것은 아니다. 夫子가 일찍이 '子貢(賜)은 불행히도 말이 적중하니, 이는 子貢으로 하여금 말이 많게 하는 것이다'《左傳》定公 15年 夏五月에 실려 있음)라 하였으니, 聖人이 '말을 귀히 여기지 않음'이 이와 같았던 것이다."

272(11-19)

子張問善人之道

자장子張이 선인善人의 도리를 묻자 공자가 말하였다.

"성인의 자취를 밟지 않아도 되겠지만, 또한 집(學問)에 들어가지도
못한다."*

子張問善人之道.

子曰:「不踐迹, 亦不入於室.」㊀

【子張】顓孫師.

【善人】바탕은 어질지만 아직 배우지 못한 사람을 뜻한다.

【不踐迹】배워야 한다는 뜻을 표현한 것. 혹은 '聖人의 발자취를 밟지 않아도 악한 일은 하지 않겠지만'의 뜻으로 본다.

【室】升堂入室을 뜻함. 학문의 높은 경지를 말한다.

* 본장의 孔子 말에 대한 해석은 여러 가지가 있다. "善人은 남의 악한 자취를 밟지는 않지만 역시 至德의 경지에 들어서지도 못한다"(毛子水), "善人은 남의 발자국을 따라 하지 않으니 학문도 이룰 수 없다"(楊伯峻), 혹은 "善人이라 하여도 聖賢의 발자취를 밟지 않고는 역시 그 집(학문)으로 들어갈 수가 없다"라고 풀이하기도 한다. 여기서는 전통적인 《諺解》와 朱子 注를 따라 임시로 풀이하였다.

⊙ 諺解

子張(ᄌ댱)이 善人(션신)의 道(도)를 묻ᄌ온대 子(ᄌ)ㅣ 글ᄋ샤ᄃᆡ 迹(젹)을 踐(쳔)티 아니ᄒᆞ나 ᄯᅩᄒᆞᆫ 室(실)에 드디 몯ᄒᆞᄂᆞ니라

子張(ᄌ댱)이 善人(션인)의 道(도)를 問(문)ᄒᆞᆫ대 子(ᄌ)ㅣ ᄀᆞᄅᆞ샤ᄃᆡ 迹(젹)을 踐(쳔)티 아니ᄒᆞ나 ᄯᅩᄒᆞᆫ 室(실)의 드디 몯ᄒᆞᆫ얏ᄂᆞ니라

◆ 集註

272-㊀

善人, 質美而未學者也.

程子曰:「踐迹, 如言循途守轍. 善人雖不必踐舊迹而自不爲惡, 然亦不能入聖人之室也.」

○ 張子曰:「善人, 欲仁而未志於學者也. 欲仁, 故雖不踐成法, 亦不蹈於惡, 有諸己也. 由不學, 故無自而入聖人之室也.」

善人이란 바탕이 아름다우나 아직 배우지 못한 자를 말한다.

程子(程頤)가 말하였다. "踐迹이란 길을 따라 바퀴자국을 지켜간다는 말과 같다. 善人은 비록 舊迹을 반드시 밟지 않아도 저절로 악한 일을 하지는 않으나, 역시 능히 聖人之室로는 들어갈 수가 없다."

○ 張子(張載)는 이렇게 말하였다. "善人이란, 어질고자 하면서 아직 學問에는 뜻을 두지 못한 사람이다. 仁을 행하고자 하기 때문에 비록 成法(이미 이루어 놓은 聖人의 법칙)을 실천하지 않아도 또한 惡을 딛고 가지 않아 자신에게 이(善)를 가지고 있게 된다. 그러나 그 경유함이 學問으로 하지 않기 때문에 저절로 성인의 방에 들어갈 수는 없는 것이다."

273(11-20)

論篤是與

공자가 말하였다.

"말만 독실히 하는 이에게 참여한다고 해서 그가 군자인가? 아니면
그저 겉표정만 장엄하게 하는 자인가?"*

子曰:「論篤是與, 君子者乎? 色莊者乎?」㊀

【與】'참여하다, 함께 하다'의 뜻.

【色莊者】겉으로만 장엄한 척 꾸미는 자.

* 혹은 "말만 독실히 한다는 것으로 그를 긍정하였다가는 그가 군자인지 알
수 있겠는가? 아니면 장엄하게만 구는 자인지 어찌 알겠는가?"의 뜻으로도
본다. 그러나 元 陳天祥의 《四書辨疑》에는「此與上章不踐迹, 文皆未詳, 不敢
妄說」이라 하였다.

子(ㅈ)ㅣ 글ᄋ샤디 論(론)이 篤(독)ᄒ니를 이예 與(여)ᄒ면 君子(군ᄌ)ㄴ 者(쟈)가 色(식)이 莊(장)흔 者(쟈)가

 子(ㅈ)ㅣ ᄀᄅ샤디 論(론)이 篤(독)ᄒ니를 이예 與(여)홀 딘댄 君子(군ᄌ)ㄴ 者(쟈)가 色(식)만 莊(장)흔 者(쟈)가

◆ 集 註

273-㈠

與, 如字.

○ 言但以其言論篤實而與之, 則未知爲君子者乎? 爲色莊者乎? 言不可以言貌取人也.

與는 글자 그대로이다.

○ 다만 그 言論이 독실한 것으로 이에 參與한다면 그가 君子다운 자인지, 얼굴만 장엄한 자인지 알지 못함을 말한 것이다. 言語와 모습으로 사람을 취해서는 안 됨을 말한 것이다.

274(11-21)

子路問聞斯行諸

자로子路가 여쭈었다.

"듣자마자 바로 행동에 옮겨야 합니까?"

공자가 이렇게 대답하였다

"부형父兄이 계시다면 어찌 듣자마자 바로 행동에 옮기겠느냐?"

이번에는 염유冉有가 똑같이 여쭈었다.

"듣자마자 바로 행동에 옮겨야 합니까?"

공자가 대답하였다.

"듣는 즉시 행동에 옮겨야지."

공서화公西華가 의아히 여겨 이렇게 여쭈었다.

"중유가 '듣자마자 바로 행동해야 합니까'라 여쭙자 선생님께서 '부형이 있다'고 하셨고, 염구가 '듣자마자 행동해야 합니까'고 여쭙자 선생님께서 '듣자마자 행동으로 하라'라 하시니, 저(公西赤)는 미혹됩니다. 감히 여쭙습니다."

이에 공자는 이렇게 설명하였다.

"염구는 물러서는 자이니 그 까닭으로 앞으로 나아가게 한 것이요, 중유는 앞서나가는 자이니 그래서 물러설 줄도 알도록 한 것이니라."

子路問:「聞斯行諸?」

子曰:「有父兄在, 如之何其聞斯行之?」

冉有問:「聞斯行諸?」

子曰:「聞斯行之.」

公西華曰:「由也問『聞斯行諸』, 子曰, 『有父兄在』;

求也問『聞斯行諸』, 子曰, 『聞斯行之』.

赤也惑, 敢問.」

子曰:「求也退, 故進之; 由也兼人, 故退之.」㊀

【子路】 仲由.

【父兄】 가족 중의 年長者. 아버지뻘, 형뻘, 혹은 구체적으로 아버지와 형을 가리킨다고 보기도 한다.

【冉有】 冉求. 字는 子有.

【公西華】 公西赤. 字는 子華.

陶山本 子路(ᄌ로)ㅣ 묻ᄌ오ᄃᆡ 듣고 이예 行(ᄒᆡᆼ)ᄒ리잇가 子(ᄌ)ㅣ ᄀᆞᆯ오
샤ᄃᆡ 父兄(부형)이 이시니 엇디 그 듣고 이예 行(ᄒᆡᆼ)ᄒ리오 冉有
(염유)ㅣ 묻ᄌ오ᄃᆡ 듣고 이예 行(ᄒᆡᆼ)ᄒ리잇가 子(ᄌ)ㅣ ᄀᆞᆯ오샤ᄃᆡ 듣고 이예
行(ᄒᆡᆼ)ᄒᆞᆯ ᄯᅵ니라 公西華(공셔화)ㅣ ᄀᆞᆯ오ᄃᆡ 由(유)ㅣ 듣고 이예 行(ᄒᆡᆼ)ᄒ리잇가
묻ᄌ와ᄂᆞᆯ 子(ᄌ)ㅣ ᄀᆞᆯ오샤ᄃᆡ 父兄(부형)이 인ᄂᆞ니라 ᄒ시고 求(구)ㅣ 듣고
이예 行(ᄒᆡᆼ)ᄒ리잇가 묻ᄌ와ᄂᆞᆯ 子(ᄌ)ㅣ ᄀᆞᆯ오샤ᄃᆡ 듣고 이예 行(ᄒᆡᆼ)ᄒᆞᆯ ᄭᅥ시라
ᄒ시니 赤(젹)이 惑(혹)ᄒᆞ야 敢(감)히 몯ᄌᆸ노이다 子(ᄌ)ㅣ ᄀᆞᆯ오샤ᄃᆡ 求(구)ᄂᆞᆫ
退(퇴)ᄒᆞᄂᆞᆫ 故(고)로 進(진)ᄒ고 由(유)ᄂᆞᆫ 人(신)을 兼(겸)ᄒᆞᄂᆞᆫ 故(고)로
退(퇴)호라

栗谷本 子路(ᄌ로)ㅣ 問(문)호ᄃᆡ 聞(문)ᄒᆞ야든 이에 行(ᄒᆡᆼ)ᄒ리잇가
子(ᄌ)ㅣ ᄀᆞᄅᆞ샤ᄃᆡ 父兄(부형)이 잇거니 엇디 그 聞(문)ᄒᆞ야든 이에
行(ᄒᆡᆼ)ᄒ리오 冉有(염유)ㅣ 問(문)호ᄃᆡ 聞(문)ᄒᆞ야든 이에 行(ᄒᆡᆼ)ᄒ리잇가
子(ᄌ)ㅣ ᄀᆞᄅᆞ샤ᄃᆡ 聞(문)ᄒᆞ야든 이에 行(ᄒᆡᆼ)ᄒᆞᆯ 디니라 公西華(공셔화)ㅣ
ᄀᆞᆯ오ᄃᆡ 由(유)ㅣ 問(문)호ᄃᆡ 聞(문)ᄒᆞ야든 이에 行(ᄒᆡᆼ)ᄒ리잇가 ᄒᆞ야ᄂᆞᆯ 子(ᄌ)ㅣ
ᄀᆞᄅᆞ샤ᄃᆡ 父兄(부형)이 잇다 ᄒ시고 求(구)ㅣ 問(문)호ᄃᆡ 聞(문)ᄒᆞ야든 이에
行(ᄒᆡᆼ)ᄒ리잇가 ᄒᆞ야ᄂᆞᆯ 子(ᄌ)ㅣ ᄀᆞᄅᆞ샤ᄃᆡ 聞(문)ᄒᆞ야든 이에 行(ᄒᆡᆼ)ᄒᆞᆯ ᄭᅥ시라
ᄒ시니 赤(젹)이 惑(혹)ᄒᆞ야 敢(감)히 問(문)ᄒᆞ노이다 子(ᄌ)ㅣ ᄀᆞᄅᆞ샤ᄃᆡ
求(구)ᄂᆞᆫ 退(퇴)ᄒᆞᄂᆞᆫ 故(고)로 進(진)ᄒ고 由(유)ᄂᆞᆫ 人(인)을 兼(겸)ᄒᆞᄂᆞᆫ
故(고)로 退(퇴)호라

274-㉠

兼人, 謂勝人也.

張敬夫曰:「聞義固當勇爲, 然有父兄在, 則有不可得而專者. 若不稟命而行, 則反
傷於義矣. 子路有聞, 未之能行, 惟恐有聞. 則於所當爲, 不患其不能爲矣; 特患爲之

之意或過, 而於所當稟命者有闕耳. 若冉求之資稟失之弱, 不患其不稟命也; 患其於所當爲者逡巡畏縮, 而爲之不勇耳. 聖人一進之, 一退之, 所以約之於義理之中, 而使之無過不及之患也.」

兼人이란 남보다 나으려는 사람을 가리킨다.

張敬夫(張栻)는 이렇게 말하였다. "義를 들으면 마땅히 용감히 (실행)하여야 하지만 부형이 있다면 가히 독단으로 할 수 없는 경우도 있다. 만약 그 명령을 품의하지 아니하고 행하게 되면 도리어 의를 손상하게 된다. 子路는 들은 것이 있어 아직 행하지도 못하였을 때는 오직 더 듣는 것을 두려워하였다(公冶長篇 105(5-13)). 그렇다면 해야 할 마땅한 바에 있어서 그가 능히 해내지 못함을 근심할 것이 아니라, 하고자 하는 일이 혹 과하여 마땅히 명령을 稟議해야 할 사항에 빠뜨린 것이 없는가를 특히 염려해야 할 뿐이다. 冉求의 資稟과 같은 경우에는 나약함 때문에 놓치는 일이 있으니, 稟命을 하지 않음을 염려할 것이 아니라, 마땅히 해야 할 일인데도 머뭇거리며 두려워하고 위축되어 행하면서 용기를 내지 못함을 염려해야 할 뿐이다. 聖人이 하나는 나아가게 시키고 하나는 물러설 줄 알게 하였으니, 이는 義理의 가운데에 이를 묶어 그들로 하여금 過不及의 근심이 없게 하려 한 것이다."

275(11-22)

子畏於匡

공자가 광匡 땅에서 에워싸여 경계하는 마음을 가지고 있을 때, 안연顔淵이 나중에 나타나자 공자가 이렇게 말하였다.

"나는 네가 죽은 줄로 여겼다."

그러자 안연이 이렇게 말하였다.

"선생님이 계신데 제回가 어찌 감히 죽을 수 있겠습니까?"

子畏於匡, 顔淵後.

子曰:「吾以女爲死矣.」

曰:「子在, 回何敢死?」⊖

【匡】 孔子의 모습이 陽貨(陽虎)처럼 생겼다 하여 고통을 당한 곳. 210(9-5) 참조.
【顔淵】 顔回.
【何敢死】 '선생님이 살아 계시는 한 그들과 싸우기는 하되 목숨을 가볍게 여겨
죽음에 이르지는 않는다'는 뜻이다.

◉ 諺 解

　　子(ᄌ)ㅣ 匡(광)에 畏(외)ᄒ실 ᄉᆡ 顔淵(안연)이 後(후)ᄒ얏더니
子(ᄌ)ㅣ ᄀᆞᄅ오샤ᄃᆡ 내 널로뼈 死(ᄉ)ᄒ니라 호라 ᄀᆞᆯ오ᄃᆡ 子(ᄌ)ㅣ
겨시거니 回(회)ㅣ 엇디 구틔여 死(ᄉ)ᄒ리잇고

　　子(ᄌ)ㅣ 匡(광)에셔 畏(외)ᄒ실 제 顔淵(안연)이 後(후)ᄒ얏더니
子(ᄌ)ㅣ ᄀᆞᄅ샤ᄃᆡ 내 널로 뻬 死(ᄉ)ᄒᆞᆫ가 ᄒ더니라 ᄀᆞᆯ오ᄃᆡ 子(ᄌ)ㅣ
在(ᄌᆡ)커시든 回(회)ㅣ 엇디 敢(감)히 死(ᄉ)ᄒ리잇고

◆ 集 註

275-㉠

女, 音汝.

○ 後, 謂相失在後. 何敢死, 謂不赴鬪而必死也.

胡氏曰：「先王之制, 民生於三, 事之如一. 惟其所在, 則致死焉. 況顔淵之於孔子,
恩義兼盡, 又非他人之爲師弟子者而已? 卽夫子不幸而遇難, 回必捐生以赴之矣.
捐生以赴之, 幸而不死, 則必上告天子·下告方伯, 請討以復讐, 不但已也. 夫子而在,
則回何爲而不愛其死, 以犯匡人之鋒乎?」

女는 음이 汝(여)이다.

○ 後는 서로 놓쳐 뒤에 처졌음을 말한다. 何敢死란 싸움에 임하였더라도
틀림없이 죽지는 않았을 것임을 말한 것이다.

胡氏(胡寅)는 이렇게 말하였다. "先王의 제도에 사람이 살아나는 것은 세 가지가 있으니 섬기기를 하나같이 하되 오직 그 현재에 있는 바에서 죽음을 바치는 것(《國語》 晉語에 실린 欒共子의 말)이라 하였는데, 하물며 顔淵에게 있어서의 孔子는 恩義가 아울러 극진하였고, 게다가 다른 師弟 사이와는 다름에랴? 즉 孔子가 불행히 難을 만났다면(孔子가 죽었다면) 顔回는 틀림없이 목숨을 던져 여기에 달려들었을 것이다. 목숨을 던져 여기에 달려들어 다행히 죽지 않았다면 틀림없이 위로는 天子에게 고하고 아래로는 方伯(諸侯)에게 알려 이를 토벌해 달라고 요청하여 복수하였을 것이며, 단지 그대로 그만두지는 않았을 것이다. 그러나 夫子가 살아 계시다면, 顔回인들 어찌 이를 위해 죽음을 아끼지 않고 匡 땅 사람의 칼끝에 덤벼들었겠는가?"

276(11-23)

季子然問

계자연季子然이 이렇게 여쭈었다.

"중유仲由·염구冉求는 가히 대신大臣이라 이를 만합니까?"

공자가 이렇게 말하였다.

"나는 그대만은 다른 질문을 할 줄 알았는데 결국 중유와 염구에 대하여 묻는구나. 소위 대신이란 도道로써 임금을 섬기되 불가하면 그만두는 것이다. 지금 중유와 염구라면 가히 구신具臣 정도라 할 수 있지."

계자연이 다시 여쭈었다.

"그렇다면 시키는 대로 따르기만 하는 자들입니까?"

공자는 이렇게 말하였다.

"아비나 임금을 죽이는 일이라면 역시 따르지 않을 것이다."

季子然問: 「仲由·冉求可謂大臣與?」㊀

　子曰: 「吾以子爲異之問, 曾由與求之問.㊁ 所謂

　　　　大臣者, 以道事君, 不可則止.㊂ 今由與求也,

　　　　可謂具臣矣.」㊃

　　　曰: 「然則從之者與?」㊄

　子曰: 「弑父與君, 亦不從也.」㊅

【季子然】 季氏 집안의 子弟인 듯하며, 季氏가 子路와 冉求를 家臣으로 삼으면서 물은 것으로 보인다.

【仲由】 子路.

【冉求】 子有.

【大臣】 具臣과 상대되는 말로 썼다.

【具臣】 臣下의 숫자에 맞추어 있을 뿐 큰 임무는 수행하지 못하는 평범한 臣下를 말한다.

◉ 諺解

栗山本　　季子然(계ᄌ연)이 묻ᄌ오ᄃᆡ 仲由(듕유)와 冉求(셤구)는 可(가)히 大臣(대신)이라 니ᄅ리잇가

子(ᄌ) ㅣ ᄀᆞᆯ ᄋᆞ샤ᄃᆡ 내 子(ᄌ)로써 異(이)를 무ᄅᆞ리라 ᄒᆞ다니 由(유)와 다ᄆᆞᆺ 求(구)를 묻ᄂᆞ다

닐운 밧 大臣(대신)은 道(도)로써 님금을 셤기다가 可(가)티 아니커든 그치ᄂᆞ니 이제 由(유)와 다ᄆᆞᆺ 求(구)는 可(가)히 具臣(구신)이라 닐엄즉 ᄒᆞ니라

ᄀᆞᆯ오ᄃᆡ 그러면 從(죵)홀 者(쟈) ㅣ 니잇가

子(ᄌ) ㅣ ᄀᆞᆯ ᄋᆞ샤ᄃᆡ 父(부)와 다ᄆᆞᆺ 君(군)을 弑(시)홈은 쏘흔 죳디 아니ᄒᆞ리라

季子然(계ㅈ연)이 問(문)호딕 仲由(듕유)와 冉求(염구)ᄂᆞᆫ 可(가)히 大臣(대신)이라 니ᄅᆞ리잇가

子(ㅈ)ㅣ ᄀᆞᆯᄋᆞ샤딕 내 子(ㅈ)로ᄡᅥ 異(이)ᄒᆞᆫ 問(문)을 홀가 ᄒᆞ더니 일즉 由(유)와 다ᄆᆞᆺ 求(구)ᄅᆞᆯ 問(문)코녀

닐온 밧 大臣(대신)이란 者(쟈)ᄂᆞᆫ 道(도)로ᄡᅥ 님금을 셤기다가 可(가)티 아니커든 止(지)ᄒᆞᄂᆞ니라

이제 由(유)와 다ᄆᆞᆺ 求(구)ᄂᆞᆫ 可(가)히 具臣(구신)이라 닐ᄋᆞ리라

ᄀᆞᆯ오딕 그러면 從(죵)홀 者(쟈)ㅣ니잇가

子(ㅈ)ㅣ ᄀᆞᆯᄋᆞ샤딕 父(부)와 다ᄆᆞᆺ 君(군)을 弑(시)ᄒᆞ기ᄂᆞᆫ ᄯᅩᄒᆞᆫ 從(죵)티 아니리라

◈ 集 註

276-㊀

與, 平聲.

○ 子然, 季氏子弟. 自多其家得臣二子, 故問之.

與는 平聲이다.

○ 子然은 季氏의 子弟이다. 자신이 그 집안에 이 두 사람을 臣下로 삼았음을 자랑으로 여겨 그 때문에 이를 질문한 것이다.

276-㊁

異, 非常也. 曾, 猶乃也. 輕二子以抑季然也.

異는 평상이 아님을 뜻하며, 曾은 乃(결국, 마침내)와 같다. 두 사람을 낮추어 季子然을 억제한 것이다.

276-三

以道事君者, 不從君之欲. 不可則止者, 必行己之志.

道로써 임금을 섬기는 자는 임금의 욕망을 따르지 않는다. 이것이 불가하면 그만두고 반드시 자신의 뜻을 실행하는 것이다.

276-四

具臣, 謂備臣數而已.

具臣이란 숫자만 채우는 臣下임을 말한다.

276-五

與, 平聲.
○ 意二子旣非大臣, 則從季氏之所爲而已.

與는 平聲이다.
○ 두 사람이 이미 大臣(중요한 臣下)이 아니라면 季氏가 하는 바를 따르면 그 뿐이라고 생각한 것이다.

276-六

言二子雖不足於大臣之道, 然君臣之義, 則聞之熟矣, 弑逆大故必不從之. 蓋深許二子以死難不可奪之節, 而又以陰折季氏不臣之心也.
○ 尹氏曰:「季氏專權僭竊, 二子仕其家而不能正也, 知其不可而不能止也, 可謂具臣矣. 是時季氏已有無君之心, 故自多其得人. 意其可使從己也, 故曰:『弑父與君亦不從也』, 其庶乎二子可免矣.」

두 사람이 비록 大臣之道에는 부족하나 君臣之義라면 익히 들었으므로 弑逆大故(윗사람을 시해하는 큰 사건)는 틀림없이 좇지 않을 것임을 말한 것이다. 아마 두 사람이 死難에도 가히 그들의 절조는 빼앗을 수 없음을 깊이 肯許하면서 한편으로는 몰래 季氏의 臣下가 되지는 않겠다는 마음을 절충한 것이리라.

○ 尹氏(尹焞)는 이렇게 말하였다. "季氏는 權力을 專橫하고 僭竊하였으나 두 사람이 그 집에 벼슬하면서도 능히 바로잡지 못하였다. 그리고 그것이 불가함을 알면서도 그만두지도 못하였으니, 가히 具臣이라 이를 만하다. 그 당시 季氏는 이미 임금을 염두에 두지도 않는 마음이었다. 그 때문에 스스로 사람 얻음을 자랑으로 여겼던 것이다. 그들로 하여금 가히 자신을 따르게 할 수 있다고 생각하였기 때문에 '아비와 임금을 弑害하는 일이라면 그들 역시 따르지 않을 인물'이라고 말하여, 그 두 사람이 가히 그러한 죄에서 면할 수 있기를 기대하였던 것이다."

子路使子羔爲費宰

　　자로子路가 자고子羔를 비費 땅의 읍재邑宰로 천거하자 공자가 말하였다.

　　"남의 아들을 적해賊害하는 일이로다."

　　자로가 이렇게 여쭈었다.

　　"그곳에도 백성이 있고, 사직이 있습니다. 반드시 책을 읽은 연후에야 학문을 하는 것입니까?"

　　공자는 이렇게 설명하였다.

　　"내 이런 까닭으로 말 잘하는 자를 미워하는 것이다."

子路使子羔爲費宰.㊀
　子曰:「賊夫人之子.」㊁
子路曰:「有民人焉, 有社稷焉, 何必讀書, 然後爲學?」㊂
　子曰:「是故惡夫佞者.」㊃

【子路】仲由.
【子羔】高柴. 270을 볼 것.
【費】季氏 집안의 封邑. (前出)
【宰】邑의 일반 사무를 총괄하는 임무.
【賊】害賊. 혹 賊害. 子羔가 어려 學問이 충분치 못한 상태로 벼슬하면 임무를
　충분히 수행하지 못하여 도리어 그를 궁지에 몰아넣는 셈이 된다는 뜻이다.
【佞】말솜씨가 뛰어남을 말함. '녕'으로 읽는다.

⊙ 諺解

陶山本
　　子路(즈로)ㅣ 子羔(즈고)로 히여곰 費宰(비지)를 삼은대
　　子(즈)ㅣ 글ㅇ샤딕 人(신)의 子(즈)를 賊(적)홈이로다
子路(즈로)ㅣ 글오딕 民人(민신)이 이시며 社稷(샤직)이 이시니 엇디 반드시
書(셔)를 讀(독)한 然後(션후)에 學(혹)을 ㅎ리잇고
　　子(즈)ㅣ 글ㅇ샤딕 이런 故(고)로 佞(녕)한 者(쟈)를 惡(오)ㅎ노라

栗谷本
　　子路(즈로)ㅣ 子羔(즈고)로 ㅎ여곰 費宰(비지)를 히여늘
　　子(즈)ㅣ ᄀᆞᄅᆞ샤딕 人(인)의 子(즈)를 賊(적)ㅎ놋다
子路(즈로)ㅣ 글오딕 民人(민인)이 이시며 社稷(샤직)이 이시니 엇디 구틱여
書(셔)를 讀(독)한 後(후)에 學(혹)이라 ㅎ리잇고
　　子(즈)ㅣ ᄀᆞᄅᆞ샤딕 이런 故(고)로 佞者(녕쟈)를 아쳐ㅎ노라

277-㊀

子路爲季氏宰而擧之也.

子路가 季氏의 家宰가 되어 그를 천거한 것이다.

277-㊁

夫, 音扶, 下同.

○ 賊, 害也. 言子羔質美而未學, 遽使治民, 適以害之.

夫는 음이 扶(부)이다. 아래도 같다.

○ 賊은 害이다. 子羔는 바탕은 아름다우나 아직 배우지 않은 상태인데 갑자기 그로 하여금 百姓을 다스리도록 한다면 이를 해치기에 알맞음을 말한 것이다.

277-㊂

言治民事神, 蓋所以爲學.

백성을 다스리고 귀신을 섬기는 일도 대체로 학문으로 여겨야 함을 말한 것이다.

277-㊃

惡, 去聲.

○ 治民事神, 固學者事, 然必學之已成, 然後可仕以行其學. 若初未嘗學, 而使之卽仕以爲學, 其不至於慢神而虐民者幾希矣. 子路之言, 非其本意, 但理屈詞窮, 而取辨於口以禦人耳. 故夫子不斥其非, 而特惡其佞也.

○ 范氏曰:「古者, 學而後入政. 未聞以政學者也. 蓋道之本在於修身, 而後及於治人, 其說具於方冊. 讀而知之, 然後能行. 何可以不讀書也? 子路乃欲使子羔以政爲學, 失先後本末之序矣. 不知其過而以口給禦人, 故夫子惡其佞也.」

惡(오)는 去聲이다.

○ 百姓을 다스리고 鬼神을 섬기는 것은 진실로 배우는 자의 일이다. 그러나 반드시 學問이 이미 이루어진 연후라야 가히 벼슬하여, 그 學問을 실행해 옮길 수 있다. 만약 처음부터 아직 배우지도 아니한 상태에서 그로 하여금 벼슬에 나가 이를 學問으로 여기게 하면, 鬼神에게 거만하게 굴거나 백성을 학대하는 데에 이르지 않을 자가 거의 드물 것이다. 子路의 말은 그 본의는 아니며 다만 理屈詞窮(이치가 굽고 말이 궁함)하여 입으로의 변론을 통해 남의 말을 막는 것일 뿐이다. 그러므로 夫子가 그의 잘못됨을 指斥하지 않고 특별히 그의 말 잘함만을 미워한 것이다.

○ 范氏(范祖禹)는 이렇게 말하였다. "옛날에는 배우고 나서 政治에 들어섰을 뿐 政治로써 배운다는 말은 듣지 못하였다(《左傳》 襄公 31年에 '子産曰: 僑聞學而後入政, 未聞以政學者也'라 함). 대체로 道의 근본을 修身에 있으며 그런 연후라야 사람 다스림에 미치는 것이니, 그러한 논리가 方冊이 갖추어져 있다. 읽어 이를 알고 난 연후에야 능히 행할 수 있는 것이다. 그러니 어찌 가히 책을 읽지 않을 수 있겠는가? 子路는 이에 子羔로 하여금 政治로써 學問을 삼게 하여 先後·本末의 차례를 잃고 말았다. 그러면서도 그 과실을 알아차리지 못하고 말재주로 남을 막았다. 그 때문에 夫子가 그의 말재주를 미워한 것이다."

278(11-25)

子路曾晳冉有公西華侍坐

자로子路·증석曾晳·염유冉有·공서화公西華가 함께 공자를 모시고
있었다. 공자가 이렇게 말하였다.

"내가 너희들보다 하루라도 먼저 태어났다고 해서 나를 어렵게 대하
지는 말아라. 평소 늘 '나를 알아주지 않는다!'고들 했었는데, 만약
혹 너희들을 알아준다면 어떤 일을 하고 싶으냐?"

자로가 경솔하고 성급하게 나서서 대답하였다.

"천승지국千乘之國이 큰 나라 사이에 끼어 군사적인 위협이 가중되고,
게다가 기근을 이유로 괴롭힘을 당한다면, 제由가 나서서 이를 해결
하려면 삼 년 정도면 가히 백성들로 하여금 용맹하고 게다가 방정함이
무엇인지를 알게 할 수 있습니다."

선생님은 이 말에 빙긋이 웃었다.

"구求야! 너는 어떤 일을 하겠느냐?"

염구는 이렇게 대답하였다.

"사방이 육칠십리, 혹은 오륙십리 되는 나라쯤을 제求가 다스린다면 삼 년 만에 그 백성을 풍족하게 할 수 있을 것입니다. 그러나 예악禮樂에 대한 것이라면 군자君子를 기다려야지요."

"적赤아! 너는 어떤 일을 하겠느냐?"

공서적이 이렇게 대답하였다.

"어떤 것이 능能하다고 말씀드리는 것이 아니라, 원컨대 배우고 싶습니다. 종묘의 일이나 회동會同 같은 일에 현단玄端을 입고 장보章甫의 예모를 쓰고 소상小相이 되고 싶습니다."

"점點아! 너는 어찌하고 싶으냐?"

증점은 그때 슬瑟을 간간히 타고 있다가, 덩그렁하고 거문고를 밀어놓고는 일어서서 이렇게 대답하였다.

"앞의 세 사람이 갖추고 있는 것과 다릅니다."

공자가 이렇게 말하였다.

"무얼 꺼리느냐? 역시 각자의 뜻을 말하는 것뿐인데."

그제야 증점은 이렇게 말하였다.

"늦은 봄날, 봄옷도 이미 만들어진 터라면, 관례를 치른 나이 정도의 어른 대여섯 명과 동자 예닐곱을 데리고 기수沂水에서 목욕을 하고, 무우舞雩에서 바람을 쐬고 나서 노래를 흥얼거리며 돌아오고 싶습니다."

공자가 이 말을 듣고 위연히 감탄하였다.

"나도 증점의 뜻에 동의한다."

세 사람이 나가고 증석만이 남게 되자 증석이 여쭈었다.

"무릇 세 사람의 말은 어떠합니까?"

공자가 이렇게 설명하였다.

"역시 각각 자신의 뜻을 말했을 따름이다."

증석이 다시 여쭈었다.

"선생님께서는 어찌하여 중유의 말에 빙긋이 웃으셨습니까?"

공자의 대답은 이러하였다.

"나라는 예로써 다스려야 하는 법이거늘, 그 말이 겸손하지 못하여 웃은 것이다."

"그렇다면 염구라면 나라 다스리는 일을 말한 것이 아닙니까?"

"어찌 사방이 육칠십 리, 혹 오륙십 리의 작은 땅이라고 해서 나라가 아니겠느냐?"

"그렇다면 공서적이 말한 것은 나라 다스리는 일이 아닙니까?"

"종묘와 회동이 제후의 일이 아니고 무엇이냐? 공서적이 이를 작은 일이라 여겼다면 그 무엇이 큰일이겠느냐?"*

子路・曾晳・冉有・公西華侍坐.㊀

　子曰:「以吾一日長乎爾, 毋吾以也.㊁ 居則曰:『不吾
　　　知也!』如或知爾, 則何以哉?」㊂

子路率爾而對曰:「千乘之國, 攝乎大國之間, 加之以
　　　　　師旅, 因之以饑饉; 由也爲之, 比及
　　　　　三年, 可使有勇, 且知方也.」

　夫子哂之.㊃「求! 爾何如?」

對曰:「方六七十, 如五六十, 求也爲之, 比及三年,
　　　可使足民. 如其禮樂, 以俟君子.」㊄

　　　「赤! 爾何如?」

對曰:「非曰能之, 願學焉. 宗廟之事, 如會同, 端章甫,
　　　願爲小相焉.」㊅

　　　「點! 爾何如?」

鼓瑟希, 鏗爾, 舍瑟而作, 對曰:「異乎三子者之撰.」

子曰:「何傷乎? 亦各言其志也.」

　曰:「莫春者, 春服旣成, 冠者五六人, 童子六七人,

　　　浴乎沂, 風乎舞雩, 詠而歸.」

夫子喟然歎曰:「吾與點也!」㊆

三子者出, 曾晳後.

曾晳曰:「夫三子者之言何如?」

　子曰:「亦各言其志也已矣.」㊋

　曰:「夫子何哂由也?」㊐

　曰:「爲國以禮, 其言不讓, 是故哂之.」㊉

　「唯求則非邦也與?」

　「安見方六七十如五六十而非邦也者?」㊌

　「唯赤則非邦也與?」

　「宗廟會同, 非諸侯而何? 赤也爲之小, 孰能

　　爲之大?」㊍

【子路】仲由.

【曾晳】曾參의 아버지이며, 孔子의 弟子. 이름은 點.

【冉有】冉求. 字는 子有.

【公西華】公西赤. 字는 子華.

【端】玄端. 古代의 禮服.

【章甫】古代의 禮帽.

【希】거문고를 드문드문, 혹 희미하게 타고 있음을 말함. 稀와 같음. 間歇의
의미이다.

【鏗】瑟을 내려놓는 소리. '갱'으로 읽는다.

【會同】諸侯의 모임 등의 儀式이나 公式行事에서의 모임을 뜻한다.

【撰】음은 '선'이다. '具'의 뜻이다. '가지고 있는 본령'을 뜻한다.

【莫春】暮春. 莫는 '모'로 읽는다.

【沂水】山東省 鄒縣에서 발원하여 曲阜를 거쳐 洙水와 합한 다음 다시 泗水로 흘러드는 물. 沂는 '기'로 읽는다.

【舞雩】地名. 원래 祈雨祭를 지내던 곳이라 한다. 지금의 山東省 曲阜 남쪽에 있다. 한편《水經注》에는「沂水北對稷門, 一名高門, 一名雩門. 南隔水有雩壇, 壇高三丈, 卽曾點所欲風處也」라 하였다. 雩는 '우'로 읽는다.

* 曾點이 목욕하고 노래 부른다는 것은 사리에 맞지 않는다고 보는 견해도 있다. 東漢 王充의《論衡》明雩篇에는 다음과 같이 실려 있다.

「魯設雩祭於沂水之上. 暮者, 晩也; 春, 謂四月也, 春服旣成, 謂四月之服成也. 冠者, 童子; 雩祭樂人也. 浴乎沂, 涉沂水也. 風乎舞雩: 風, 歌也. 詠而饋: 詠, 歌也; 饋, 祭也. 歌詠而祭也. 說論之家以爲浴者, 浴沂水中也; 風, 乾身也. 周之四月, 正歲二月也; 尙寒, 安得浴而風乾身! 由此言之, 涉水不浴, 雩祭審矣! 孔子曰: 吾與點也. 善點之言·欲以雩祭調和陰陽, 故與之也.」

◉ 諺 解

子路(ᄌ로)와 曾晳(증셕)과 冉有(염유)와 公西華(공셔화)ㅣ 뫼셔 안잣더니

子(ᄌ)ㅣ ᄀᆞᄅᆞ샤ᄃᆡ 날로써 ᄒᆞᆫ 날이 네게 長(댱)ᄒᆞ다 ᄒᆞ나 날로써 말라 居(거)ᄒᆞ야셔는 ᄀᆞᄅᆞ오ᄃᆡ 나를 아디 몯ᄒᆞᆫ다 ᄒᆞᄂᆞ니 만일 或(혹) 너를 알면 곧 엇디 ᄡᅥ ᄒᆞ료

子路(ᄌ로)ㅣ 率爾(솔ᅀᅵ)히 對(ᄃᆡ)ᄒᆞ야 ᄀᆞᄅᆞ오ᄃᆡ 千乘(쳔승)ㅅ 나라히 大國(대국) ᄉᆞ이예 攝(셥)ᄒᆞ야 師旅(ᄉᆞ려)로써 加(가)ᄒᆞ고 饑饉(긔근)으로써 因(인) ᄒᆞ얏거든 由(유)ㅣ ᄒᆞ면 三年(삼년)에 미츰애 다ᄃᆞ라 可(가)히 ᄒᆡ여곰 勇(용)이 잇고 ᄯᅩ 方(방)을 알게 호리이다 夫子(부ᄌᆞ)ㅣ 哂(신)ᄒᆞ시다

求(구)아 너는 엇디료 對(ᄃᆡ)ᄒᆞ야 ᄀᆞᄅᆞ오ᄃᆡ 方(방)이 六七十(륙칠십)과 혹 五六十(오륙십)에 求(구)ㅣ ᄒᆞ면 三年(삼년)을 미츰애 다ᄃᆞ라 可(가)히 ᄒᆡ여곰 民(민)을 足(죡)게 ᄒᆞ려니와 만일 그 禮(례)와 樂(악)애는 ᄡᅥ 君子(군ᄌᆞ)를 俟(ᄉᆞ)호리이다

赤(젹)아 너는 엇디료 對(ᄃᆡ)ᄒᆞ야 ᄀᆞᄅᆞ오ᄃᆡ 能(능)ᄒᆞ노라 닐ᄋᆞ는 줄이 아니라

學(흑)홈을 願(원)ᄒ노이다 宗廟(종묘)앳 일와 혹 會同(회동)애 端(단)과
章甫(쟝보)로 小相(쇼샹)이 되욤을 願(원)ᄒ노이다

點(뎜)아 너는 엇디료 瑟(슬) 鼓(고)홈이 希(희)ᄒ얏더니 鏗(깅)히 瑟(슬)을
숨(샤)ᄒ고 닐어 對(디)ᄒ야 ᄀᆞᆯ오ᄃᆡ 三子者(삼ᄌᆞ쟈)의 撰(션)에서 달오이다
子(ᄌᆞ)ㅣ ᄀᆞᆯ으샤ᄃᆡ 므서시 傷(샹)ᄒ리오 쏘흔 각각 그 ᄠᆞ들 닐올 디니라 ᄀᆞᆯ오ᄃᆡ
莫春(모츈)에 봄오시 이믜 일거든 冠(관)ᄒ 者(쟈) 五六人(오륙신)과 童子(동ᄌᆞ)
六七人(륙칠신)으로 沂(긔)예 浴(욕)ᄒᆞ야 舞雩(무우)에 風(풍)ᄒᆞ야 詠(영)ᄒ고
歸(귀)호리이다 夫子(부ᄌᆞ)ㅣ 喟然(위션)히 嘆(탄)ᄒᆞ야 ᄀᆞᆯ으샤ᄃᆡ 내 點(뎜)을
與(여)ᄒ노라

三子(삼ᄌᆞ)ㅣ 出(츌)커늘 曾晳(증셕)이 後(후)ᄒᆞ얏더니 曾晳(증셕)이 ᄀᆞᆯ오ᄃᆡ
三子(삼ᄌᆞ)의 말이 엇더ᄒ니잇고 子(ᄌᆞ)ㅣ ᄀᆞᆯ으샤ᄃᆡ 쏘한 각각 그 ᄠᆞ들 니를
ᄯᆞ름이니라 ᄀᆞᆯ오ᄃᆡ 夫子(부ᄌᆞ)ㅣ 엇디 由(유)를 哂(신)ᄒ시니잇고

ᄀᆞᆯ으샤ᄃᆡ 나라흘 홈이 禮(례)로뼈 ᄒ거늘 그 말이 ᄉᆞ양티 아닌 디라 이런
故(고)로 哂(신)호라

오직 求(구)는 나라히 아니니잇가 어듸 方(방)이 六七十(륙칠십)과 혹 五六十
(오륙십)이오 나라히 아닌 者(쟈)를 보리오

오직 赤(젹)은 나라히 아니니잇가 宗廟(종묘)와 會同(회동)이 諸侯(져후)ㅣ
아니오 므섯고 赤(젹)이 小(쇼)ㅣ 되면 뉘 能(능)히 大(대)ㅣ 되리오

 子路(ᄌᆞ로)와 曾晳(증셕)과 冉有(염유)와 公西華(공셔화)ㅣ 뫼셔
안잤더니

子(ᄌᆞ)ㅣ ᄀᆞᄅᆞ샤ᄃᆡ 뼈 내 흘리나 네게 長(댱)ᄒ나 날로 以(이)티 말라
居(거)ᄒᆞᆯ 제는 ᄀᆞᆯ오ᄃᆡ 나를 아디 몯흔다 ᄒᆞ느니 만일 或(혹) 너를 알면
엇디 쓰료

子路(ᄌᆞ로)ㅣ 率爾(솔이)히 對(디)ᄒᆞ야 ᄀᆞᆯ오ᄃᆡ 千乘(천승) 나라히 大國(대국)
즈음에 攝(셥)ᄒᆞ이여 師旅(ᄉᆞ려)로뼈 加(가)ᄒᆞ며 饑饉(긔근)으로뼈 因(인)
ᄒ거든 由(유)ㅣ ᄒᆞ면 三年(삼년)의 다ᄃᆞ라 可(가)히 ᄒᆞ여곰 勇(용)이 이시며
쏘흔 方(방)을 알게 호리이다 夫子(부ᄌᆞ)ㅣ 哂(신)ᄒ시다

求(구)아 너는 엇디료 對(디)ᄒᆞ야 ᄀᆞᆯ으ᄃᆡ 方(방)이 六七十(륙칠십)과 혹
五六十(오륙십)애 求(구)ㅣ ᄒᆞ면 三年(삼년)의 다ᄃᆞ라 可(가)히 ᄒᆞ여곰 民(민)을
足(죡)게 ᄒᆞ려니와 만일 그 禮樂(례악)은 뼈 君子(군ᄌᆞ)를 기ᄃᆞ로리이다

赤(젹)아 너는 엇디료 對(디)ᄒᆞ야 ᄀᆞᆯ오ᄃᆡ 能(능)호라 ᄒᆞ는거시 아니라 學(흑)

고져 願(원)ᄒ노니 宗廟(종묘)의 事(ᄉ)와 혹 會同(회동)애 端(단)과 章甫(쟝보)로 小相(쇼샹)이 되고져 願(원)ᄒ노이다

點(뎜)아 너는 엇디료 瑟(슬) 鼓(고)ᄒ기를 希(희)ᄒ얏더니 鏗(깅)히 瑟(슬)을 舍(샤)ᄒ고 作(작)ᄒ야 對(되)ᄒ야 ᄀᆞᆯ오ᄃᆡ 三子者(삼ᄌᆞ쟈)의 撰(션)에서 다ᄅᆞ이다 子(ᄌᆞ) ㅣ ᄀᆞᄅᆞ샤ᄃᆡ 므어시 傷(샹)ᄒ리오 ᄯᅩ훈 각각 그 ᄠᅳᆺ을 니ᄅᆞᆯ 거시니라 ᄀᆞᆯ오ᄃᆡ 莫春(모츈)에 春服(츈복)이 이믜 일거든 冠(관)훈 者(쟈) 다엿 사ᄅᆞᆷ과 童子(동ᄌᆞ) 여닐곱 사ᄅᆞᆷ으로 沂(긔)예 浴(욕)ᄒ야 舞雩(무우)에 風(풍)ᄒ야 詠(영)ᄒ며 歸(귀)호리이다 夫子(부ᄌᆞ) ㅣ 喟然(위연)히 탄식ᄒ야 ᄀᆞᄅᆞ샤ᄃᆡ 내 點(뎜)을 與(여)호리라

三子者(삼ᄌᆞ쟈) ㅣ 나거늘 曾晳(증셕)이 뒤뎌더니 曾晳(증셕)이 ᄀᆞᆯ오ᄃᆡ 三子者(삼ᄌᆞ쟈)의 말이 엇더ᄒ니잇고 子(ᄌᆞ) ㅣ ᄀᆞᄅᆞ샤ᄃᆡ ᄯᅩ한 각각 그 ᄠᅳᆺ을 니ᄅᆞᆯ ᄯᆞ름이니라 ᄀᆞᆯ오ᄃᆡ 夫子(부ᄌᆞ) ㅣ 엇디 由(유)를 哂(신)ᄒ시니잇고

ᄀᆞᄅᆞ샤ᄃᆡ 나라ᄒ기를 禮(례)로 ᄡᅥ거늘 그 말이 讓(양)티 아닌 디라 이런 故(고)로 哂(신)호라

오직 求(구)는 邦(방)이 아니니잇가 어듸가 方(방) 六七十(륙칠십)과 혹 五六十(오륙십)이 邦(방) 아닌 者(쟈)를 보리오

오직 赤(젹)은 邦(방)이 아니니잇가 宗廟(종묘)와 會同(회동)이 諸侯(져후) ㅣ 아니오 므섯고 赤(젹)이 小(쇼)를 ᄒ면 뉘 能(능)히 大(대)를 ᄒ리오

◆ 集註

278-㊀

坐, 在臥反.
○ 晳, 曾參父, 名點.

坐는 反切로 '在臥反'(좌)이다.
○ 晳은 曾參의 아버지이며 이름은 點이다.

278-㈡

長, 上聲.
○ 言:「我雖年少長於女, 然女勿以我長而難言.」蓋誘之盡言以觀其志, 而聖人和氣謙德, 於此亦可見矣.

長은 上聲이다.
○ "내가 비록 나이가 너희보다 약간 많다고는 해도 너희들은 나를 年長者라고 해서 말하기 어렵다고 여기지 말라"고 한 것이다. 대체로 마음 놓고 말하도록 유도하여 그 뜻을 살피려는 것으로 聖人의 和氣와 謙德을 여기에서도 역시 찾아볼 수 있다.

278-㈢

言女平居, 則言『人不知我』, 如或有人知女, 則女將何以爲用也?

너희들이 평상시 "사람들이 나를 알아주지 않는다"라고 하였는데, 만약 어떤 이가 너희를 알아준다면 너희는 장차 어떤 곳에 쓰임 받기를 원하느냐고 말한 것이다.

278-㈣

乘, 去聲. 饑, 音機. 饉, 音僅. 比, 必二反, 下同. 哂, 詩忍反.
○ 率爾, 輕遽之貌. 攝, 管束也. 二千五百人爲師, 五百人爲旅. 因, 仍也. 穀不熟曰饑, 菜不熟曰饉. 方, 向也, 謂向義也. 民向義, 則能親其上, 死其長矣. 哂, 微笑也.

乘은 去聲이다. 饑는 음이 機(기)이다. 饉은 음이 僅(근)이며, 比는 反切로 '必二反'(피)로서 아래도 같다. 哂은 反切로 '詩忍反'(신)이다.
○ 率爾는 경솔하고 성급한 모습이다. 攝은 管束(관리하여 속박함)이다. 2천5백人을 師라 하며, 5백人을 旅라 한다. 因은 仍(여전히)의 뜻이다. 곡식이 여물지 못한 것을 饑라 하고, 채소가 성숙하지 못한 것을 饉이라 한다. 方은 向(향하다)이며, 義로 향한다는 뜻이다. 百姓이 義를 지향하면, 윗사람을 친히 여기고 어른을 위해 죽을 수도 있는 것이다. 哂은 '미소짓다'의 뜻이다.

278-㉤

『求, 爾何如?』孔子問也, 下放此. 方六七十里, 小國也. 如, 猶或也. 五六十里, 則又小矣. 足, 富足也. 『俟君子』, 言非己所能. 冉有謙退, 又以子路見哂, 故其辭益遜.

'求, 爾何如?'는 孔子가 물은 것으로 그 아래도 이와 같다. 方六七十里는 작은 나라를 뜻한다. 如는 或과 같다. 5, 60里라면 더욱 작은 나라이다. 足은 부유하고 풍족함을 뜻한다. 俟君子는 자신이 능한 바가 아님(그 때문에 君子를 기다림)을 말한 것이다. 冉有는 謙退하였고, 게다가 子路가 孔子에게 웃음을 당하는 것을 보았으므로 그 때문에 그 말이 더욱 겸손하였던 것이다.

278-㉥

相, 去聲.

○ 公西華志於禮樂之事, 嫌以君子自居. 故將言己志而先爲遜辭, 言未能而願學也. 宗廟之事, 謂祭祀. 諸侯時見曰會, 衆覜曰同. 端, 玄端服. 章甫, 禮冠. 相, 贊君之禮者. 言小, 亦謙辭.

相은 去聲(돕다)이다.

○ 公西華는 禮樂之事에 뜻을 두었으나 스스로 君子임을 자처하기에는 꺼림이 있었다. 그 때문에 장차 자신의 뜻을 말하려 하면서 먼저 겸손한 말을 하여 능한 것이 아니라 배우기를 원한다고 말한 것이다. 宗廟之事는 祭祀를 말한다. 諸侯가 때때로 뵙는 것을 會라 하고, 여럿이 서로 만나는 것을 同이라 한다(《周禮》春官 大宗伯). 端은 玄端의 복장이며, 章甫는 禮冠이다(《禮記》玉藻). 相은 임금의 禮를 도와주는 자이다. 小라고 말한 것도 역시 謙讓의 말이다.

278-㉦

鏗, 苦耕反. 舍, 上聲. 撰, 士免反. 莫·冠, 並去聲. 沂, 魚依反. 雩, 音于.

○ 四子侍坐, 以齒爲序, 則點當次對. 以方鼓瑟, 故孔子先問求·赤而後及點也. 希, 間歇也. 作, 起也. 撰, 具也. 莫春, 和煦之時. 春服, 單袷之衣. 浴, 盥濯也, 今上巳祓除是也. 沂, 水名, 在魯城南, 地志以爲有溫泉焉, 理或然也. 風, 乘凉也. 舞雩, 祭天禱雨之處, 有壇墠樹木也. 詠, 歌也. 曾點之學, 蓋有以見夫人欲盡處, 天理流行, 隨處充滿, 無少欠闕. 故其動靜之際, 從容如此. 而其言志, 則又不過即其所居之位, 樂其日用之常, 初無舍己爲人之意. 而其胸次悠然, 直與天地萬物上下同流, 各得其所之妙, 隱然自見於言外. 視三子規規於事爲之末者, 其氣象不侔矣, 故夫子歎息而深許之. 而門人記其本末獨加詳焉, 蓋亦有以識此矣.

鏗은 反切로 '苦耕反'(경, 갱)이다. 舍는 上聲이다. 撰은 反切로 '士免反'(선)이다. 莫·冠은 모두 去聲으로 읽는다. 沂는 '魚依反'(이, 기)이며, 雩는 음이 于(우)이다.

○ 네 사람이 모시고 앉았으나 나이 순서로 보아 曾點이 마땅히 두 번째로 대답해야 한다. 그러나 마침 瑟을 연주하고 있었기 때문에 孔子가 먼저 冉求와 公西赤에게 묻고 그 다음에 曾點의 차례에 이른 것이다. 希는 間歇이다. 作은 일어나다의 뜻이며, 撰은 갖추다의 뜻이다. 莫春(暮春)은 온화하고 따뜻한 시절이다. 春服은 單裌(홑옷과 겹옷)의 복장이다. 浴은 세수하고 씻는 것으로 지금의 上巳日(3월 삼짇날)에 행하는 祓除가 이것이다. 沂는 물 이름으로 魯나라 城 남쪽에 있다. 地志(《漢書》 地理志)에 온천이 있다고 하였는데 이치로 보아 혹시 그러하였을 것이다. 風은 바람 쐬다(乘涼)이며, 舞雩는 하늘에 祈雨祭를 올리던 곳으로 제단과 나무가 있다. 詠은 노래하다는 뜻이다. 曾點의 學問은 대체로 사람의 욕망이 다한 곳에 天理가 流行하며 가는 곳마다 充滿함이 보여 조금도 欠闕함이 없다. 그 때문에 動靜之際에 從容(조용, 첩운어)함이 이와 같았던 것이다. 그리하여 자신의 뜻을 말함에도 역시 그 처한 바의 위치에서 그 日用之常을 즐김을 넘지 않으면서 애초부터 자신을 포기하고 남의 뜻을 위해 주려는 의도도 없었다. 그의 胸次(가슴속 품은 뜻의 순서)가 悠然하여 곧바로 天地萬物, 上下와 함께 흘러 각각 그 위치대로의 묘함을 얻어 은연중에 저절로 말 밖(言外)으로 드러난 것이다. 세 사람이 예로 들어 規規(첩어, 표준으로 여겨 매달림)하게 여긴 일은 末에 해당하는 것으로 그 기상이 같을 수가 없었다. 그 때문에 夫子가 탄식하면서 깊이 동의한 것이다. 그리고 門人들이 本末을 기록하면서 유독 여기에만 상세함을 더한 것이니, 대체로 역시 이런 점에 인식함이 있었을 것이다.

278-ⓐ

夫, 音扶.

夫는 음이 扶(부)이다.

278-⑨

點以子路之志, 乃所優爲, 而夫子哂之, 故請其說.

曾點은 子路의 뜻이 이에 뛰어난 바임에도 夫子가 웃자, 그 때문에 그 설명을
청한 것이다.

278-⑩

夫子蓋許其能, 特哂其不遜.

夫子는 아마 그의 능력을 긍정하였으나, 특별히 그의 不遜을 웃은 것이리라.

278-⑪

與, 平聲, 下同.
○ 曾點以冉求亦欲爲國而不見哂, 故微問之. 而夫子之答無貶詞, 蓋亦許之.

與는 平聲이다. 아래도 같다.
○ 曾點은 冉求도 역시 나라를 다스리겠다고 하였음에도 비웃음을 사지
않은 것을 가지고 미약하게 여쭈었다. 그런데 부자의 대답에 貶毁하는 말이
없었으니 대체로 역시 긍정한 것이다.

278-⑫

此亦曾晳問而夫子答也. 『孰能爲之大』, 言無能出其右者, 亦許之之詞.
○ 程子曰:「古之學者, 優柔厭飫, 有先後之序. 如子路・冉有・公西赤言志如此,
夫子許之. 亦以此自是實事. 後之學者好高, 如人游心千里之外, 然自身却只在此.」
又曰:「孔子與點, 蓋與聖人之志同, 便是堯・舜氣象也. 誠異三子之撰, 特行有不
掩焉耳, 此所謂狂也. 子路等所見者小, 子路只爲不達爲國以禮道理, 是以哂之.
若達, 却便是這氣象也.」
又曰:「三子皆欲得國而治之, 故夫子不取. 曾點, 狂者也, 未必能爲聖人之事,
而能知夫子之志. 故曰:『浴乎沂, 風乎舞雩, 詠而歸』, 言樂而得其所也. 孔子之志,
在於老者安之, 朋友信之, 少者懷之, 使萬物莫不遂其性. 曾點知之, 故孔子喟然歎曰:
『吾與點』也.」

又曰:「曾點·漆雕開, 已見大意.」

이 역시 曾晳이 여쭙고 夫子가 대답한 것이다. '孰能爲之大'란, 능히 右者(前者)보다 뛰어난 사람이 없으리라는 뜻으로 역시 긍정한 말이다.

○ 程子(程頤)는 이렇게 말하였다. "옛날 배우는 자는 優柔(충분히 섭렵함, 쌍성어)·厭飫(충분히 맛봄, 쌍성어)하여 先後之序가 있었다. 이를테면 子路·冉有·公西赤이 뜻을 말함이 이와 같고 夫子도 긍정하였다. 역시 이는 스스로 實事로 인정되는 것이다. 그러나 뒷날의 배우는 자들은 높아지기만을 좋아하여 마치 사람의 마음이 천리 밖을 游泳하지만 스스로의 몸은 다만 여기에 있다."

또 이렇게 말하였다. "孔子가 曾晳의 뜻을 긍정한 것은 대체로 聖人의 뜻과 같음을 긍정한 것으로 이는 곧 堯舜의 기상이다. 진실로 앞서 말한 세 사람의 撰述과 달라 특별히 행동에 엄폐함이 없었을 뿐이며, 이것이 소위 말하는 狂(狂簡; 113)이라는 것이다. 子路 등은 보는 바가 적었으며, 子路는 다만 나라를 다스림에는 禮로써 해야 한다는 도리에는 통달하지 못하였던 것이다. 이 때문에 孔子가 웃은 것이다. 만약 통달하였다면 도리어 이도 이와 같은 기상이다."

또 이렇게 말하였다. "세 사람은 모두 나라를 얻어 다스려 보고자 하였다. 이 때문에 夫子가 취하지 않은 것이다. 曾晳은 狂者(狂簡한 자)였다. 그래서 반드시 聖人의 일을 할 수 있는 것은 아니지만, 능히 夫子의 뜻을 알아차릴 수는 있었다. 그 때문에 '沂水에서 목욕하고 舞雩에서 바람 쐬고, 노래 부르며 돌아오고 싶다'라고 한 것이다. 이는 즐겨하여 그 얻은 바를 얻었음을 말한 것이다. 孔子의 뜻은 늙은이는 편안하게 해주며, 친구에게는 미덥게 하고, 젊은이는 품어 주어(117), 萬物로 하여금 그 본성을 이루지 못함이 없도록 하는 데 있었다. 曾晳은 이를 알았다. 그 때문에 孔子가 喟然히 감탄하면서 '나는 曾點의 뜻을 許與한다'라고 말한 것이다."

또 이렇게 말하였다. "曾點·漆雕開는 이미 큰 뜻을 보았던 것이다."(漆雕開의 큰 뜻은 097(5-5) 참조)

논어

〈顏回〉(顏淵) 王立忠《精選中華文物石索》

안연顔淵 第十二

총24장(279-302)

◈ 集註

凡二十四章.

모두 24장이다.

279(12-1)

顔淵問仁

안연顔淵이 인仁에 대하여 여쭙자 공자가 이렇게 말하였다.

"자신을 극복하고 예로 돌아가는 것이 인이다. 하루라도 이렇게 자신을 극복하여 예로 돌아간다면 천하가 인으로 함께 하게 될 것이다. 인을 실천하는 것은 자신으로부터 말미암는 것이지 남으로 말미암는 것이랴?"

안연이 다시 여쭈었다.

"그 요목을 말씀해 주시기를 청합니다."

공자는 이렇게 설명하였다.

"예가 아니면 보지 말며, 예가 아니면 듣지 말며, 예가 아니면 말하지 말며, 예가 아니면 움직이지 말라."

안연이 이렇게 다짐하였다.

"제回가 비록 민첩하지 못하나 이 말씀을 잘 받들기를 청합니다."*

顏淵問仁.

子曰:「克己復禮爲仁. 一日克己復禮, 天下歸仁焉.
爲仁由己, 而由人乎哉?」㊀

顏淵曰:「請問其目.」

子曰:「非禮勿視, 非禮勿聽, 非禮勿言, 非禮勿動.」

顏淵曰:「回雖不敏, 請事斯語矣.」㊁

【克己復禮】《左傳》昭公 12年에「仲尼曰: 古也有志, 克己復禮, 仁也」라 하였다.
따라서 孔子의 말이 아니라 이미 기록으로 있었던 것이다.

【目】要目, 項目, 條目.

*《左傳》昭公 12年 傳에「仲尼曰: 古也有志, 克己復禮, 仁也. 信善哉!」라 하였다.

 諺 解

顏淵(안연)이 仁(신)을 묻ᄌᆞ온ᄃᆡ 子(ᄌ)ㅣ ᄀᆞᆯᄋᆞ샤ᄃᆡ 己(긔)를
克(극)ᄒᆞ야 禮(례)예 復(복)홈이 仁(신)을 ᄒᆞ욤이니 一日(일실)에
己(긔)를 克(극)ᄒᆞ야 禮(례)예 復(복)ᄒᆞ면 天下(텬하)ㅣ 仁(신)을 歸(귀)ᄒᆞᄂᆞ니
仁(신)을 ᄒᆞ욤이 己(긔)로 말미암ᄂᆞ니 人(신)을 말미암ᄂᆞ냐

顏淵(안연)이 ᄀᆞᆯ오ᄃᆡ 請(청)컨댄 그 目(목)을 묻ᄌᆞ노이다 子(ᄌ)ㅣ ᄀᆞᆯᄋᆞ샤ᄃᆡ
禮(례) 아니어든 視(시)티 말며 禮(례) 아니어든 聽(텽)티 말며 禮(례) 아니어든
言(언)티 말며 禮(례) 아니어든 動(동)티 말올 ᄯᅵ니라 顏淵(안연)이 ᄀᆞᆯ오ᄃᆡ
回(회)ㅣ 비록 敏(민)티 몯ᄒᆞ나 請(청)컨댄 이 말ᄉᆞᆷ을 事(ᄉ)호리이다

顔淵(안연)이 仁(인)을 問(문)호대 子(주) ㅣ ᄀᆞ른샤딕 己(긔)를
克(극)호야 禮(례)예 復(복)호미 仁(인)을 호미이니 一日(일일)에
己(긔)를 克(극)호야 禮(례)예 復(복)호면 天下(텬하) ㅣ 仁(인)을 歸(귀)호리니
仁(인)호기 己(긔)를 由(유)홀 디니 人(인)을 由(유)호랴

顔淵(안연)이 글오딕 請(청)컨댄 그 目(목)을 問(문)호노이다 子(주) ㅣ
ᄀᆞ른샤딕 禮(례) 아니어든 視(시)티 말며 禮(례) 아니어든 聽(텽)티 말며
禮(례) 아니어든 言(언)티 말며 禮(례) 아니어든 動(동)티 무롤 디니라 顔淵(안연)이
글오딕 回(회) ㅣ 비록 敏(민)티 몯호나 請(청)컨댄 이 말숨을 事(ᄉᆞ)호리이다

◈ 集 註

279-㊀

仁者, 本心之全德. 克, 勝也. 己, 謂身之私欲也. 復, 反也. 禮者, 天理之節文也.
『爲仁』者, 所以全其心之德也. 蓋心之全德, 莫非天理, 而亦不能不壞於人欲. 故爲
仁者必有以勝私欲而復於禮, 則事皆天理, 而本心之德復全於我矣. 歸, 猶與也.
又言『一日克己復禮, 則天下之人皆與其仁』, 極言其效之甚速而至大也. 又言
『爲仁由己, 而非他人所能預』, 又見其機之在我而無難也. 日日克之, 不以爲難,
則私欲淨盡, 天理流行, 而仁不可勝用矣.

程子曰:「非禮處便是私意. 旣是私意, 如何得仁? 須是克盡己私, 皆歸於禮, 方始
是仁.」

又曰:「克己復禮, 則事事皆仁, 故曰『天下歸仁』.」

謝氏曰:「克己, 須從性偏難克處, 克將去.」

仁이란 本心의 全德이다. 克이란 이기다(勝)의 뜻이다. 己는 제몸의 사사로운
욕심을 일컫는다. 復란 되돌아감(反)이다. 禮란 天理의 節文이다. 爲人이란 그
마음의 덕을 온전히 하는 것이다. 대체로 마음의 全德은 天理가 아닌 것이 없되
역시 人欲에 파괴되지 않을 수도 없는 것이다. 그러므로 仁을 행하는 자 반드시
私欲을 이겨내고 禮에 복귀함이 있다면 하는 일이 모두 天理가 되어 本心之德이

나에게서 온전해지는 것이다. 歸는 與와 같다. 또 '一日克己復禮, 則天下之人皆與其仁'(하루라도 克己復禮하면 天下 사람이 모두 그 仁에 함께 할 것이다)이라 말하였으니, 그 효과의 甚速하고 至大함을 극단적으로 말한 것이다. 또 '爲仁由己, 而非他人所能預'(仁을 행하는 것은 자신으로부터 말미암는 것이지 타인이 능히 할 수 있는 바가 아니다)라 말하였으니, 이는 또한 그 동기가 나에게 있는 것으로 어려울 것이 없음을 나타낸 것이다. 날마다 이를 이겨내되 어렵다 여기지 않는다면, 私欲이 깨끗이 씻어지고 天理가 流行하여 仁을 다 사용해 낼 수 없게 된다.

程子(程顥)는 이렇게 말하였다. "禮가 아닌 곳이 곧 私意이다. 이미 이것이 私意라면 어찌 仁을 얻을 수 있겠는가? 모름지기 자신의 私欲을 이겨 없애고 모두를 禮에 복귀해야 바야흐로 이러한 仁이 시작되는 것이다."

또 이렇게 말하였다. "克己復禮면 하는 일마다 모두가 仁이다. 그 때문에 '天下歸仁'이라 한 것이다."

謝氏(謝良佐)는 이렇게 말하였다. "克己는 모름지기 성격이 편벽되어 이겨내기 어려운 것부터 이겨나가야 한다."

279-㊁

目, 條件也. 顏淵聞夫子之言, 則於天理人欲之際, 已判然矣, 故不復有所疑問, 而直請其條目也.

非禮者, 己之私也. 勿者, 禁止之辭. 是人心之所以爲主, 而勝私復禮之機也. 私勝, 則動容周旋無不中禮, 而日用之間, 莫非天理之流行矣. 事, 如事事之事. 請事斯語, 顏淵黙識其理, 又自知其力有以勝之, 故直以爲己任而不疑也.

○ 程子曰:「顏淵問克己於復禮之目, 子曰:『非禮勿視, 非禮勿聽, 非禮勿言, 非禮勿動』, 四者身之用也. 由乎中而應乎外, 制於外所以養其中也. 顏淵事斯語, 所以進於聖人. 後之學聖人者, 宜服膺而勿失也, 因箴以自警. 其視箴曰:『心兮本虛, 應物無迹. 操之有要, 是爲之則. 蔽交於前, 其中則遷. 制之於外, 以安其內. 克己復禮, 久而誠矣.』其聽箴曰:『人有秉彝, 本乎天性. 知誘物化, 遂亡其正. 卓彼先覺, 知止有定. 閑邪存誠, 非禮勿聽.』其言箴曰:『人心之動, 因言以宣. 發禁躁妄, 內斯靜專. 矧是樞機, 興戎出好. 吉凶榮辱, 惟其所召. 傷易則誕, 傷煩則支. 己肆物忤,出悖來違. 非法不道, 欽哉訓辭!』其動箴曰:『哲人知幾, 誠之於思; 志士勵行, 守之於爲. 順理則裕, 從欲惟危; 造次克念, 戰兢自持. 習與性成, 聖賢同歸.』」

愚按:「此章問答, 乃傳授心法切要之言. 非至明不能察其幾; 非至健不能致其決. 故惟顔子得聞之, 而凡學者亦不可以不勉也. 程子之箴, 發明親切, 學者尤宜深玩.」

目은 條件(條目)이다. 顔淵은 夫子의 말을 듣고 나서 天理와 人欲의 사이는 이미 확연히 판별하였다. 그 때문에 다시 의문되는 바를 여쭙되 곧바로 그 條目을 말해 달라고 청한 것이다.

非禮란 자신의 사사로움이다. 勿이란 禁止하는 말이다. 이는 사람의 마음에 주인이 되는 바로서 私를 이겨내고 禮로 되돌아가는 기틀이다. 私가 이겨지면(극복되면) 動容과 周旋이 禮에 맞지 않는 것이 없어 일상생활에 天理가 流行하지 않음이 없게 된다. 事란 事事(일을 해내다)의 事와 같다(《尙書》 說命篇 및 《史記》 曹參傳의 구절). 청컨대 이 말을 일로 여기겠다고 한 것은 顔淵이 묵묵히 그 이치를 알아차렸고 또 스스로 그 자신의 능력이 이를 이겨낼 수 있음을 알았다는 것이다. 그 때문에 곧바로 자신의 임무라고 여겨 의심하지 않은 것이다.

○ 程子(程頤)는 이렇게 말하였다. "顔淵이 克己復禮의 조목을 여쭙자, 孔子가 '非禮勿視, 非禮勿聽, 非禮勿言, 非禮勿動'이라 하였으니, 이 네 가지는 몸에 직접 쓰이는 것이다. 中心으로부터 말미암아 밖에 應驗하며, 밖에서 제어되어 그 중심을 修養하는 것이다. 顔淵이 이 말을 섬기겠다고 한 것은 聖人의 길로 나아가는 것이다. 後世에 聖人의 길을 배우는 자는 마땅히 服膺(깊이 응용함)하여 놓치지 말아야 할 것이다. 이에 箴을 지어 自警(스스로 경계함)으로 삼는다.

우선 〈視箴〉은 이렇다.

"마음이여, 본래 빈 것이다. 外物에 반응하되 자취도 없네. 이를 조종하되 요체가 있으면 이것이 곧 법칙이 되도다. 눈앞에 가리워 교란되면 그 중심이 곧 옮겨질 때에는 밖에서 이를 억제하여 그 속을 편히 해야 한다. 克己復禮하면 오래 지나 진실하게 되리라."

다음으로 〈聽箴〉은 이렇다.

"사람에게는 곧은 줄기(秉)가 있어 天性에 본을 두고 있다네, 지혜가 유혹을 받아 外物에 同和되면 드디어 그 正을 잃게 된다네. 우뚝한 저 先學들께서는 그칠 줄 알아 固定함이 있었네. 邪惡을 쉬게 하고 眞誠을 존속시켜 예가 아니면 듣지 말지니라."

다음으로 〈言箴〉은 이렇다.

"人心의 동요는 말에 의해 퍼진다네. 발설에는 조급한 망발을 금하고 안으로 이 고요와 專一을 품을지어다. 게다가 이는 樞機로써 전쟁을 일으키기도 하고, 좋은 일을 만들어 내기도 하네. 吉凶과 榮辱이 오직 여기(말)의 부름을 받네(《尙書》 大禹謨에 '惟口出, 好興戎'이라 함). 너무 쉬운데 손상되면 放誕해지고, 너무 번거로움에 손상되면 지루하게 되나니, 자신이 마구 하면 外物도 거역하니 내뱉은 말이 悖逆되면 오는 말 또한 거스르네. 법이 아니면 말하지 말자. 훌륭하다, 훈계의 말씀이여!"

다음으로 〈動箴〉은 이러하다.

"哲人은 幾微를 알아 이를 思考에 성실히 하고, 志士는 실행에 힘써 이를 행위에서 지키네. 이치에 순응하면 여유가 있지만 욕심에 따르면 오직 위험할 뿐, 造次라도 克念(생각을 다함)하고 전전긍긍하여 스스로 지켜나가네. 습관과 천성이 완성되고 나면 聖과 賢이 同歸하리라."

내 생각으로는 이렇다. "이 장의 問答은 '傳授心法切要'(心法을 전수하는 切要)의 말이다. 지극히 밝지 않으면 그 기미를 살펴볼 수 없고, 지극히 健壯하지 않으면 그러한 결심에 이를 수가 없다. 그러므로 顔子가 이를 들을 수 있었으니, 배우는 모든 이들도 역시 힘쓰지 않을 수 없다. 程子의 箴言은 환하게 밝혀 줌이 친절하여 배우는 자라면 더욱이 깊이 玩味해야 할 것이다."

280(12-2)

仲弓問仁

중궁仲弓이 인仁에 대하여 여쭙자, 공자가 이렇게 말하였다.

"문밖을 나서면 마치 큰손님을 대하듯이 하며, 백성을 부릴 때는 마치 큰 제사를 이어 받들듯이 하라. 자신이 하고자 하지 않는 바를 남에게 베풀지 말 것이니라. 이렇게 하면 나랏일에 있어서는 원망을 살 일이 없으며, 집안에 있어서도 원망 살 일이 없느니라."

중궁이 이렇게 다짐하였다.

"제雍가 비록 민첩하지 못하나 이 말씀을 잘 받들기를 청합니다."***

仲弓問仁.

　子曰：「出門如見大賓, 使民如承大祭. 己所不欲,

　　　勿施於人. 在邦無怨, 在家無怨.」

仲弓曰：「雍雖不敏, 請事斯語矣.」㊀

【仲弓】 冉雍. 字가 仲弓.

【大賓】 公侯의 賓客. 外交상의 賓客.

【大祭】 郊祭나 禘祭 등의 큰 祭祀.

* 본장의 「己所不欲, 勿施於人」은
  衛靈公篇 402(15-23)에도 실려 있다.

*《左傳》僖公 33年 傳에 「臼季曰:
  臣聞之; 出門如賓, 承事如祭, 仁之
  則也」라 하였다.

*《管子》小問篇에 「非其所欲, 勿施
  於人, 仁也」라 하였다.

"己所不欲, 勿施於人"(如初 金膺顯)

◉ 諺 解

　　　仲弓(듕궁)이 仁(신)을 묻ᄌᆞ온대 子(ᄌᆞ) ㅣ 글ᄋᆞ샤ᄃᆡ 門(문)에
出(츌)홈애 大賓(대빈)을 見(견)홈 ᄀᆞ티 ᄒᆞ며 民(민)을 使(ᄉᆞ)호ᄃᆡ
大祭(대졔)를 承(승)홈 ᄀᆞ티 ᄒᆞ고 己(긔)의 欲(욕)디 아니ᄒᆞᄂᆞᆫ 바를 人(신)의게
베프디 마롤 ᄯᅵ니 邦(방)의 이셔 怨(원)이 업스며 家(가)의 이셔 怨(원)이
업ᄂᆞ니라 仲弓(듕궁)이 글오ᄃᆡ 雍(옹)이 비록 敏(민)티 몯ᄒᆞ나 請(쳥)컨댄
이 말ᄉᆞᆷ을 事(ᄉᆞ)호리이다

仲弓(듕궁)이 仁(인)을 問(문)ᄒᆞᆫ대 子(ᄌᆞ)ㅣ ᄀᆞᄅᆞ샤ᄃᆡ 門(문)의
나매 大賓(대빈)을 보ᄃᆞᆺ ᄒᆞ며 民(민)을 使(ᄉᆞ)호매 大祭(대졔)ᄅᆞᆯ
承(승)ᄐᆞᆺ ᄒᆞ며 내 欲(욕)디 아닛ᄂᆞᆫ 바ᄅᆞᆯ 人(인)의게 施(시)티 말면 邦(방)의
이셔 怨(원)이 업스며 家(가)의 이셔 怨(원)이 업ᄂᆞ니라 仲弓(듕궁)이 ᄀᆞᆯ오ᄃᆡ
雍(옹)이 비록 敏(민)티 몯ᄒᆞ나 請(쳥)컨댄 이 말ᄉᆞᆷ을 事(ᄉᆞ)호리이다

◆ **集 註**

280-㉠

敬以持己, 恕以及物, 則私意無所容而心德全矣. 內外無怨, 亦以其效言之, 使以
自考也.

○ 程子曰:「孔子言仁, 只說『出門如見大賓, 使民如承大祭』. 看其氣象, 便須心
廣體胖, 動容周旋中禮. 唯謹獨, 便是守之之法.」

或問:「出門使民之時, 如此可也; 未出門使民之時, 如之何?」

曰:「此儼若思時也, 有諸中而後見於外. 觀其出門使民之時, 其敬如此, 則前乎
此者敬可知矣. 非因出門使民, 然後有此敬也.」

愚按:「克己復禮, 乾道也; 主敬行恕, 坤道也. 顏·冉之學, 其高下淺深, 於此可見.
然學者誠能從事於敬恕之間而有得焉, 亦將無己之可克矣.」

敬으로써 자신을 지키며, 恕로써 外物에 미치게 하면 私意는 용납될 곳이 없고
心德은 온전해질 것이다. 안팎으로 원망이 없다는 것은 역시 그 효과로써 말한
것으로, 스스로 헤아려 보게 한 것이다.

○ 程子(程顥)는 이렇게 말하였다. "孔子가 仁을 말하되 다만 '문 밖에 나서서는
큰손님을 만나듯이 하고 백성을 부림에는 큰제사를 받들 듯 하라'고만 하였으니,
그 기상을 보건대 모름지기 心廣體胖(마음이 넓어 몸도 펴짐)하게 하여 動容과 周旋이
禮에 맞아야 한다. 오직 謹獨만이 곧 이를 지켜내는 방법이다."

혹자가 물었다. "出門과 使民의 경우에는 이와 같이 함이 可하나, 出門도 使民도
아닌 경우에는 어떻게 해야 합니까?"

이에 程子의 대답은 이러하였다. "이는 엄연함이 생각하고 있을 때의 태도와 같아(《禮記》曲禮(上)에 '儼若思'라 함), 心中에 이런 것을 가지고 있으면 나중에 밖으로 드러나는 것이다. 그가 出門·使民할 때를 보아 그의 敬이 이와 같다면 이보다 앞서 敬하였던 사실을 가히 알 수 있는 것이다. 出門·使民할 이유 때문이 아니라 미리 敬하게 하였던 연후이기 때문에 이러한 敬이 있게 되는 것이다."

내 생각으로는 이렇다. "克己復禮는 乾道(天道)요, 敬을 主로 하고 恕를 행하는 것은 坤道(地道)이다. 顔淵과 冉求의 학문에서 그 高下深淺을 여기에서 가히 볼 수 있다. 그러나 배우는 자는 진실로 능히 敬恕之間을 따라 받들어 터득함이 있어야, 역시 장차 己之可克(자신에게 가히 극복되어야 할 단점)이 없어지게 될 것이다."

281(12-3)

司馬牛問仁

사마우司馬牛가 인仁에 대하여 여쭙자 공자가 말하였다.
"인仁이라는 것은 말할 때에 말을 참아낸다는 인訒과 같다."
사마우가 다시 여쭈었다.
"그 말을 참아낸다면 이를 일컬어 인이라고 할 수 있습니까?"
공자는 이렇게 설명하였다.
"그렇게 하기가 어려운 것이지, 말을 할 때에 어찌 고려하지 아니하고
경솔하게 내뱉을 수야 있겠느냐?"

司馬牛問仁.㊀
子曰:「仁者, 其言也訒.」㊁
　曰:「其言也訒, 斯謂之仁已乎?」
子曰:「爲之難, 言之得無訒乎?」㊂

【司馬牛】司馬耕.《史記》仲尼弟子列傳에「司馬耕, 字子牛, 牛多言而躁, 問仁於
　孔子. 孔子曰:『仁者其言也認.』」이라 하였다. 이름은 犂. 宋나라 司馬桓魋의 아우.
【訒】속에 말을 가지고 있으면서도 말을 참아냄. 여기서 仁과 認을 대비시킨 것은
　일종의 聲訓方法이다. 訒은 '인'으로 읽는다.

◉ 諺解

司馬牛(ᄉ마우)ㅣ 仁(신)을 묻ᄌ온대
子(ᄌ)ㅣ 굴ᄋ샤ᄃᆡ 仁(신)ᄒᆞᆫ 者(쟈)는 그 言(언)이 訒(신)ᄒᆞ니라
굴오ᄃᆡ 그 言(언)이 訒(신)ᄒᆞ면 이 仁(신)이라 닐ᄋ리잇가 子(ᄌ)ㅣ 굴ᄋ샤ᄃᆡ
爲(위)홈이 어려우니 言(언)홈이 시러곰 訒(신)티 아니랴

司馬牛(ᄉ마우)ㅣ 仁(인)을 問(문)ᄒᆞᆫ대
子(ᄌ)ㅣ ᄀᆞᄅ샤ᄃᆡ 仁者(인쟈)는 그 言(언)이 訒(인)ᄒᆞ니라
굴오ᄃᆡ 그 言(언)이 訒(인)호ᄆᆞᆯ 이에 仁(인)이라 니르리잇가 子(ᄌ)ㅣ ᄀᆞᄅ샤ᄃᆡ
ᄒᆞ기 어렵거니 言(언)ᄒᆞ기 시러곰 訒(인)티 아니랴

281-㊀

司馬牛, 孔子弟子, 名犂, 向魋之弟.

司馬牛는 孔子의 弟子로 이름은 犂이며, 向魋(상퇴)의 아우이다.

281-㊁

訒, 音刃.

○ 訒, 忍也, 難也. 仁者心存而不放, 故其言若有所忍而不易發, 蓋其德之一端也. 夫子以牛多言而躁, 故告之以此. 使其於此而謹之, 則所以爲仁之方, 不外是矣.

訒은 음이 刃(인)이다.

○ 訒은 忍으로, 어렵게 여긴다는 뜻이다. 仁者는 마음이 恒存되어 흐트러지지 않는다. 그 때문에 그 말이 마치 참을 바가 있어 쉽게 발언하지 않는 것처럼 보인다. 대체로 그 덕의 한 단서이다. 夫子는 司馬牛가 말이 많고 조급하다고 여겨, 그 때문에 이로써 일러 준 것이다. 그로 하여금 이런 점에 있어서 삼가도록 한 것이니, 그렇다면 인을 실행하는 방법도 이에 다른 것이 아니다.

281-㊂

牛意仁道至大, 不但如夫子之所言, 故夫子又告之以此. 蓋心常存, 故事不苟, 事不苟, 故其言自有不得而易者, 非强閉之而不出也.

楊氏曰:「觀此及下章再問之語, 牛之易其言可知.」

○ 程子曰:「雖爲司馬牛多言故及此, 然聖人之言, 亦止此爲是.」

愚謂:「牛之爲人如此, 若不告之以其病之所切, 而泛以爲仁之大槩語之, 則以彼之躁, 必不能深思以去其病, 而終無自以入德矣. 故其告之如此. 蓋聖人之言, 雖有高下大小之不同, 然其切於學者之身, 而皆爲入德之要, 則又初不異也. 讀者其致思焉.」

司馬牛의 생각으로는, 仁道는 至大하여 단지 夫子가 말한 바와 같지는 않을 것이라 여겼다. 그 때문에 夫子가 다시 또 이로써 일러 준 것이다. 대체로 마음에 항상 보존하고 있었으므로 일에 구차함이 없고, 일에 구차함이 없으므로 그 말을 저절로 쉽게 마구 할 수 없는 것이니, 억지로 입을 다물고 내뱉지 않은 것이 아니다.

楊氏(楊時)는 이렇게 말하였다. "이 장과 다음 장의 다시 물은 내용(282)까지의 말하는 모습을 보면 司馬牛가 말을 쉽게 한다는 것을 알 수 있다."

○ 程子(程顥)는 이렇게 말하였다. "비록 司馬牛가 말이 많다는 이유로 이런 언급을 하였으나, 聖人의 말은 여기서 그쳤어도 옳은 것이다."

내 생각으로는 이렇다. "司馬牛의 사람됨이 이와 같았으니 만약 그에게 병폐가 되는 것 중 절실한 것으로 일러주지 않고, 일반적으로 仁이라 여기는 大槩만으로 일러주었더라면 그의 그와 같은 조급함으로 보아 틀림없이 그 병폐를 제거할 깊은 생각은 하지도 못하였을 것이고, 끝내는 스스로 德으로 들어갈 수도 없었을 것이다. 따라서 그 일러줌이 이와 같았던 것이다. 대체로 聖人의 말은 비록 高下·大小가 서로 다름이 있기는 해도, 그것이 배우는 자의 몸에 절실하여 모두가 入德之要가 된다. 그렇다면 그 시초는 차이가 없는 것이다. 읽는 자는 그런 점에 생각이 닿아야 할 것이다."

282(12-4)

司馬牛問君子

사마우司馬牛가 군자에 대하여 여쭙자 공자가 말하였다.

"군자는 근심하지도 아니하고 두려워하지도 아니하느니라."

사마우가 다시 여쭈었다.

"근심도 아니하고 두려움도 없다면 이를 일컬어 군자라 할 수 있는 것입니까?"

공자가 이렇게 설명하였다.

"안으로 살펴 거리낌이 없다면 어찌 근심할 것이 있겠으며, 어찌 두려워 할 것이 있겠느냐?"

司馬牛問君子.

子曰:「君子不憂不懼.」㊀

曰:「不憂不懼, 斯謂之君子已乎?」

子曰:「內省不疚, 夫何憂何懼?」㊁

【司馬牛】司馬耕, 司馬犁.

【內省不疚】疚는 病. 여기서는 부끄러워해야 할 병폐라는 뜻. 省은 '성'으로 疚는 '구'로 읽는다.

● **諺解**

(南山本)　司馬牛(亽마우) ㅣ 君子(군즈)를 묻즈온대 子(즈) ㅣ 굴으샤딕 君子(군즈)는 憂(우)티 아니ᄒᆞ며 懼(구)티 아니ᄒᆞᄂᆞ니라

굴오딕 憂(우)티 아니ᄒᆞ며 懼(구)티 아니ᄒᆞ면 이 君子(군즈) ㅣ라 닐으리잇가 子(즈) ㅣ 굴으샤딕 內(닉)로 省(셩)ᄒᆞ야 疚(구)티 아니ᄒᆞ거니 므슴 憂(우)ᄒᆞ며 므슴 懼(구)ᄒᆞ리오

(栗谷本)　司馬牛(亽마우) ㅣ 君子(군즈)를 問(문)ᄒᆞᆫ대 子(즈) ㅣ ᄀᆞᄅᆞ샤딕 君子(군즈)는 시름 아니며 두리디 아닛ᄂᆞ니라

굴오딕 시름 아니며 드리디 아니키를 이에 君子(군즈) ㅣ라 니르리잇가 子(즈) ㅣ ᄀᆞᄅᆞ샤딕 안ᄒᆞ로 술펴 疚(구)티 아니커니 므서슬 시름ᄒᆞ며 므서슬 두리리오

◆ 集 註

282-㊀

向魋作亂, 牛常憂懼. 故夫子告之以此.

상퇴向魋가 亂을 일으키자(《左傳》哀公 14年을 볼 것), 司馬牛가 늘 근심하고 두려워하였다. 그 때문에 孔子가 이로써 일러준 것이다.

282-㊁

夫, 音扶.

○ 牛之再問, 猶前章之意, 故復告之以此. 疚, 病也. 言由其平日所爲無愧於心, 故能內省不疚, 而自無憂懼, 未可遽以爲易而忽之也.

○ 晁氏曰:「不憂不懼, 由乎德全而無疵. 故無入而不自得, 非實有憂懼而强排遣之也.」

夫는 음이 扶(부)이다.

○ 司馬牛가 다시 여쭌 것은 앞장(281)의 뜻과 같다. 그래서 다시 이로써 일러준 것이다. 疚는 病(거리낌)이다. 평일에 마음에 부끄러움이 없는 데에서 비롯되며 그 때문에 능히 內省不疚하여 저절로 근심과 두려움이 없는 것이지, 갑자기 이를 쉬운 것이라 여겨 경홀히 해서는 안 된다고 말한 것이다.

○ 晁氏(晁說之)는 이렇게 말하였다. "不憂不懼는 德이 온전하여 흠이 없는 데에서 비롯된다. 그러므로 들어가서 저절로 얻지 못함이 없는 것이지 《中庸》 14章) 실제로 근심과 두려움이 있는데도 억지로 이를 물리쳐 떨쳐버릴 수 있다는 것이 아니다."

"內省不疚, 夫何憂何懼"(石可)

283(12-5)

司馬牛憂曰

사마우司馬牛가 근심을 띤 채 말하였다.

"사람마다 누구나 형제가 있건만 나 홀로 없도다."

자하子夏가 이를 듣고 이렇게 말하였다.

"내商 듣자하니 살고 죽는 것은 명이 있는 것이요, 부유함과 귀함은 하늘에 매인 것이라 하였습니다. 군자로서 공경히 하고, 사람들과 더불어 공손히 하며 예를 차리고 살면 사해四海 안이 모두 형제입니다. 군자가 어찌 형제 없음에 걱정을 두십니까?"*

司馬牛憂曰：「人皆有兄弟，我獨亡.」㊀
子夏曰：「商聞之矣：㊁ 死生有命，富貴在天.㊂
君子敬而無失，與人恭而有禮. 四海之
內，皆兄弟也. 君子何患乎無兄弟也?」㊃

【我獨亡】 亡는 無와 같다. '무'로 읽는다.
【子夏】 卜商.
【四海】 天下의 다른 표현.
*《左傳》哀公 14年에 의하면 司馬牛는 宋나라 司馬桓魋의 아우로, 桓魋가 포악
하여 미움을 사자 결국 반란을 일으켰고, 그 형제들도 이에 가담하였다가 모두
죽임을 당하였다. 그러나 司馬牛만은 이에 휩쓸리지 않고 國外로 도망하여 孔子의
弟子가 되었으며, 이에 兄弟가 없음을 탄식한 것이라 본다. 그러나 楊伯峻은
孔子의 弟子인 司馬牛와 桓魋의 아우인 司馬牛(犁)는 별개의 人物로 보았다.
《論語》에서의 司馬牛가 桓魋의 아우라고 처음 주장한 이는 孔安國이다. 이는
《史記》의 司馬牛와는 다른 인물로 보인다.

◉ 諺解

 司馬牛(스마우)ㅣ 憂(우)ᄒ야 굴오ᄃᆡ 사ᄅᆞᆷ이 다 兄弟(형뎨)를
듯거늘 내 홀로 업도다
子夏(ᄌ하)ㅣ 굴오ᄃᆡ 商(샹)은 드런노니
死(ᄉ)와 生(ᄉᆡᆼ)이 命(명)이 잇고 富(부)와 貴(귀)ㅣ 天(텬)에 잇다 호라
君子(군ᄌ)ㅣ 敬(경)ᄒ고 失(실)홈이 업스며 사ᄅᆞᆷ으로 더브러 恭(공)호ᄃᆡ
禮(례)ㅣ 이시면 四海(ᄉ히)ㅅ 안히 다 兄弟(형뎨)니 君子(군ᄌ)ㅣ 엇디 兄弟
(형뎨) 업슴을 患(환)ᄒ리오

司馬牛(ᄉᆞ마우)ㅣ 시름ᄒᆞ야 굴오ᄃᆡ 人(인)이 다 兄弟(형뎨)를 둣거늘 내 혼자 업소라

子夏(ᄌᆞ하)ㅣ 굴오ᄃᆡ 商(샹)은 드럿노라

死生(ᄉᆞ싱)이 命(명)이 잇고 富貴(부귀)ㅣ 天(텬)의 잇다 ᄒᆞ시니

君子(군ᄌᆞ)ㅣ 敬(경)ᄒᆞ야 失(실)호미 업스며 人(인)으로 더브러 恭(공)코 禮(례)ㅣ 이시면 四海(ᄉᆞ히)ㅅ 안히 다 兄弟(형뎨)니 君子(군ᄌᆞ)ㅣ 엇디 兄弟(형뎨) 업스믈 患(환)ᄒᆞ리오

◈ 集註

283-㊀

牛有兄弟而云然者, 憂其爲亂而將死也.

司馬牛에게는 형제가 있는데도 이렇게 (없다고) 말한 것은, 그의 형이 亂을 일으켰으니, 장차 죽을 것임을 근심한 것이다(向魋의 亂은 《左傳》 哀公 14年을 볼 것).

283-㊁

蓋聞之夫子.

아마 夫子에게 들은 것이리라.

283-㊂

命稟於有生之初, 非今所能移; 天莫之爲而爲, 非我所能必, 但當順受而已.

天命은 태어난 초기에 이미 稟賦된 것으로 이제 와서 바꿀 수 있는 것이 아니다. 하늘의 이치는 그렇게 하지 않으려 해도 그렇게 되는 것이니, 이는 내가 꼭 그렇게 해야겠다고 할 수 있는 바가 아니다. 다만 의당 순순히 받아들여야 할 뿐이다.

283-㉕

既安於命, 又當修其在己者. 故又言苟能持己以敬而不間斷, 接人以恭而有節文, 則天下之人皆愛敬之, 如兄弟矣. 蓋子夏欲以寬牛之憂, 而爲是不得已之辭, 讀者不以辭害意可也.

○ 胡氏曰:「子夏四海皆兄弟之言, 特以廣司馬牛之意, 意圓而語滯者也, 唯聖人則無此病矣. 且子夏知此而以哭子喪明, 則以蔽於愛而昧於理, 是以不能踐其言爾.」

이미 天命에 편안히 여겼으면 다시 자신에게 있는 것을 닦아야 한다. 그러므로 또다시 진실로써 자신을 지키되 敬으로써 하여 중간에도 끊어짐이 없게 하고, 사람을 응대하되 恭으로써 하여 節文이 있다면 天下 사람들 누구나 사랑하고 공경하여 형제와 같을 것이라고 말한 것이다. 아마 子夏는 司馬牛의 근심을 이해해 주려고 이렇게 부득이한 말을 한 것일 터이니, 읽는 자는 말 자체만 보고 뜻을 해치지 않아야 할 것이다.

○ 胡氏(胡寅)는 이렇게 말하였다. "子夏의 '四海皆兄弟'란 말은 특히 司馬牛의 뜻을 넓혀준 것으로, 뜻은 원만하나 말은 막혀 있어 오직 聖人이어야만 이런 병폐가 없을 수 있다. 게다가 子夏는 이렇게 알고 있으면서도 그 아들의 죽음에 哭하다가 失明까지 하였으니(《禮記》檀弓篇에 '子夏喪其子, 而喪其明'이라 함), 그렇다면 사랑에 가리웠고 이치에 어두웠던 셈이니, 이로써 보면 자신의 말을 능히 실천하지 못하였던 것이다."

284(12-6)

子張問明

자장子張이 명석함에 대하여 여쭙자, 공자가 이렇게 말하였다.
"물 젖듯 잦아드는 비방과 살에 닿을 듯한 고자질이 떠돌지 않게
한다면 가히 총명한 것이라 이를 수 있다. 물 젖듯 젖어드는 비방과
살에 닿을 듯한 고자질이 떠돌지 않게 되면 가히 원대한 인물이라
할 수 있다."

子張問明.
子曰:「浸潤之譖, 膚受之愬, 不行焉, 可謂明也已矣.
　　　浸潤之譖, 膚受之愬, 不行焉, 可謂遠也已矣.」㊀

【子張】顓孫師.

【膚受之愬】피부에 닿는 듯한 아픔을 주는 고자질. 혹은 하소연이나 원망. 愬는 '소'로 읽는다.

◉ 諺 解

陶山本　子張(ᄌᆞ댱)이 明(명)을 묻ᄌᆞ온대 子(ᄌᆞ) ᅵ ᄀᆞᆯᄋᆞ샤ᄃᆡ 浸潤(침슌)ᄒᆞᄂᆞᆫ 譖(춤)과 膚(부)의 受(슈)ᄒᆞᆫ 愬(소)ᅵ 行(ᄒᆡᆼ)티 몯ᄒᆞ면 可(가)히 明(명)이라 닐으리니라 浸潤(침슌)ᄒᆞᄂᆞᆫ 譖(춤)과 膚(부)의 受(슈)ᄒᆞᆫ 愬(소)ᅵ 行(ᄒᆡᆼ)티 몯ᄒᆞ면 可(가)히 遠(원)이라 닐으리니라

栗谷本　子張(ᄌᆞ댱)이 明(명)을 問(문)ᄒᆞᆫ대 子(ᄌᆞ)ᅵ ᄀᆞᄅᆞ샤ᄃᆡ 浸(침)ᄒᆞ야 潤(윤)ᄒᆞᄂᆞᆫ 譖(춤)과 膚(부)의 受(슈)ᄒᆞᄂᆞᆫ 愬(소)ᅵ 行(ᄒᆡᆼ)티 몯ᄒᆞ면 可(가)히 明(명)타 니를 디며 浸(침)ᄒᆞ야 潤(윤)ᄒᆞᄂᆞᆫ 譖(춤)과 膚(부)의 受(슈)ᄒᆞᄂᆞᆫ 愬(소)ᅵ 行(ᄒᆡᆼ)티 몯ᄒᆞ면 可(가)히 遠(원)타 닐을 디니라

◆ 集 註

284-㊀

譖, 莊蔭反. 愬, 蘇路反.

○ 浸潤, 如水之浸灌滋潤, 漸漬而不驟也. 譖, 毀人之行也. 膚受, 謂肌膚所受, 利害切身. 如易所謂『剝床以膚, 切近災』者也. 愬, 愬己之冤也. 毀人者漸漬而不驟, 則聽者不覺其入, 而信之深矣. 愬冤者急迫而切身, 則聽者不及致詳, 而發之暴矣. 二者難察而能察之, 則可見其心之明, 而不蔽於近矣. 此亦必因子張之失而告之, 故其辭繁而不殺, 以致丁寧之意云.

○ 楊氏曰:「驟而語之, 與利害不切於身者, 不行焉, 有不待明者能之也. 故浸潤之譖·膚受之愬不行, 然後謂之明, 而又謂之遠. 遠則明之至也. 書曰:『視遠惟明.』」

譖은 反切로 '莊蔭反'(참)이며, 愬는 '蘇路反'(소)이다.

○ 浸潤은 물이 浸灌하여 滋潤하는 것처럼 점차 젖어들어 갑작스럽지 않은 상태이다. 譖은 남의 행동을 헐뜯는 것이다. 膚受는 피부에 닿아 받는 것으로 利害가 몸에 가해지는 절박한 상태이다. 이를테면 《周易》(剝卦 六四의 象辭)에 말한바 '剝床以膚, 切近災'(침상을 깎아 살갗에 닿으니, 재앙이 너무 절박하다)라 한 것과 같다. 愬는 자신의 억울함을 호소하는 것이다. 남을 헐뜯는 자가 물 젖듯 하여 갑작스럽지 않게 되면, 듣는 자는 그에 휩쓸려 들어가는 것을 깨닫지 못한 채 이를 깊이 믿게 된다. 한편 자신의 억울함을 호소하는 자가 급박하고 몸에 절박하면, 듣는 자 또한 미처 그 상세한 실정을 알아볼 수도 없이 發함이 急暴해질 것이다. 이 두 가지는, 살피기는 어렵지만 능히 잘 살필 수 있다면 가히 그 마음이 명석하여 가까운 것에 가리우지 않는 자라고 이를 수 있다. 이 역시 틀림없이 子張의 실수를 계기로 말해 준 것이다. 그 때문에 말이 번잡한데도 줄이지 않고 丁寧(叮嚀, 세심히 배려함. 첩운어)의 뜻을 다한 것이라 말 할 수 있다.

○ 楊氏(楊時)는 이렇게 말하였다. "갑작스럽게 헐뜯는 말과 이해가 몸에 절박하지 않은 하소연은 의도대로 실행되지 않는다. 이는 명석한 자를 기다리지 않아도 능히 그럴 수 있다. 따라서 물 젖듯 다가오는 참소와 피부에 닿을 듯한 급박한 호소인데도 그것이 실행되지 않은 연후에야 明哲하다 이를 수 있고 또한 원대하다 일컬을 수 있다. 원대함즉 명철함이 지극하게 된다. 《書》(《書經》太甲中의 구절)에 '視遠惟明(먼 데까지 볼 수 있는 것은 오직 밝음일 뿐)'이라 하였다."

285(12-7)

子貢問政

자공子貢이 정치에 대하여 여쭙자, 공자가 말하였다.

"먹을 것을 풍족히 하고, 군비를 충족히 하면, 백성들이 이를 믿어주게 된다."

자공이 다시 여쭈었다.

"어쩔 수 없이 반드시 없애야 한다면, 이 세 가지 중 어느 것을 먼저 포기해야 합니까?"

공자가 말하였다.

"군사를 포기해야지."

자공이 다시 여쭈었다.

"어쩔 수 없이 다시 하나를 포기해야 한다면 이 나머지 두 가지 중 어느것을 먼저 해야 합니까?"

"먹을 것을 포기해야지. 예로부터 사람이란 모두가 결국은 죽는다. 그러나 백성은 믿음이 없이는 설 수가 없느니라."*

子貢問政.
子曰:「足食, 足兵, 民信之矣.」㊀
子貢曰:「必不得已而去, 於斯三者何先?」
　　曰:「去兵.」㊁
子貢曰:「必不得已而去, 於斯二者何先?」
　　曰:「去食. 自古皆有死, 民無信不立.」㊂

【子貢】端木賜.
【不得已】그침을 얻지 못함. '어쩔 수 없이' 라는 뜻.
【有死】사람은 전쟁이나 식량의 문제가 아니더라도 죽게 되어 있다는 뜻.
【無信不立】百姓으로부터 믿음을 잃으면 政敎가 바로 설 수 없다는 뜻. 혹은
일반적인 의미로 '사람이란 누구나 믿음이 없으면 바로 설 수가 없다'는 뜻.
*《諺解》에『足食, 足兵』을 조건으로,『民信之』를 그 결과로 풀이하였다. 그러나
일반적으로 이 세 가지를 대등한 三目으로 풀이하기도 한다. 즉, 그 다음 구절의
『於斯三者』라 하여 세 가지 낱개의 요소로 보는 것이 타당할 듯하다(毛子水).

● 諺解

陶山本　　子貢(주공)이 政(정)을 묻주온대 子(주)ㅣ 굴오샤디 食(식)을
足(족)게 ᄒᆞ며 兵(병)을 足(족)게 ᄒᆞ면 民(민)이 信(신)ᄒᆞ리라
子貢(주공)이 굴오디 반ᄃᆞ시 시러곰 마디 몯ᄒᆞ야 去(거)홀 ᄯᆞᆫ댄 이 三者
(삼쟈)애 어늬를 몬져 ᄒᆞ리잇고 굴오샤디 兵(병)을 去(거)홀 ᄠᅵ니라
子貢(주공)이 굴오디 반ᄃᆞ시 시러곰 마디 몯ᄒᆞ야 去(거)홀 ᄯᆞᆫ댄 이 二者
(ᅀᅵ쟈)애 어늬를 몬져 ᄒᆞ리잇고 굴오샤디 食(식)을 去(거)홀 ᄠᅵ니 녜로브터
다 死(ᄉᆞ)홈이 잇거니와 民(민)이 信(신)이 업스면 立(립)디 몯ᄒᆞᄂᆞ니라

子貢(ᄌ공)이 政(졍)을 問(문)ᄒᆞᆫ대 子(ᄌ)ㅣ ᄀᆞᄅᆞ샤ᄃᆡ 食(식)을
足(족)히 ᄒᆞ고 兵(병)을 足(족)히 ᄒᆞ면 民(민)이 信(신)ᄒᆞ리라
　子貢(ᄌ공)이 글오ᄃᆡ 반ᄃᆞ시 말오믈 得(득)디 몯ᄒᆞ야 去(거)홀 딘댄 이
세희 므서슬 몬져 ᄒᆞ리잇고 ᄀᆞᄅᆞ샤ᄃᆡ 兵(병)을 去(거)홀 디니라
　子貢(ᄌ공)이 글오ᄃᆡ 반ᄃᆞ시 말오믈 得(득)디 몯ᄒᆞ야 去(거)홀 딘댄 이
둘히 므서슬 몬져 ᄒᆞ리잇고 ᄀᆞᄅᆞ샤ᄃᆡ 食(식)을 去(거)홀 디니 녜로브터 주그믄
다 잇거니와 民(민)이 信(신) 곳 업스면 立(립)디 몯ᄒᆞᄂᆞ니라

◈ 集 註

285-㊀

言倉廩實而武備修, 然後敎化行, 而民信於我, 不離叛也.

　倉廩이 實하고 武備가 정비된 연후에 교화가 행해진다면 백성이 나에게
믿음을 갖게 되어 離叛하지 않게 될 것임을 말한 것이다.

285-㊁

去, 上聲, 下同.
○ 言食足而信孚, 則無兵而守固矣.

　去는 上聲이다. 아래도 같다.
　○ 먹을 것이 족하고 믿음이 두터우면 군대가 없다 해도 지킴이 견고하게
됨을 말한 것이다.

285-㊂

民無食必死, 然死者人之所必不免. 無信則雖生而無以自立, 不若死之爲安.
故寧死而不失信於民, 使民亦寧死而不失信於我也.

○ 程子曰:「孔門弟子善問, 直窮到底, 如此章者. 非子貢不能問, 非聖人不能答也.」
愚謂:「以人情而言, 則兵食足而後吾之信可以孚於民. 以民德而言, 則信本人之所固有, 非兵食所得而先也. 是以爲政者, 當身率其民而以死守之, 不以危急而可棄也.」

百姓에게 먹을 것이 없다면 틀림없이 죽는다. 그러나 이러한 죽음이란 사람이면 면할 수 없는 틀림없는 바이다. 믿음이 없다면 비록 살아 있다 해도 스스로 설 수가 없으니, 죽어서 편안함을 얻는 것만 못하다. 그러므로 차라리 죽을지언정 백성에게 믿음을 잃지는 않아서, 백성들 역시 죽을지언정 나로부터 믿음을 잃지는 않도록 하여야 한다.

○ 程子(程頤)는 이렇게 말하였다. "孔子 弟子들은 질문에 뛰어나, 곧바로 끝까지 하여 바닥에까지 이르렀으니, 이 章과 같은 경우이다. 子貢이 아니었으면 능히 이런 질문을 하지 못하였을 것이며, 聖人이 아니라면 능히 대답하지 못하였을 것이다."

내 생각으로는 이렇다. "人情으로 말한다면 兵과 食을 풍족히 한 후에야 나의 信義가 百姓에게 미덥게 될 것이다. 그러나 民德으로 말한다면 信이란 본래 사람의 고유한 것으로, 兵과 食을 얻는 일이 이보다 앞설 수는 없다. 이로써 爲政者는 마땅히 몸소 그 百姓에 率先하여 죽음으로써 지켜야 하며, 위급하다고 해서 가히 포기할 수 있는 것은 아니다."

286(12-8)

棘子成曰

극자성棘子成이 말했다.

"군자로서 질質이면 되었지 어찌 문文까지 힘써야 한단 말인가?"

자공子貢이 이를 듣고 이렇게 말하였다.

"애석합니다, 부자(극자성)의 말이 군자답다 함이여! 한 번 뱉어 놓은 말은 그 빠르기가 네 필 말로도 혀를 따를 수 없는 것입니다. 문은 곧 질이며, 질은 곧 문입니다. 호랑이나 표범의 가죽에서 털을 없앤다면, 개나 양의 가죽에서 털을 없앤 것과 똑같이 되고 마는 것입니다."*

棘子成曰:「君子質而已矣, 何以文爲?」㊀
子貢曰:「惜乎, 夫子之說君子也! 駟不及舌.㊁ 文猶質也, 質猶文也. 虎豹之鞟, 猶犬羊之鞟.」㊂

【棘子成】衛나라 大夫.

【子貢】端木賜.

【夫子】여기서는 棘子成을 일컫는 말. 古代에는 大夫도 夫子라 불렀다.

【駟不及舌】말을 잘못하였을 때 그 소문이 빠르게 퍼져 감을 뜻한다.

*「夫子之說君子也」는 "夫子(棘子成)의 군자에 대한 설명이여"로 풀이함이 타당할 듯하다.

 諺解

 棘子成(극ᄌ셩)이 ᄀᆞᆯ오ᄃᆡ 君子(군ᄌ)는 質(질)일 ᄯᆞᆯᆷ이니 엇디
뻐 文(문)을 ᄒᆞ리오

子貢(ᄌ공)이 ᄀᆞᆯ오ᄃᆡ 惜(셕)홉다 夫子(부ᄌ)의 말ᄉᆞᆷ이 君子(군ᄌ)ㅣ나
駟(ᄉ)도 舌(셜)에 밋디 몯ᄒᆞ리로다

文(문)이 質(질) ᄀᆞᆮᄐᆞ며 質(질)이 文(문) ᄀᆞᆮᄐᆞ니 虎豹(호표)의 鞹(곽)이
犬羊(견양)의 鞹(곽) ᄀᆞᆮᄐᆞ니라

栗谷本 棘子成(극ᄌ셩)이 ᄀᆞᆯ오ᄃᆡ 君子(군ᄌ)는 質(질)일 ᄯᆞᆯᆷ이니 엇디
文(문)을 ᄡᅳ리오

子貢(ᄌ공)이 ᄀᆞᆯ오ᄃᆡ 惜(셕)홉다 夫子(부ᄌ)의 말이여 君子(군ᄌ)ㅣ나
駟(ᄉ)ㅣ 舌(셜)을 밋디 몯ᄒᆞ리로다

文(문)이 質(질) ᄀᆞᆺᄐᆞ며 質(질)이 文(문) ᄀᆞᆺᄐᆞ니 虎豹(호표)의 鞹(곽)이
犬羊(견양)의 鞹(곽) ᄀᆞᆺᄐᆞ니라

◆ 集註

286-㊀

棘子成, 衛大夫. 疾時人文勝, 故爲此言.

棘子成은 衛나라 大夫이다. 당시에 文이 勝한 것을 못마땅히 여겨, 그 때문에 이렇게 말한 것이다.

286-㊁

言子成之言, 乃君子之意. 然言出於舌, 則駟馬不能追之, 又惜其失言也.

棘子成의 말은 곧 君子의 뜻이기는 하나 말이 혀를 떠나고 나면 네 필 말도 능히 이를 뒤쫓지 못한다고 말한 것으로 그의 失言을 애석히 여긴 것이다.

286-㊂

鞟, 其郭反.
○ 鞟 皮去毛者也. 言文質等耳, 不可相無. 若必盡去其文而獨存其質, 則君子小人無以辨矣. 夫棘子成矯當時之弊, 固失之過; 而子貢矯子成之弊, 又無本末輕重之差, 胥失之矣.

鞟은 反切로 '其郭反'(곽)이다.
○ 鞟은 가죽에서 털을 제거한 것이다. 文과 質은 동등한 것이며 서로 없어서는 안 되는 것으로써, 만약 반드시 그 文을 모두 제거하고 홀로 그 質만 존재하여야 한다면 君子와 小人을 변별해 낼 수가 없다라 말한 것이다. 무릇 棘子成은 당시의 폐단을 교정하려고 진실로 지나친 말로써 실수한 반면, 子貢은 棘子成의 병폐를 바로잡음에 있어 또한 本末과 輕重의 차이를 무시하였으니 서로가 잘못된 것이다.

哀公問於有若曰

애공哀公이 유약有若에게 이렇게 물었다.

"흉년이 들어 국가의 쓰임이 부족하니 어떻게 하면 좋겠소?"

유약이 이렇게 대답하였다.

"어찌 철徹의 세금법을 쓰지 않습니까?"

애공이 이렇게 물었다.

"10분의 2도 오히려 부족한데 어찌 철의 법을 쓰란 말이오?"

이에 유약은 이렇게 설명하였다.

"백성이 풍족하면 임금은 누구와 더불어 부족할 수 있으며, 백성이 부족하면 임금은 누구와 더불어 풍족할 수 있겠습니까?"*

哀公問於有若曰:「年饑, 用不足, 如之何?」㊀

有若對曰:「盍徹乎?」㊁

曰:「二, 吾猶不足, 如之何其徹也?」㊂

對曰:「百姓足, 君孰與不足? 百姓不足,
君孰與足?」㊃

【哀公】春秋 末期의 魯나라 君主로써 孔子와 同時代의 임금이었다.
【有若】有子.《孟子》와《史記》에 의하면 孔子가 죽은 후, 有若이 孔子처럼
생겼다고 하여 스승으로 모시고자 하였으나, 질책하고 물러섰다 한다.《孟子》
050(5-4)참조.
【盍】何不의 合音字로 '합'으로 읽는다. '어찌~하지 않으리오?'로 풀이된다.
【徹】古代의 賦稅法으로 10분의 1을 세금으로 거두는 것을 말한다.《孟子》
049(5-3) 참조.
*《荀子》富國篇에「下貧則上貧, 下富則上富」라 하였다.

● 諺 解

南山本   哀公(이공)이 有若(유샥)의게 무러 굴오딕 年(년)이 饑(긔)ᄒᆞ야
用(용)이 足(쥭)디 몯ᄒᆞ니 엇디ᄒᆞ료
有若(유샥)이 對(딕)ᄒᆞ야 굴오딕 엇디 徹(텰)티 아니ᄒᆞ시ᄂᆞ니잇고
굴오딕 二(싀)도 내 오히려 足(쥭)디 몯ᄒᆞ거니 엇디 그 徹(텰)을 ᄒᆞ리오
對(딕)ᄒᆞ야 굴오딕 百姓(빅셩)이 足(쥭)ᄒᆞ면 君(군)이 눌로 더브러 足(쥭)디
몯ᄒᆞ시며 百姓(빅셩)이 足(쥭)디 몯ᄒᆞ면 君(군)이 눌로 더브러 足(쥭)ᄒᆞ시리잇고

哀公(이공)이 有若(유약)ᄃ려 問(문)ᄒ야 ᄀᆞᄅᆞ샤ᄃᆡ 年(년)이 饑(긔)
ᄒ야 用(용)이 足(죡)디 몯ᄒ니 엇디ᄒ료

有若(유약)이 對(ᄃᆡ)ᄒ야 ᄀᆞᆯ오ᄃᆡ 徹(텰)을 엇디 아니ᄒᆞ시ᄂᆞ니잇고

ᄀᆞᄅᆞ샤ᄃᆡ 二(이)도 내 오히려 足(죡)디 몯ᄒ야ᄒᆞ거든 엇디 그 徹(텰)ᄒᆞ리오

對(ᄃᆡ)ᄒ야 ᄀᆞᆯ오ᄃᆡ 百姓(ᄇᆡᆨ셩)이 足(죡)ᄒ면 님금이 눌과 더브러 足(죡)디
몯ᄒ시며 百姓(ᄇᆡᆨ셩)이 足(죡)디 몯ᄒ면 君(군)이 눌과 더브러 足(죡)ᄒ시리잇고

◆ 集 註

287-㊀

稱有若者, 君臣之詞. 用, 謂國用. 公意蓋欲加賦以足用也.

有若이라고 이름을 부른 것은 君臣 사이의 말이다. 用은 나라의 財用을 일컫는다. 哀公의 뜻은 대체로 세금을 더 거두어 풍족하게 쓰고자 함이다.

287-㊁

徹, 通也, 均也. 周制: 一夫受田百畝, 而與同溝共井之人通力合作, 計畝均收. 大率民得其九, 公取其一, 故謂之徹. 魯自宣公稅畝, 又逐畝什取其一, 則爲什而取二矣. 故有若請但專行徹法, 欲公節用以厚民也.

徹은 通함이며 고르다(均)의 뜻이다. 周나라의 제도에 一夫는 농토 百畝를 받아 도랑을 같이 쓰고 우물을 함께 사용하는 사람과 힘을 通하여 合作하며 畝를 계산하여 고르게 수확한다(《孟子》 049(5-3) 참조). 큰 비율로 보면 百姓은, 수확의 아홉을 갖고 公(國家)은 그 하나를 취한다. 그래서 이를 徹이라 일컫는 것이다. 魯나라는 宣公(B.C. 608~591. 재위 18년) 때부터 畝마다 세금을 부과하기 시작하여 드디어 畝마다 10분의 1을 취하였으니, 이는 什으로 한다 하면서 실은 10분의 2를 취하는 것이 된다(《左傳》 宣公 15年 참조). 그 때문에 有若이 오직

徹法(10분의 1)만 시행하기를 청한 것이며, 哀公으로 하여금 節用하여 百姓을 富厚하게 해주고자 한 것이다.

287-㊂

二, 卽所謂什二也. 公以有若不喩其旨, 故言此以示加賦之意.

二는 곧 소위 말하는 10분의 2이다. 哀公은 有若이 그 뜻을 깨닫지 못하였다고 여겼기 때문에, 이 말을 하여 부세를 加重시킬 뜻임을 보인 것이다.

287-㊃

民富, 則君不至獨貧; 民貧, 則君不能獨富. 有若深言君民一體之意, 以止公之厚斂, 爲人上者所宜深念也.
○ 楊氏曰:「仁政必自經界始. 經界正, 而後正地均·穀祿平, 而軍國之需皆量是以爲出焉. 故一徹而百度擧矣, 上下寧憂不足乎? 以二猶不足而敎之徹, 疑若迂矣. 然什一, 天下之中正. 多則桀, 寡則貉, 不可改也. 後世不究其本而唯末之圖, 故征斂無藝, 費出無經, 而上下困矣. 又惡知『盍徹』之當務而不爲迂乎?」

百姓이 부유하면 임금이 홀로 가난한 지경에 이를 수 없고, 百姓이 가난하면 임금 홀로 부유할 수가 없다. 有若이 君民一體의 뜻을 깊이 말하여 哀公의 賦斂 가중을 제지한 것으로써 남의 윗사람이 된 자는 의당 깊이 생각해야 할 것이다.
○ 楊氏(楊時)는 이렇게 말하였다. "仁政이란 반드시 經界(經常의 구분, 법의 경계)로 부터 시작되는 것이다. 경계가 바르게 된 연후에야 井地가 균등하게 되고 穀祿이 평등하게 되며, 軍隊와 나라의 需要가 모두 이를 근거로 계산되어 나오는 것이다. 그러므로 하나의 徹法으로써 1백 가지 법도가 거행된다면 上下가 어찌 부족함을 근심하겠는가? 10분의 2로 하여도 오히려 부족한데 도리어 徹로 하라고 가르쳤으니 迂闊한 것이 아닌가 의심할지도 모른다. 그러나 10분의 1은 天下의 中正이다. 이보다 많이 거두면 桀이요, 이보다 적게 거두면 貉(이민족, 미개한 국가)의 稅法이니 (《孟子》 170. 12-10 참조. 揚雄의 《法言》에도 같은 내용이 들어 있음), 바꿀 수 없는 것이다.

後世에는 그 근본을 窮究해 보지도 않고 오직 末의 방법을 도모함으로써 賦斂을 징수함에 더 내줄 것이 없었고, 경비지출에는 법이 없어 상하가 困乏하게 된 것이다. 그리고 盍徹(어찌 徹을 쓰지 않습니까?)에 마땅히 힘써야 할 것임을 알아야 할 터인데, 그것이 먼길인 줄로 잘못 여겨서야 어찌 되겠는가?"

288(12-10)

子張問崇德辨惑

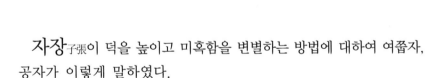

자장子張이 덕을 높이고 미혹함을 변별하는 방법에 대하여 여쭙자, 공자가 이렇게 말하였다.

"충과 신을 위주로 하고 이를 의로운 데로 옮기는 것이 덕을 높이는 것이다. 삶을 아까워하여 오래 살고 싶어하면서도 싫을 때에는 차라리 죽고 싶어한다. 이처럼 살고 싶어하면서 다시 죽고 싶다고 하니, 이것이 미혹스러운 것이다. '진실로 부유하다는 것으로 판단할 것이 아니라, 다만 어떻게 다른가를 따져보아야 하리'라 하였느니라."

子張問崇德‧辨惑.

子曰:「主忠信, 徙義, 崇德也.㊀ 愛之欲其生, 惡之欲其死.
旣欲其生, 又欲其死, 是惑也.㊁『誠不以富, 亦祗
以異.』」㊂

【子張】端孫師.

【誠不以富, 亦祗以異】《詩經》小雅 我行其野의 끝 구절로 역대로 이 구절의
해석이 달랐다. 일부 韓譯本《詩經》에는 "富者의 딸도 아닌 것이 새것이면
그만인가"로 풀이되어 있고, 근년의《詩經直解》(陳子展, 復旦大學出版社, 1991)
에는 "실로 그가 富者이기 때문이 아니오, 또한 그대 보기 특이하다 여김도 잘못이
라네"로 풀이하였다. 그런가 하면 三民本《四書讀本》에는 "그를 성실하다 하는
것은 그가 富者이기 때문이 아니오, 다만 그의 德行이 남과 다르기 때문일세"로
풀이하였다. 그런가 하면《諺解》本에는 "진실로써 富하게 하는 게 아니라 다만
異로써 하도다"라고 하여 풀이마다 차이가 있다. 게다가 본문과 이 詩句는 관련성이
없어 程頤는 그 구절은 錯簡으로 季氏篇 432(16-12)의 첫 구절이어야 한다고
주장하였다.

● 諺 解

(南山本)　　子張(ᄌ댱)이 德(덕)을 崇(슝)ᄒ며 惑(혹)을 辨(변)홈을 묻ᄌ온대
　　子(ᄌ)ㅣ 글ᄋ샤ᄃᆡ 忠信(튱신)을 主(쥬)ᄒ며 義(의)예 徙(ᄉ)홈이
德(덕)을 崇(슝)홈이니라

　愛(이)ᄒᄂᆞ 이란 그 살과뎌 ᄒ고 惡(오)ᄒᄂᆞ 이란 그 죽과뎌 ᄒᄂᆞ니 이믜
그 살과뎌 ᄒ고 쏘 그 죽과뎌 홈이 이 惑(혹)이니라

　진실로 뻐 富(부)케 몯ᄒ고 쏘흔 마치 뻐 異(이)홈이로다

　[十六篇釋(십륙편셕) 진실로 富(부)로뻐 ᄒᄂᆞᆫ 줄이 아니라 쏘흔 다믄 異(이)
야로뻬라 ᄒ니]

栗谷本 子張(ᄌ댱)이 德(덕)을 崇(슝)ᄒ며 惑(혹)을 辨(변)호믈 問(문)ᄒ대 子(ᄌ)ㅣ ᄀᆞᄅᆞ샤ᄃᆡ 忠信(튱신)을 主(쥬)ᄒ고 義(의)예 徙(ᄉ)호미 德(덕)을 崇(슝)ᄒᆞ미니라

愛(익)ᄒᆞᄂᆞ니란 그 生(싱)과뎌 ᄒ고 惡(오)ᄒᆞᄂᆞ니란 그 死(ᄉ)과뎌 ᄒᆞᄂᆞ니 이믜 그 生(싱)과뎌 ᄒ고 ᄯᅩ 그 死(ᄉ)과뎌 호미 이 惑(혹)이니라

진실로 ᄡᅥ 富(부)호미 아니라 ᄯᅩᄒᆞᆫ 오직 ᄡᅥ 異(이)호미로다

[十六篇錯簡 진실로ᄡᅥ 富(부)호미 아니라 ᄯᅩᄒᆞᆫ 오직 ᄡᅥ 異(이)호미니라 ᄒᆞ니]

◆ 集註

288-㊀

主忠信, 則本立, 徙義, 則日新.

忠과 信을 主로 하면 本이 서고, 義로 옮기면 날로 새로워진다.

288-㊂

惡, 去聲.
○ 愛惡, 人之常情也. 然人之生死有命, 非可得而欲也. 以愛惡而欲其生死, 則惑矣. 旣欲其生, 又欲其死, 則惑之甚也.

惡(오)는 去聲이다.
○ 愛惡(애오)는 人之常情이다. 그러나 사람의 生死는 天命이 있어 가히 하고 싶은 대로 할 수 있는 것이 아니다. 사랑하고 미워한다는 것을 근거로 그 生과 死를 선택한다면 이는 미혹된 것이다. 이미 살고자 하고 나서 다시 죽고자 한다면 미혹함이 아주 심한 것이다.

288-㊂

此詩小雅我行其野之詞也. 舊說:「夫子引之, 以明欲其生死者不能使之生死. 如此詩所言, 不足以致富而適足以取異也.」

1014 논어

程子曰:「此錯簡, 當在第十六篇『齊景公有馬千駟』之上. 因此下文亦有『齊景公』字而誤也.」

○ 楊氏曰:「堂堂乎張也, 難與並爲仁矣. 則非誠善補過不蔽於私者, 故告之如此.」

이 詩는 《詩經》 小雅 我行其野의 가사이다. 舊說에 이렇게 말하였다. "夫子가 이 詩를 引用한 것은 그 生과 死라는 것은 능히 살고 죽게 할 수 없음을 밝히고자 해서이다. 이 詩에서 말한 바와 같이 부유함을 이루기에 족하지 못하면서 도리어 괴이하다는 평가만 취하게 된다는 것이다."

程子(程頤)는 이렇게 말하였다. "이는 錯簡이다. 마땅히 제16편 '齊景公有馬千駟' (季氏篇 432(16-12)) 위에 있어야 한다. 이 다음 문장(289)에도 역시 '齊景公'이란 글자가 있으니 그 때문에 잘못된 것이다."

○ 楊氏(楊時)는 이렇게 말하였다. "당당하도다. 子張이여! 그러나 함께 더불어 仁을 하기는 어렵도. 그렇다면 진실로 허물을 잘 보충하여 사사로움에 은폐되지 않는 그러한 자는 아니었다. 그 때문에 이와 같이 일러 준 것이다."

齊景公問政於孔子

제齊 경공景公이 공자에게 정치에 대하여 묻자, 공자가 이렇게 대답하였다.

"임금은 임금답고, 신하는 신하다우며, 아비는 아비답고, 아들은 아들 다우면 됩니다."

이에 경공이 이렇게 말하였다.

"훌륭하십니다! 진실로 만약 임금이 임금답지 못하고 신하가 신하 답지 못하며, 아비가 아비답지 못하고 아들이 아들답지 못하다면 비록 식량이 넉넉한들 내 어찌 밥을 얻어먹고 살 수 있으리오?"

齊景公問政於孔子.㊀
孔子對曰:「君君, 臣臣, 父父, 子子.」㊁
　公曰:「善哉! 信如君不君, 臣不臣, 父不父, 子不子,
　　　雖有粟, 吾得而食諸?」㊂

【齊景公】春秋 末期 孔子時代의 齊나라 君主. 晏子가 宰相이었으며, 재위는
58년(B.C. 547~490). 이름은 杵臼이며, 諡號는 景이다. 본장은 魯나라 昭公
末年에 孔子가 齊나라에 갔을 때의 일이다.
【諸】之乎의 合音字로 '저'로 읽는다. 의문종결사로 쓰였다.

⊙ 諺 解

[陶山本]
齊景公(제경공)이 政(졍)을 孔子(공ᄌ)ㅅ긔 묻ᄌ온대
　孔子(공ᄌ)ㅣ 對(ᄃᆡ)ᄒᆞ야 글ᄋᆞ샤ᄃᆡ 君(군)이 君(군)ᄒᆞ며 臣(신)이
臣(신)ᄒᆞ며 父(부)ㅣ 父(부)ᄒᆞ며 子(ᄌ)ㅣ 子(ᄌ)홈이니이다
　公(공)이 글오ᄃᆡ 善(션)ᄒᆞ다 진실로 만일 君(군)이 君(군)티 몯ᄒᆞ며 臣(신)이
臣(신)티 몯ᄒᆞ며 父(부)ㅣ 父(부)티 몯ᄒᆞ며 子(ᄌ)ㅣ 子(ᄌ)티 몯ᄒᆞ면 비록
粟(속)이 이시나 내 시러곰 食(식)ᄒᆞ랴

[栗谷本]
齊景公(제경공)이 政(졍)을 孔子(공ᄌ)긔 問(문)ᄒᆞ신대
　孔子(공ᄌ)ㅣ 對(ᄃᆡ)ᄒᆞ야 ᄀᆞᆯᄋᆞ샤ᄃᆡ 君(군)이 君(군)ᄒᆞ며 臣(신)이
臣(신)ᄒᆞ며 父(부)ㅣ 父(부)ᄒᆞ며 子(ᄌ)ㅣ 子(ᄌ)홀디니이다
　公(공)이 ᄀᆞᆯ샤ᄃᆡ 善(션)ᄒᆞ다 진실로 만일 君(군)이 君(군)티 몯ᄒᆞ며 臣(신)이
臣(신)티 몯ᄒᆞ며 父(부)ㅣ 父(부)티 몯ᄒᆞ며 子(ᄌ)ㅣ 子(ᄌ)티 몯ᄒᆞ면 비록
粟(속)이 이신ᄃᆞᆯ 내 시러곰 食(식)ᄒᆞ랴

289-㊀

齊景公, 名杵臼. 魯昭公末年, 孔子適齊.

齊 景公은 이름이 杵臼이다. 魯 昭公(재위 32년, B.C. 541~510) 말년에 孔子가 齊나라에 갔었다.

289-㊁

此人道之大經, 政事之根本也. 是時景公失政, 而大夫陳氏厚施於國. 景公又多內嬖, 而不立太子. 其君臣父子之間, 皆失其道, 故夫子告之以此.

이는 人道의 大經이며 政事의 根本이다. 이 당시 景公은 政治를 잃어 大夫인 陳氏가 나라에 후한 정치를 베풀고 있었다(《左傳》 昭公 3年·26年 참조). 景公은 게다가 안으로는 총애하는 嬖女가 많았고, 太子도 세우지 못한 채였다(《左傳》 哀公 5年 참조). 그 君臣과 父子 사이에 모두 道를 잃었으므로 夫子가 이로써 일러준 것이다.

289-㊂

景公善孔子之言而不能用, 其後果以繼嗣不定, 啓陳氏弑君簒國之禍.
○ 楊氏曰:「君之所以君, 臣之所以臣, 父之所以父, 子之所以子, 是必有道矣. 景公知善夫子之言, 而不知反求其所以然, 蓋悅而不繹者, 齊之所以卒於亂也.」

景公은 孔子의 말을 훌륭하다고는 하면서 능히 施用하지는 못하였다. 그 뒤에 과연 후계자를 정하지 못하여 陳氏의 弑君簒國의 화근을 열어 주고 말았다.
○ 楊氏(楊時)는 이렇게 말하였다. "임금이 임금일 수 있는 所以와 臣下가 臣下인 所以, 아버지가 아버지인 所以, 아들이 아들 된 所以, 이는 반드시 道가 있다. 景公은 夫子의 말을 훌륭하다고는 해놓고 이를 돌이켜 그렇게 된 까닭을 찾아야 함을 알지 못하였으니, 대체로 즐거워는 하되 이를 풀어볼 줄 몰랐던 것으로, 이는 결국 齊나라가 亂에서 끝을 맺게 된 所以이다."(《史記》 田敬仲完世家 참조)

290(12-12)

片言可以折獄者

공자가 말하였다.
"간단한 말 한 마디로 옥사獄事를 판결할 자는 유由이리라!"
자로(子路, 仲由)는 응락한 일을 미루어 보류하는 경우가 없었다.*

子曰:「片言可以折獄者, 其由也與!」㊀
子路無宿諾.㊁

【片言】아주 명료한 한 마디. 짧은 말. 片言半句와 같다.
【折獄】訟事를 판결함. 獄事를 折衷함.
【宿諾】허락한 말을 보류함. 無宿諾은 말한 즉시 처리함을 뜻한다.
【由】子路, 仲由.
* 본장에서 『子路無宿諾』을 孔子의 말이 이어진 것으로 보는 경우도 있다.

陶山本   子(ᄌ)ㅣ ᄀᆞᆯᄋᆞ샤ᄃᆡ 片言(편언)애 可(가)히 ᄡᅥ 獄(옥)을 折(절)홀
者(쟈)ᄂᆞᆫ 그 由(유)ㄴ뎌
子路(ᄌᆞ로)ᄂᆞᆫ 諾(락)을 宿(슉)홈이 업더라

栗谷本   子(ᄌ)ㅣ ᄀᆞᄅᆞ샤ᄃᆡ 片言(편언)으로 可(가)히 ᄡᅥ 獄(옥)을 折(절)홀
者(쟈)ᄂᆞᆫ 그 由(유)ㄴ뎌
子路(ᄌᆞ로)ᄂᆞᆫ 諾(락)을 宿(슉)호미 업더라

◆ 集 註

290-㊀

折, 之舌反. 與, 平聲.

○ 片言, 半言. 折, 斷也. 子路忠信明決, 故言出而人信服之, 不待其辭之畢也.

折은 反切로 '之舌反'(절)이다. 與는 平聲이다.

○ 片言은 半言이다. 折은 끊는다는 뜻이다. 子路는 忠信하여 판결에 명확하였다.
그러므로 말을 내놓으면 사람들이 믿고 복종하여 그 말이 끝나기를 기다리지
않을 정도였다.

290-㊁

宿, 留也, 猶宿怨之宿. 急於踐言, 不留其諾也. 記者因夫子之言而記此, 以見子路
之所以取信於人者, 由其養之有素也.

○ 尹氏曰:「小邾射以句繹奔魯, 曰:『使季路要我, 吾無盟矣』, 『千乘之國, 不信
其盟, 而信子路之一言』, 其見信於人可知矣. 一言而折獄者, 信在言前, 人自信之
故也. 不留諾, 所以全其信也.」

宿은 '머물러두다'의 뜻이며, 宿怨이라 할 때의 宿자와 같다. 말을 실천하는 데에 급하여 머물러 그 응락을 기다리지 않았던 것이다. 기록한 자가 夫子의 말씀을 근거로 이것을 기록하여, 子路가 남에게 믿음을 얻는 所以는 그 수양함이 평소에 있었기 때문임을 드러내어 보인 것이다.

○ 尹氏(尹焞)는 이렇게 말하였다. "小邾라는 나라의 大夫인 射(역)이라는 사람이 句繹 땅을 바치는 조건으로 魯나라로 도망오려 하면서 '季路로 하여금 나와 盟約을 맺도록 해준다면 盟約은 따로 할 필요가 없다'라는 조건을 내세웠다. '千乘의 국가가 그 맹약을 믿지 않고 도리어 子路의 한마디 말을 믿었으니'(《左傳》哀公 十四年에 '小邾射以句繹來奔.' 曰: '使季路要我, 吾無盟矣.' 使子路, 子路辭. 季康子使冉有謂之, 曰: '千乘之國, 不信其盟, 而信子之言, 子何辱焉?' 對曰: '魯有事于小邾, 不敢問故, 死其城下可矣, 彼不臣而濟其言, 是義之也, 由弗能'이라 함), 그가 남에게 믿음을 얻은 정도를 가히 알 수 있다. 한마디 말로 獄事를 판결한 수 있는 것은 믿음이 말보다 앞에 있어 사람들이 저절로 이를 믿게 되기 때문이다. 응낙을 머물러 두지 않았다는 것은 그 믿음을 온전히 한 까닭이다."

291(12-13)

聽訟吾猶人也

공자가 말하였다.

"송사를 판결함에는 나 또한 남과 다르지 않다. 반드시 해야 할
일이라면 송사 자체를 없게 하고자 하는도다!"

子曰:「聽訟, 吾猶人也. 必也使無訟乎!」㊀

【聽訟】訟事를 청취하여 판결함. 孔子는 魯나라 司寇를 지낸 적이 있다.
【猶人】'남과 같다'라는 뜻. 猶는 如와 같음. 쌍성호훈.

◉ 諺解

 子(ᄌᆞ) ㅣ 글으샤ᄃᆡ 訟(숑)을 聽(텽)홈이 내 사름과 ᄀᆞᆮᄐᆞ나 반ᄃᆞ시
ᄒᆡ여곰 訟(숑)을 업게 호린뎌

 子(ᄌᆞ) ㅣ ᄀᆞᄅᆞ샤ᄃᆡ 訟(숑) 聽(텽)ᄒᆞ기 내 人(인)ᄀᆞᆮᄐᆞ나 반ᄃᆞ시
ᄒᆞ여곰 訟(숑)을 업게 홀 딘뎌

◈ 集註

291-㊀

范氏曰：「聽訟者, 治其末, 塞其流也. 正其本, 淸其源, 則無訟矣.」
○ 楊氏曰：「子路片言可以折獄, 而不知以禮遜爲國, 則未能使民無訟者也. 故又記
孔子之言, 以見聖人不以聽訟爲難, 而以使民無訟爲貴.」

范氏(范祖禹)는 이렇게 말하였다. "訟事를 듣고 판결함은 그 末을 다스려 그
흐름을 막는 일이다. 그 本을 바르게 하여 그 근원을 맑게 한다면 訟事 자체가
없어질 것이다."

○ 楊氏(楊時)는 이렇게 말하였다. "子路는 片言으로 옥사를 판결할 수 있었으나
禮와 겸손으로 나라를 다스려야 한다는 것은 알지 못하였다. 그렇다면 이는 능히
百姓으로 하여금 訟事가 없도록 할 수는 없었던 것이다. 그 때문에 다시 孔子의
말을 기록하여 聖人은 訟事 판결을 어려운 것으로 여기는 것이 아니라 百姓으로
하여금 송사가 없도록 하는 것을 귀하게 여기도록 함을 드러내어 보인 것이다."

292(12-14)

子張問政

자장子張이 정치에 대하여 여쭙자, 공자가 말하였다.
"마음에 게으름(倦)이 없이 하며, 행동에는 충忠으로 할지니라."

子張問政.
子曰:「居之無倦, 行之以忠.」㊀

【子張】 端孫師.
【居之】 '이를 마음에 두다'로 해석하나 '평소(일없을 때)'의 뜻으로도 본다.
【倦】 권태를 느낌. 無倦은 始終如一함을 뜻한다.

諺解

陶山本 　子張(ᄌᆞ댱)이 政(졍)을 묻ᄌᆞ온대 子(ᄌᆞ)ㅣ ᄀᆞᆯᄋᆞ샤ᄃᆡ 居(거)ᄒᆞ욤을 倦(권)홈이 업스며 行(ᄒᆡᆼ)호ᄃᆡ 忠(튱)으로써 홀 ᄯᅵ니라

栗谷本 　子張(ᄌᆞ댱)이 政(졍)을 問(문)ᄒᆞᆫ대 子(ᄌᆞ)ㅣ ᄀᆞᆯᄋᆞ샤ᄃᆡ 居(거)호ᄆᆡ 倦(권)이 업고 行(ᄒᆡᆼ)호ᄆᆞᆯ 忠(튱)으로써 홀 디니라

◆ 集註

292-㉠

居, 謂存諸心. 無倦, 則始終如一. 行, 謂發於事. 以忠, 則表裏如一.
○ 程子曰:「子張少仁. 無誠心愛民, 則必倦而不盡心, 故告之以此.」

居는 마음에 이것을 存續시킴을 말한다. 게으름이 없이 하면 始終이 如一할 것이다. 行은 일에서 이것이 발휘됨을 일컫는다. 忠으로써 하면 表裏가 如一할 것이다.

○ 程子(程頤)는 이렇게 말하였다. "子張은 仁이 적었다. 정성스러운 마음으로 百姓을 사랑함이 없다면 틀림없이 게으르게 되고 마음을 다하지 못할 것이다. 그 때문에 이로써 일러준 것이다."

293(12-15)

博學於文

공자가 말하였다.

"문文에 널리 배우고 이를 예禮로써 묶는다면 역시 가히 어긋나지 않게 될 것이다."*

子曰:「博學於文, 約之以禮, 亦可以弗畔矣夫!」㊀

* 본장은 雍也篇 144(6−25)와 중복된다.

諺 解

 陶山本　없음

栗谷本　없음

◈ 集 註

293-㈠

重出.

거듭나왔다(雍也篇 144(6−25)).

294(12-16)

君子成人之美

공자가 말하였다.

"군자는 남의 아름다움을 성취시키게 하되, 남의 악함은 이루지 않게 한다. 소인은 이와 상반된 짓을 한다."*

子曰:「君子成人之美, 不成人之惡. 小人反是.」㉠

【美】여기서는 잘하는 것(善). 장점이나 미덕.
*《穀梁傳》隱公 元年 傳에「春秋成人之美, 不成人之惡」이라 하였다.

"君子成人之美,
不成人之惡"(石可)

 諺解

 陶山本　子(ᄌ)ㅣ 글ᄋ샤ᄃᆡ 君子(군ᄌ)는 사름의 美(미)를 일우고 사름의 惡(악)을 일우디 아니ᄒᆞᄂᆞ니 小人(쇼신)은 이예 反(반)ᄒᆞ니라

栗谷本　子(ᄌ)ㅣ ᄀᆞᄅᆞ샤ᄃᆡ 君子(군ᄌ)는 人(인)의 成(셩)ᄒᆞ고 人(인)의 惡(악)을 成(셩)티 아닛ᄂᆞ니 小人(쇼인)은 이예 反(반)ᄒᆞᄂᆞ니라

◆ 集註

294-㊀

成者, 誘掖獎勸以成其事也. 君子小人, 所存旣有厚薄之殊, 而其所好又有善惡之異. 故其用心不同如此.

이룸(成)이란 유도하여 당겨주고, 장려하여 권면하여 그 일을 이루도록 하는 것이다. 君子와 小人은 지니고 있는 바가 厚薄의 차이가 있고, 그 좋아하는 바 또한 善惡의 차이가 있다. 그 때문에 그 마음 씀의 다름이 이와 같은 것이다.

295(12-17)

季康子問政於孔子

계강자季康子가 공자에게 정치에 대하여 묻자, 공자가 이렇게 대답하였다.

"정치란 바르게 하는 것입니다. 그대가 솔선하여 바르다면 누가 감히 바르지 않게 하겠습니까?"*

季康子問政於孔子.
孔子對曰:「政者, 正也. 子帥以正, 孰敢不正?」⊖

【季康子】魯나라 大夫. 季孫斯(桓子)의 아들인 季孫肥.
【政者正也】聲訓으로 풀이한 것. 政과 正은 음이 같으며 의미의 연관성을 대비시킨 풀이 방법. 聲訓은 訓詁學의 一門이다.
【帥】率과 같다. '솔'로 읽는다. 帥先(率先)하다의 뜻. '거느리다'의 뜻
*《禮記》哀公問篇에「公曰:『敢問何謂爲政?』孔子對曰:『政者, 正也. 君爲正, 則百姓從政矣; 君之所爲, 百姓之所從也』」라 하였다.

季康子(계강ᄌ)ㅣ 政(졍)을 孔子(공ᄌ)ㅅ쯰 묻ᄌ온대 孔子(공ᄌ)ㅣ 對(디)ᄒ야 글ᄋ샤ᄃᆡ 政(졍)은 正(졍)홈이니 子(ᄌ)ㅣ 帥(솔)호ᄃᆡ 正(졍)으로뻐 ᄒ면 뉘 敢(감)히 正(졍)티 아니ᄒ리오

 季康子(계강ᄌ)ㅣ 孔子(공ᄌ)쯰 政(졍)을 問(문)ᄒ대 孔子(공ᄌ)ㅣ 對(디)ᄒ야 ᄀᆞᆯᄋ샤ᄃᆡ 政(졍)은 正(졍)호미니 子(ᄌ)ㅣ 正(졍)으로뻐 帥(솔)ᄒ면 ᄒ면 뉘 敢(감)히 正(졍)티 아니리오

◆ 集 註

295-㊀

范氏曰:「未有己不正而能正人者.」

○ 胡氏曰:「魯自中葉, 政由大夫, 家臣效尤, 據邑背叛, 不正甚矣. 故孔子以是告之, 欲康子以正自克, 而改三家之故. 惜乎! 康子之溺於利欲而不能也.」

范氏(范祖禹)는 이렇게 말하였다. "자기 자신이 바르지 못하면서 능히 남을 바르게 할 수 있는 자는 있어본 적이 없다."

○ 胡氏(胡寅)는 이렇게 말하였다. "魯나라는 中葉부터 정치가 大夫에게서 시작되었고, 家臣들이 그 나쁜 관례를 본받아 자신의 封邑을 근거로 배반을 일삼으니 그 옳지 못함이 심하였다. 그 때문에 孔子가 이로써 告하여 康子로 하여금 正으로써 자신을 극복하여 三家의 故習을 고치도록 하고자 한 것이다. 아깝도다! 康子는 利欲에 탐닉하여 능히 그렇게 하지 못하였다."

"子帥以正, 孰敢不正"(石可)

296(12-18)

季康子患盜

계강자季康子가 도적을 걱정하여 공자에게 묻자, 공자가 이렇게 대답하였다.

"진실로 그대가 탐욕을 부리지 않는다면, 비록 상을 준다 해도 도둑질을 하지 않을 것입니다."*

季康子患盜, 問於孔子.
孔子對曰:「苟子之不欲, 雖賞之不竊.」㊀

【季康子】魯나라 大夫.
【苟】副詞. 진실로(誠·固·眞과 같다).
*《說苑》貴德篇에 본장과 다음 장(297)을 해석하여「上之變下, 猶風之靡草也. 民之竊盜, 正由上之多欲, 故夫子以不欲勖康子也」라 하였다.

季康子(계강ᄌ)ㅣ 盜(도)를 患(환)ᄒ야 孔子(공ᄌ)ㅅ씌 묻ᄌ온대
孔子(공ᄌ)ㅣ 對(듸)ᄒ야 ᄀᆞᆯ으샤듸 진실로 子(ᄌ)ㅣ 欲(욕)디 아니ᄒ면
비록 賞(샹)ᄒ야도 竊(졀)티 아니ᄒ리라

季康子(계강ᄌ)ㅣ 盜(도)를 患(환)ᄒ야 孔子(공ᄌ)씌 問(문)흔대
孔子(공ᄌ)ㅣ 對(듸)ᄒ야 ᄀᆞ르샤듸 진실로 子(ᄌ)ㅣ 欲(욕)디 아니면
비록 賞(샹)ᄒ야도 竊(졀)티 아니리라

◆ 集 註

296-㉠

言子不貪欲, 則雖賞民使之爲盜, 民亦知恥而不竊.
○ 胡氏曰:「季氏竊柄, 康子奪嫡, 民之爲盜, 固其所也. 盍亦反其本邪? 孔子以不
欲啓之, 其旨深矣.」
奪嫡事見春秋傳.

그대(季康子)가 탐욕을 부리지 않는다면 비록 상을 주면서 百姓들로 하여금
도둑이 되라 해도, 百姓들은 역시 부끄러움을 알기 때문에 도둑질을 하지 않을
것임을 말한 것이다.
○ 胡氏(胡寅)는 이렇게 말하였다. "季氏는 政權을 훔쳤고 康子는 嫡子의 명분을
탈취하였으니, 百姓이 도둑질하는 것은 진실로 그렇게 할 소지가 있다. 그러니
어찌 역시 그 근본을 되돌리지 않을 수 있겠는가? 孔子가 不欲으로써 이를
啓導하여 주었으니 그 뜻이 깊다."
嫡子를 빼앗은 事件은 《春秋傳》을 보라(《左傳》 哀公 3年의 기록). 季孫斯가 죽으
면서 부인 南孺子의 遺腹子가 아들을 낳으면 자신의 뒤를 잇게 하고, 딸이면
대신 康子가 잇도록 하였으나 아들을 낳았음에도 康子가 그 뒤를 이은 사건.
('經: 秋七月丙子, 季孫斯卒.' '傳: 秋, 季孫有疾, 命正常曰: 「無死, 南孺子之子男也, 則以告而立之, 女也, 則肥
也可.」 季孫卒, 康子即位. 旣葬, 康子在朝, 南氏生男, 正常戴以如朝, 告曰: 「夫子有遺言.」 命其圉臣曰: 「南氏生男,
則以告於君與大夫而立之.」 今生矣, 男也, 敢告.' 遂奔衛, 康子請退, 公使共劉視之, 則或殺之矣, 乃討之, 召正常,
正常不反.')

季康子問政於孔子曰

계강자季康子가 공자에게 정치에 대하여 이렇게 물었다.

"만약 무도한 이를 죽여, 도道있는 쪽으로 유도한다면 어떻겠습니까?"

공자는 이렇게 대답하였다.

"그대는 정치를 함에 어찌 죽임의 방법을 쓴단 말입니까? 그대가 선하고자 하면 백성이 선하게 될 것입니다. 군자의 덕이란 바람과 같고 소인의 덕이란 풀과 같아서, 그 바람이 풀 위에 불면 풀은 반드시 눕게 되어 있습니다."

季康子問政於孔子曰:「如殺無道, 以就有道, 何如?」

孔子對曰:「子爲政, 焉用殺? 子欲善而民善矣. 君子之德風, 小人之德草. 草上之風, 必偃.」㊀

"子爲政, 焉用殺"(石可)

【就】成就함. 혹 나아가게 함. 유도함.
【偃】‘눕다, 숙이다’의 뜻.

● 諺 解

　　季康子(계강ㅈ)ㅣ 政(졍)을 孔子(공ㅈ)ㅅ끠 묻ㅈ와 골오딕 만일 道(도)업슨 이룰 殺(살)하야 뻐 道(도)인ᄂᆞ딕 就(취)ᄒ게 홀 떤댄 엇더ᄒ니잇고 孔子(공ㅈ)ㅣ 對(딕)ᄒ야 골ᄋ샤딕 子(ㅈ)ㅣ 政(졍)을 홈애 엇디 殺(살)을 쓰리오 子(ㅈ)ㅣ 어딜고져 ᄒ면 民(민)이 어딜리니 君子(군ㅈ)의 德(덕)은 ᄇᆞ름이오 小人(쇼신)의 德(덕)은 플이라 플에 ᄇᆞ름이 더으면 반ᄃᆞ시 偃(언)ᄒᄂᆞ니라

　　季康子(계강ㅈ)ㅣ 政(졍)을 孔子(공ㅈ)끠 政(졍)을 問(문)ᄒ야 골오딕 만일 道(도)업스니룰 주겨 뻐 道(도)잇ᄂᆞ딕 就(취)홀 딘댄 엇더ᄒ니잇고 孔子(공ㅈ)ㅣ 對(딕)ᄒ야 ᄀᆞᄅ샤딕 子(ㅈ)ㅣ 政(졍)을 호매 엇디 殺(살)을 쓰리오 子(ㅈ)ㅣ 善(션)코져 ᄒ면 民(민)이 善(션)ᄒ리라 君子(군ㅈ)의 德(덕)은 風(풍)이오 小人(쇼인)의 德(덕)은 草(초)ㅣ니 草(초)애 風(풍)을 더으면 반ᄃᆞ시 偃(언)ᄒᄂᆞ니라

297-一

焉, 於虔反.

○ 爲政者, 民所視效, 何以殺爲? 欲善則民善矣.『上』, 一作『尙』, 加也. 偃,
仆也.

○ 尹氏曰:「殺之爲言, 豈爲人上之語哉? 以身敎者從, 以言敎者訟, 而況於殺乎?」

焉은 反切로 '於虔反'(언)이다.

○ 爲政者는 百姓이 보고 본받는 바이니, 어찌 죽이는 일을 할 수 있겠는가?
善해지고자 하면 百姓이 善해지는 것이다. 上은 尙으로도 되어 있으며 '더하다'의
뜻이다. 偃은 엎어지다(엎드리다, 쓰러지다, 눕다)의 뜻이다.

○ 尹氏(尹焞)는 이렇게 말하였다. "죽인다는 것을 말로 하니 어찌 남의 윗사람
된 자의 말이리오? 자기 몸으로써 가르치는 자는 百姓이 따르게 될 것이요,
말로써 가르치는 자는 訟事가 있게 마련인데(《後漢書》 第五倫傳의 구절), 하물며
죽임에 있어서랴?"

298(12-20)

子張問士何如斯可謂之達矣

자장子張이 여쭈었다.

"선비는 어찌 하여야 가히 통달한 이라고 이를 수 있습니까?"

공자가 이렇게 되물었다.

"무슨 뜻이냐, 네가 말하는 통달한 사람이란?"

자장이 이렇게 대답하였다.

"나라에 있어도 반드시 그 소문이 나며, 집안에 있어도 소문이 나는 경우입니다."

이에 공자는 이렇게 설명하였다.

"그것은 소문일 뿐, 통달한 것이 아니다. 무릇 통달함이란 바탕이 곧고 의를 좋아하며, 남의 말을 살펴듣고, 얼굴빛도 살펴 하되, 생각하여 남에게 자신을 낮춘다. 이것이 나라에 있어서도 반드시 통달되고, 집안에 있어서도 통달되는 것이다. 무릇 소문이란 얼굴을 꾸며 인仁한 것을 취하고, 행동은 위배되면서도 평소에 의심조차 아니해도, 나라에서도 틀림없이 소문이 나고 집안에 있어도 소문이 날 수 있는 것이다."

> 子張問:「士何如斯可謂之達矣?」㊀
>
> 子曰:「何哉, 爾所謂達者?」㊁
>
> 子張對曰:「在邦必聞, 在家必聞.」㊂
>
> 子曰:「是聞也, 非達也.㊃ 夫達也者, 質直而好義,
> 察言而觀色, 慮以下人. 在邦必達, 在家必
> 達.㊄ 夫聞也者, 色取仁而行違, 居之不疑.
> 在邦必聞, 在家必聞.」㊅

【子張】顓孫師.
【達】通達. 훌륭한 人物로 널리 알려지는 것.
【聞】소문. 好惡에 관계없이 널리 알려지는 것.

"質直好義"(石可)

子張(ㅈ댱)이 묻ㅈ오딕 士(ㅅ)ㅣ 엇더ㅎ야사 이에 可(가)히 達(달)이라 니르리잇고

子(ㅈ)ㅣ 골ㅇ샤딕 엇디오 네 닐온 밧 達(달)이여

子張(ㅈ댱)이 對(딕)ㅎ야 골오딕 나라해 이셔도 반ㄷ시 聞(문)ㅎ며 집의 이셔도 반ㄷ시 聞(문)홈이니이다

子(ㅈ)ㅣ 골ㅇ샤딕 이ᄂᆞᆫ 聞(문)이라 達(달)이 아니니라

達(달)이란 거슨 質(질)ㅎ며 直(딕)ㅎ고 義(의)를 됴히 너기며 말ㅅᆞᆷ을 슬피며 ᄂᆞᆺ빗츨 보와 慮(려)ㅎ야 뼈 사름의게 下(하)ㅎᄂᆞ니 邦(방)애 이셔도 반ㄷ시 達(달)ㅎ며 家(가)애 이셔도 반ㄷ시 達(달)ㅎᄂᆞ니라

聞(문)이란 거슨 色(식)으로 仁(신)을 取(취)호딕 行(힝)이 違(위)ㅎ고 居(거)ㅎ야 疑(의)티 아니ㅎᄂᆞ니 邦(방)애 이셔도 반ㄷ시 聞(문)ㅎ며 家(가)애 이셔도 반ㄷ시 聞(문)ㅎᄂᆞ니라

子張(ㅈ댱)이 問(문)호딕 士(ㅅ)ㅣ 엇더ㅎ야사 이에 可(가)히 達(달)이라 니르리잇고

子(ㅈ)ㅣ ᄀᆞ르샤딕 엇더니 네 니르ᄂᆞᆫ 바 達(달)ᄒᆞᆫ 者(쟈)오

子張(ㅈ댱)이 對(딕)ㅎ야 골오딕 邦(방)에 이셔 반ㄷ시 聞(문)ㅎ며 家(가)에 이셔 반ㄷ시 聞(문)호미니이다

子(ㅈ)ㅣ ᄀᆞ르샤딕 이ᄂᆞᆫ 聞(문)이라 達(달)이 아니로다

達(달)ㅎᄂᆞᆫ 者(쟈)ᄂᆞᆫ 質(질) 直(딕)ㅎ고 義(의)를 好(호)ㅎ며 言(언)을 察(찰)ㅎ며 色(식)을 觀(관)ㅎ며 慮(려)ㅎ야 뼈 人(인)의게 下(하)ㅎᄂᆞ니 邦(방)에 이셔 반ㄷ시 達(달)ㅎ며 家(가)에 이셔 반ㄷ시 達(달)ㅎᄂᆞ니라

聞(문)ㅎᄂᆞᆫ 者(쟈)ᄂᆞᆫ 色(식)으로 仁(인)을 取(취)코 行(힝)은 違(위)ㅎ고 居(거)호매 疑(의)티 아닛ᄂᆞ니 邦(방)에 이셔 반ㄷ시 聞(문)ㅎ며 家(가)에 이셔 반ㄷ시 聞(문)ㅎᄂᆞ니라

298-㊀

達者, 德孚於人而行無不得之謂.

達이란 남에게 德이 믿어져서, 그 행동에 얻지 못함이 없음을 일컫는다.

298-㊁

子張務外, 夫子蓋已知其發問之意. 故反詰之, 將以發其病而藥之也.

子張은 외면의 문제에 힘썼다. 夫子는 아마 이미 그가 질문한 의도를 알았을 것이다. 그 때문에 도리어 이를 힐문하여 장차 그 병폐를 들춰내어, 이를 藥으로 삼으려 한 것이다.

298-㊂

言名譽著聞也.

名譽가 드러나 소문이 남을 말한다.

298-㊃

聞與達相似而不同, 乃誠僞之所以分, 學者不可不審也. 故夫子旣明辨之, 下文又詳言之.

聞과 達은 서로 비슷하나 다른 것으로써, 誠實과 僞善이 그 구분으로 삼을 수 있는 바이니, 배우는 자는 깊이 헤아리지 않으면 안 된다. 그 때문에 夫子가 이미 명확하게 이를 변별하였고, 아래 문장에서는 이를 더욱 상세히 말한 것이다.

298-⑤

夫, 音扶, 下同. 好·下, 皆去聲.

○ 內主忠信, 而所行合宜, 審於接物而卑以自牧, 皆自修於內, 不求人知之事. 然德修於己而人信之, 則所行, 自無窒礙矣.

夫는 음이 扶(부)이며 아래도 같다. 好·下는 모두 去聲이다.

○ 안으로 忠과 信을 주로 하여 행하는 바가 宜에 합당한 것, 그리고 접촉하는 外物에 깊이 헤아려 낮추어 스스로를 길러 내는 것, 이는 모두가 스스로 안에서 修養할 일이지 남이 알아주기를 바라는 일일 수는 없다. 그러나 德이 자신에게서 修養되어 남이 믿어준다면, 그 행하는 바에 막히거나 장애를 받는 일이 저절로 없어질 것이다.

298-⑥

行, 去聲.

○ 善其顔色以取於仁, 而行實背之, 又自以爲是而無所忌憚. 此不務實而專務求名者, 故虛譽雖隆而實德則病矣.

○ 程子曰:「學者, 須是務實, 不要近名. 有意近名, 大本已失, 更學何事? 爲名而學, 則是僞也. 今之學者, 大抵爲名, 爲名與爲利雖淸濁不同, 然其利心則一也.」

尹氏曰:「子張之學, 病在乎不務實. 故孔子告之, 皆篤實之事, 充乎內而發乎外者也. 當時門人親受聖人之敎, 而差失有如此者, 況後世乎?」

行(항)은 去聲이다.

○ 그 얼굴색만 잘 꾸며 이를 仁에서 취한 것처럼 하여, 행동의 실질은 여기에 위배되고 게다가 스스로 이를 옳은 것이라 여겨 거리낌이 없는 것, 이는 실질에는 힘쓰지 않고 오로지 이름이 나기만을 힘쓰는 자이다. 그러므로 헛된 名譽가 비록 융성하다 해도, 실질의 德은 이미 병든 자이다.

○ 程子(程頤)는 이렇게 말하였다. "배우는 자는 모름지기 실질에 힘써 名譽에 가까이 하려 들지 말아야 한다. 名譽에 가까이 할 의도가 있으면 大本은 이미 사라진 것이니, 거기에 더 배운들 무슨 일을 하겠는가? 名譽를 위하여 배운다면 이는 僞善이다. 지금의 배우는 자들은 대체로 이름을 위하니, 이름을 위하는 것과 이익을 위하는 것은 비록 淸濁이 다르다 하나 그 이익을 위한 마음은 똑같은 하나이다."

尹氏(尹焞)는 이렇게 말하였다. "子張의 學問은 그 병폐가 실질을 힘쓰지 않는 데에 있었다. 그 때문에 孔子가 이를 일러 준 것이니, 모두가 독실한 일로써 안으로 충만하여 밖으로 드러나는 것이다. 당시 門人들은 직접 聖人의 가르침을 받았음에도 차이와 실수가 이와 같음이 있었거늘 하물며 後世에 있어서랴?"

299(12-21)

樊遲從遊於舞雩之下

번지樊遲가 공자를 좇아 무舞雩 아래로 유람을 갔다가 이렇게 말하였다.

"덕을 숭상하는 법, 사특함을 수정하는 법, 미혹함을 변별하는 법을 감히 여쭙습니다."

공자가 이렇게 설명하였다.

"훌륭하도다, 그 질문이여! 일을 먼저하고 얻음을 뒤로 하는 것이 덕을 숭상함이 아니겠느냐? 자신의 악은 공격하고 남의 악은 덮어주는 것이 사특함을 수정하는 방법이 아니겠느냐? 하루 아침의 분노로 자신의 몸을 잊은 채, 그 화가 어버이에게까지 미치게 하는 것이 미혹함이 아니겠느냐?"

樊遲從遊於舞雩之下, 曰:「敢問崇德·修慝·辨惑.」㊀
子曰:「善哉問!㊁ 先事後得, 非崇德與? 攻其惡, 無攻
　　人之惡, 非修慝與? 一朝之忿, 忘其身, 以及
　　其親, 非惑與?」㊂

【樊遲】樊須. 爲政篇 021(2-5)·雍也篇 139(6-20) 참조.
【舞雩】地名. 魯나라에서 祈雨祭를 지내던 곳. 先進篇 278(11-25) 참조.

 諺 解

　樊遲(번디)ㅣ 舞雩(무우)아래 從遊(죵유)ᄒᆞ더니 글오ᄃᆡ 敢(감)히
德(덕)을 崇(슝)ᄒᆞ며 慝(특)을 脩(슈)ᄒᆞ며 惑(혹)을 辨(변)홈을
묻ᄌᆞ노이다
子(ᄌ)ㅣ 글ᄋᆞ샤ᄃᆡ 善(션)타 물옴이여
　일을 몬져ᄒᆞ고 得(득)을 後(후)에 홈이 德(덕)을 崇(슝)홈이 아니가 그
惡(악)을 攻(공)ᄒᆞ고 人(신)의 惡(악)을 攻(공)티 아니홈이 慝(특)을 脩(슈)홈이
아니가 一朝(일됴)엣 忿(분)으로 그 몸을 니저 ᄡᅥ 그 어버의게 밋게 홈이
惑(혹)이 아니가

　樊遲(번디)ㅣ 舞雩(무우)아래 가 조차 노더니 글오ᄃᆡ 敢(감)히
德(덕)을 崇(슝)홈과 慝(특)을 脩(슈)홈과 惑(혹)을 辨(변)호믈
問(문)ᄒᆞ노이다
子(ᄌ)ㅣ ᄀᆞᄅᆞ샤ᄃᆡ 善(션)타 問(문)이여
　事(ᄉ)를 몬져ᄒᆞ고 得(득)을 後(후)호미 德(덕)을 崇(슝)호미 아니가 그
惡(악)을 攻(공)ᄒᆞ고 人(인)의 惡(악)을 攻(공)티 아니미 慝(특)을 脩(슈)호미
아니가 一朝(일됴)의 忿(분)으로 그 몸을 니저 ᄡᅥ 그 親(친)이 미츠미 惑(혹)이
아니가

299-㊀

慝, 吐得反.

○ 胡氏曰:「慝之字從心從匿, 蓋惡之匿於心者. 脩者, 治而去之.」

慝은 反切로 '吐得反'(특)이다.

○ 胡氏(胡寅)는 이렇게 풀이하였다. "慝이라는 글자는 心자와 匿자에서 나왔으니 (이는 訓詁學에서 形訓으로 글자 모양을 해체하여 뜻을 설명하는 방법이다. 즉 心과 匿을 합해 마음을 숨긴 것이란 뜻으로 본다), 대체로 마음 속에 악을 숨김이 있는 것이다. 脩란 다스려 제거한다는 뜻이다."

299-㊁

善其切於爲己.

그 자신을 위하는 데에 절실함을 훌륭하다고 여긴 것이다.

299-㊂

與, 平聲.

○ 先事後得, 猶言先難後獲也. 爲所當爲而不計其功, 則德日積而不自知矣. 專於治己而不責人, 則己之惡無所匿矣. 知一朝之忿爲甚微, 而禍及其親爲甚大, 則有以辨惑而懲其忿矣. 樊遲麤鄙近利, 故告之以此, 三者皆所以救其失也.

○ 范氏曰:「先事後得, 上義而下利也. 人惟有利欲之心, 故德不崇. 惟不自省己過而知人之過, 故慝不脩. 感物而易動者莫如忿, 忘其身以及其親, 惑之甚者也. 惑之甚者必起於細微, 能辨之於早, 則不至於大惑矣. 故懲忿所以辨惑也.」

與는 平聲이다.

○ 先事後得이란 先難後獲(어려움을 먼저 처리하고 획득은 뒤로 여김. 雍也篇 139(6-20))과 같은 말이다. 마땅히 해야 할 바를 하되, 그 공로를 계산하지 않는다면 덕이 날로 쌓여가되 스스로도 알지 못할 것이다. 자신을 다스리기에 專一하되 남에게

책임을 미루지 않는다면, 자신의 惡이 숨겨질 바가 없을 것이다. 一朝之忿은 매우 미세한 것이지만 禍가 그 부모에게 미침은 지극히 큰 것이라는 것을 안다면, 미혹함이 변별되고 그 분함을 징계할 수 있을 것이다. 樊遲는 거칠고 비루하여 이익에 가까이하려 하였다. 그 때문에 이로써 고하여 준 것이며 세 가지는 모두가 그의 과실을 구제해 주기 위함이다.

○ 范氏(范祖禹)는 이렇게 말하였다. "先事後得이란 義를 위로 하고 利를 아래로 하는 것이다. 사람은 오로지 利欲之心이 있어 그 때문에 德이 숭상되지 못하는 것이다. 오직 자신의 과실을 自省하지는 않고, 남의 과실은 잘 알게 되기 때문에 간특함이 修正되지 않는 것이다. 外物에 감응하여 쉽게 움직이는 것으로 忿보다 더한 것이 없으며, 자기 몸을 잊고 그 어버이에게까지 미치게 하는 것은 미혹이 심한 경우이다. 미혹이 심한 것은 틀림없이 미세한 데에서 시작된다. 능히 일찍 이를 변별해 낼 수 있다면 大惑에까지 이르지는 않는다. 그러므로 忿을 징계하는 것이 미혹을 변별하는 所以이다."

300(12-22)

樊遲問仁

번지樊遲가 인仁에 대하여 여쭙자, 공자가 이렇게 말하였다.
"남을 사랑해 주는 것이다."
이번에는 앎(지혜)에 대하여 여쭙자 이렇게 말하였다.
"남을 알아주는 것이다."
번지가 알아듣지 못하자, 공자는 이렇게 풀이하여 주었다.
"곧은 것을 들어 쓰고, 굽은 것을 버려 두면 능히 굽은 것을 곧게 할 수 있느니라."
번지가 물러나서 자하子夏를 만나자 이렇게 물었다.
"방금 내 선생님을 뵙고 앎에 대하여 여쭈었더니, 선생님 말씀이 '곧은 것을 들어 쓰고 굽은 것을 버려 두면 굽은 것으로 하여금 곧게 할 수 있다'고 하셨는데 그게 무슨 뜻이오?"

자하는 이렇게 말하였다.

"풍부하시도다, 선생님의 말씀이여! 순舜임금이 천하를 차지하고는 여러 무리 중에 골라 쓰시되 고요皋陶를 들어 쓰자 어질지 못한 자들이 멀리 갔고, 탕湯임금이 천하를 다스릴 때 역시 여러 무리 가운데에 사람을 들어 쓰되 이윤伊尹을 들어 쓰자 어질지 못한 자들이 멀리 사라지고 말았습니다."

樊遲問仁.

子曰:「愛人.」

問知. 子曰:「知人.」㊀

樊遲未達.㊁

子曰:「舉直錯諸枉, 能使枉者直.」㊂

樊遲退, 見子夏曰:「鄉也吾見於夫子而問知, 子曰,『舉
　　　直錯諸枉, 能使枉者直』, 何謂也?」㊃

子夏曰:「富哉言乎!㊄ 舜有天下, 選於衆, 舉皋陶, 不仁
　　　者遠矣. 湯有天下, 選於衆, 舉伊尹, 不仁者
　　　遠矣.」㊅

【樊遲】 앞장 참조. (前出)

【愛人】 남을 사랑하다. 혹은 '남을 아껴주다'의 뜻. 述目 구조이다.

【鄉】 嚮과 같다. 방금, 바로 전, 지난번의 뜻.

【舉直錯諸枉】 爲政篇 035(2-19)를 볼 것. 錯는 '조'로, 諸는 '저'로 읽는다.

【皋陶】 舜임금의 賢臣. '고요'로 읽는다.

【伊尹】 湯임금의 賢臣.

〈湯〉《三才圖會》　　　　　〈고요(皐陶)〉《三才圖會》

◉ 諺解

陶山本　　樊遲(번디)ㅣ 仁(신)을 묻즈온대 子(즈)ㅣ 굴ㅇ샤디 사름을 스랑
홈이니라 知(디)를 묻즈온대 子(즈)ㅣ 굴ㅇ샤디 사름을 알옴이니라

樊遲(번디)ㅣ 達(달)티 몯ᄒ거늘

子(즈)ㅣ 굴ㅇ샤디 直(딕)ᄒ 이를 擧(거)ᄒ고 모든 枉(왕)ᄒ 이를 錯(조)ᄒ면
能(능)히 枉(왕)ᄒ 이로 ᄒ여곰 直(딕)게 ᄒᄂ니라

樊遲(번디)ㅣ 믈러 子夏(즈하)를 보와 굴오디 아래 내 夫子(부즈)ㅅ씌 뵈ㅇ와
知(디)를 몯즈오니 子(즈)ㅣ 굴ㅇ샤디 直(딕)ᄒ 이를 擧(거)ᄒ고 모든 枉(왕)ᄒ
이를 錯(조)ᄒ면 能(능)히 枉(왕)ᄒ 이로 ᄒ여곰 直(딕)게 ᄒ다 ᄒ시니 엇디
니르심고

子夏(즈하)ㅣ 굴오디 富(부)타 말슴이여

舜(슌)이 天下(텬하)를 두심애 衆(즁)에 選(션)ᄒ샤 皐陶(고요)를 擧(거)
ᄒ시니 仁(신)티 아니ᄒ 者(쟈)ㅣ 遠(원)ᄒ고 湯(탕)이 天下(텬하)를 두심애
衆(즁)에 選(션)ᄒ샤 伊尹(이윤)을 擧(거)ᄒ시니 仁(신)티 아니ᄒ 者(쟈)ㅣ
遠(원)ᄒ니라

　　樊遲(번디)ㅣ 仁(인)을 問(문)ᄒᆞᆫ대 子(ᄌᆞ)ㅣ ᄀᆞᄅᆞ샤ᄃᆡ 人(인)을 ᄉᆞ랑
ᄒᆞ미니라 知(디)를 問(문)ᄒᆞᆫ대 子(ᄌᆞ)ㅣ ᄀᆞᄅᆞ샤ᄃᆡ 人(인)을 알옴이니라
　樊遲(번디)ㅣ 達(달)티 몯ᄒᆞ거늘
　子(ᄌᆞ)ㅣ ᄀᆞᄅᆞ샤ᄃᆡ 直(딕)을 擧(거)ᄒᆞ고 모든 枉(왕)을 錯(조)ᄒᆞ면 能(능)히
枉(왕)ᄒᆞᆫ 者(쟈)로 ᄒᆞ여곰 直(딕)게 ᄒᆞᄂᆞ니라
　樊遲(번디)ㅣ 믈러 나 子夏(ᄌᆞ하)를 보아 ᄀᆞᆯ오ᄃᆡ 몬져 내 夫子(부ᄌᆞ)ᄭᅴ
뵈ᅌᅡ와 知(디)를 問(문)호니 子(ᄌᆞ)ㅣ ᄀᆞᄅᆞ샤ᄃᆡ 直(딕)을 擧(거)코 모든 枉(왕)을
錯(조)ᄒᆞ면 能(능)히 枉(왕)ᄒᆞᆫ 者(쟈)로 ᄒᆞ여곰 直(딕)게 ᄒᆞ리라 ᄒᆞ시니 엇디
니ᄅᆞ심고
　子夏(ᄌᆞ하)ㅣ ᄀᆞᆯ오ᄃᆡ 富(부)ᄒᆞ다 言(언)이여
　舜(슌)이 天下(텬하)를 두시매 衆(즁)의 選(션)ᄒᆞ샤 皋陶(고요)를 擧(거)ᄒᆞ신대
仁(인)티 아닌 者(쟈)ㅣ 遠(원)ᄒᆞ며 湯(탕)이 天下(텬하)를 두시매 衆(즁)의
選(션)ᄒᆞ샤 伊尹(이윤)을 擧(거)ᄒᆞ신대 仁(인)티 아닌 者(쟈)ㅣ 遠(원)ᄒᆞ니라

◆ 集 註

300-㊀

上知, 去聲, 下如字.
○ 愛人, 仁之施. 知人, 知之務.

위의 知(問知의 知)는 去聲(앎이라는 명사, 智와 같다)이며, 아래의 知(知人의 知)는 글자
그대로(알다, 알아주다의 동사)이다.
○ 남을 사랑하는 것은 仁의 베풂이요, 남을 알아주는 것은 知의 힘씀이다.

300-㊁

曾氏曰:「遲之意, 蓋以愛欲其周, 而知有所擇, 故疑二者之相悖耳.」

曾氏(曾幾: 字는 吉甫, 河南人)는 이렇게 말하였다. "樊遲의 의도는 아마 그 주위를
사랑으로써 다하면 되지만 앎이란 선택하는 바가 있다고 여겼을 것이다. 그
때문에 두 가지가 서로 어그러진다고 의심하였을 뿐이다."

300-三

擧直錯枉者, 知也. 使枉者直, 則仁矣. 如此, 則二者不惟不相悖而反相爲用矣.

곧은 자를 들어 쓰고 굽은 자를 버려두는 것(爲政篇 035. 2-19)은 知이다. 굽은 자로 하여금 곧게 되도록 해준다면 이는 仁이다. 이와 같이 하면 두 가지는 서로 어그러지지(모순되지) 않을 뿐만 아니라 도리어 서로 쓰임이 되는 것이다.

300-四

鄕, 去聲. 見, 賢徧反.
○ 遲以夫子之言, 專爲知者之事. 又未達所以能使枉者直之理.

鄕(향)은 去聲이며, 見은 反切로 '賢徧反'(현)이다.
○ 樊遲는 夫子의 말을 오로지 知者의 일로 여겼다. 게다가 능히 굽은 것을 곧게 해주는 이치의 所以를 알지 못하였던 것이다.

300-五

歎其所包者廣, 不止言知.

그 포괄한 바가 넓어서 知에 대한 언급에만 그치는 것이 아님을 감탄한 것이다.

300-六

選, 息戀反. 陶, 音遙. 遠, 如字.
○ 伊尹, 湯之相也. 不仁者遠, 言人皆化而爲仁, 不見有不仁者, 若其遠去爾. 所謂使枉者直也. 子夏蓋有以知夫子之兼仁知而言矣.
○ 程子曰:「聖人之語, 因人而變化. 雖若有淺近者, 而其包含無所不盡, 觀於此章可見矣. 非若他人之言, 語近則遺遠, 語遠則不知近也.」
尹氏曰:「學者之問也, 不獨欲聞其說, 又必欲知其方; 不獨欲之其方, 又必欲爲其事. 如樊遲之問仁知也, 夫子告之盡矣. 樊遲未達, 故又問焉, 而猶未知其何以爲之也. 及退而問諸子夏, 然後有以知之. 使其未喩, 則必將復問矣. 旣問於師, 又辨於友, 當時學者之務實也如是.」

選은 反切로 '息戀反'(선)이다. 陶는 음
이 遙(요)이다. 遠은 글자 그대로이다.

○ 伊尹은 湯임금의 宰相이다. 不仁者
遠이란 사람들이 모두 교화되어 仁을 행
함에 不仁한 자를 볼 수 없음이 마치 멀리
사라진 것과 같다는 말이다. 소위 굽은
자로 하여금 곧게 되도록 한다는 것이다.
子夏는 아마 夫子가 仁과 知를 함께 말한
것을 알았던 듯하다.

○ 程子(程頤)는 이렇게 말하였다. "聖
人의 말은 사람(상대)에 따라 변화한다.
비록 淺近함이 있는 듯하나 그 포함됨은
다하지 않는 바가 없으니, 이 장을 보면
가히 알 수 있다. 다른 사람의 말처럼
말이 卑近하면 빠뜨리고, 거리가 너무

〈伊尹〉《三才圖會》

멀거나, 말이 너무 멀면 천근함을 알지 못하는 그런 것과는 같지 않다."

尹氏(尹焞)는 이렇게 말하였다. "배우는 자의 질문은 그 설명을 듣고자 할
뿐만 아니라, 반드시 그 방법까지 알고자 하였으며, 그 방법을 알고자 하였을
뿐만 아니라, 그 일까지 실천해 보고자 하였다. 이를테면 樊遲가 仁과 知를
여쭙자 夫子는 이를 남김없이 일러 준 것이 그 예이다. 樊遲가 알아듣지 못하고
그 때문에 다시 여쭈었건만 그래도 그것을 어떻게 실행하는지 알지 못하였다.
이에 물러나 子夏에게 물어본 연후에야 알게 된 것이다. 그로 하여금 깨우치지
못한 채로 두었다면 틀림없이 장차 다시 질문하였을 것이다. 이미 스승에게
여쭙고 다시 친구에게 변별을 들었으니, 당시 배우는 자들이 실질에 힘씀이
이와 같았던 것이다."

301(12-23)

子貢問友

자공子貢이 벗에 대하여 여쭙자, 공자가 이렇게 말하였다.

"충심으로 일러주고 잘 인도해주되 불가不可하면 그만두어 스스로 욕을 입는 일은 하지 말아야 하느니라."

子貢問友.

子曰:「忠告而善道之, 不可則止, 無自辱焉.」㊀

【子貢】端木賜.

【友】交友. 친구 사귐이라는 뜻이다.

【告】勸善을 뜻한다.

陶山本

子貢(ᄌ공)이 友(우)를 묻ᄌ온대 子(ᄌ)ㅣ ᄀᆞᆯᄋᆞ샤ᄃᆡ 忠(튱)히 告(곡)ᄒ고 善(션)히 道(도)호ᄃᆡ 可(가)티 아니커든 止(지)ᄒ야 스스로 辱(욕)디 마롤 ᄯᅵ니라

 栗谷本

子貢(ᄌ공)이 友(우)를 問(문)ᄒᆞᆫ대 子(ᄌ)ㅣ ᄀᆞᄅᆞ샤ᄃᆡ 忠(튱)으로 告(곡)ᄒ며 善(션)히 ᄒ야 道(도)ᄒ다가 可(가)티 아니커든 止(지)ᄒ야 스스로 辱(욕)게 마롤 디니라

集註

301-㊀

告, 工毒反. 道, 去聲.

○ 友所以輔仁, 故盡其心以告之, 善其說以道之. 然以義合者也, 故不可則止. 若以數而見疏, 則自辱矣.

告은 反切로 '工毒反'(곡)이다. 道는 去聲(導)이다.
○ 벗은 仁을 輔하는 바이다. 그러므로 그 마음을 다하여 이를 권고하고 그 설명을 잘하여 인도해 주는 것이다. 그러나 義로 결합된 관계이므로 不可하면 그쳐야 한다. 만약 너무 자주 하여 疏遠하게 되면 스스로 辱이 되고 만다.

曾子曰君子以文會友

증자曾子가 말하였다.

"군자는 문文으로써 벗을 모으고, 벗으로써 인仁을 보輔하느니라."

曾子曰:「君子以文會友, 以友輔仁.」⊖

【曾子】曾參.
【文】詩書禮樂을 가리킨다.
【輔仁】서로 도와 仁으로 향함. 輔는 輔導共進의 뜻.

曾子(증ᄌᆞ)ㅣ ᄀᆞᄅᆞ샤ᄃᆡ 君子(군ᄌᆞ)ᄂᆞᆫ 文(문)으로뻐 友(우)를 會(회)ᄒᆞ고 友(우)로뻐 仁(신)을 輔(보)ᄒᆞᄂᆞ니라

 曾子(증ᄌᆞ)ㅣ ᄀᆞᄅᆞ샤ᄃᆡ 君子(군ᄌᆞ)ᄂᆞᆫ 文(문)으로뻐 友(우)를 會(회)ᄒᆞ고 友(우)로뻐 仁(인)을 輔(보)홀 ᄃᆡ니라

◈ 集 註

302-㊀

講學以會友, 則道益明; 取善以輔仁, 則德日進.

學問을 講하여 벗을 모으면 道가 더욱 밝아질 것이요, 善을 취하여 仁을 輔導하면 德이 날로 진전될 것이다.

논어

〈子路〉

자로子路 第十三

총30장(303-332)

◈ 集註

凡三十章.

모두 30장이다.

303(13-1)

子路問政

자로子路가 정치에 대하여 여쭙자, 공자가 이렇게 말하였다.
"남보다 먼저 하고 다른 이보다 더욱 노력해야 하느니라."
더 말씀해 주실 것을 청하자 이렇게 대답하였다.
"게으름이 없어야 하느니라."

子路問政.
子曰:「先之勞之.」㊀
請益. 曰:「無倦.」㊁

【子路】仲由.
【無倦】始終如一함을 뜻한다.

子路(亽로)ㅣ 政(졍)을 묻亽온대 子(亽)ㅣ 골ᄋ샤ᄃᆡ 先(션)ᄒ며 勞(로)홀 ᄯᅵ니라

더음을 請(쳥)ᄒᆞᆫ대 골ᄋ샤ᄃᆡ 倦(권)티 마롤 ᄯᅵ니라

 子路(亽로)ㅣ 政(졍)을 問(문)ᄒᆞᆫ대 子(亽)ㅣ ᄀᆞᄅᆞ샤ᄃᆡ 先(션)ᄒ며 勞(로)홀 디니라

益(익)을 請(쳥)ᄒᆞᆫ대 ᄀᆞᄅᆞ샤ᄃᆡ 倦(권)티 마롤 디니라

◆ 集 註

303-㈀

勞, 如字.

○ 蘇氏曰:「凡民之行, 以身先之, 則不令而行; 凡民之事, 以身勞之, 則雖勤不怨.」

勞는 글자 그대로이다.

○ 蘇氏(蘇軾)는 이렇게 말하였다. "무릇 百姓이 해야 할 행동을 자신이 먼저 하면, 명령을 내리지 않아도 실행되며, 무릇 百姓이 해야 할 일을 자신이 힘써 하면 백성들은 비록 힘들게 일하면서도 원망을 하지 않는다."

303-㈁

無, 古本作毋.

○ 吳氏曰:「勇者喜於有爲而不能持久, 故以此告之.」

○ 程子曰:「子路問政, 孔子旣告之矣. 及請益, 則曰『無倦』而已. 未嘗復有所告, 姑使之深思也.」

無는 古本에 毋로 실려 있다(금지명령).

○ 吳氏(吳棫)는 이렇게 말하였다. "勇猛한 자는 有爲에 즐거움을 느끼나 오래 지속하지 못한다. 그 때문에 이로써 일러 준 것이다."

○ 程子(程顥, 明道先生)는 이렇게 말하였다. "子路가 政治에 대하여 여쭙자, 孔子가 이미 일러주었다. 그런데 다시 청하여 묻자 그저 '無倦'이라고만 하고, 다시 더 일러주지 않았으니, 잠시 깊이 생각해 보도록 한 것이다."

304(13-2)

仲弓爲季氏宰

중궁仲弓이 계씨季氏의 가재家宰가 되어 정치에 대하여 여쭙자, 공자가 이렇게 말하였다.

"유사有司에게 먼저 시키고, 작은 과실들은 용서해 주며, 어진 이와 능력 있는 자를 등용해야 하느니라."

중궁이 다시 물었다.

"어떻게 하면 어질고 능력 있는 이인 줄 판별하여 그를 거용할 수 있습니까?"

공자가 이렇게 설명하였다.

"네가 아는 자를 들어 쓰면, 네가 모르는 자라고 해서 남들이 그를 버려두겠느냐?"

仲弓爲季氏宰, 問政.
子曰:「先有司, 赦小過, 擧賢才.」㊀
   曰:「焉知賢才而擧之?」
子曰:「擧爾所知; 爾所不知, 人其舍諸?」㊁

【仲弓】 冉雍. 德行으로 이름난 孔子의 弟子.
【季氏】 季孫氏. 魯나라의 大夫.
【有司】 각기 일마다 맡는 사람. 어떤 한 업무의 집사.

◉ 諺解

陶山本 仲弓(듕궁)이 季氏(계시)의 宰(ᄌᆡ)되얏ᄂᆞᆫ 디라 政(졍)을 묻ᄌᆞ온대
子(ᄌᆞ)ㅣ ᄀᆞᆯ〮ᄋᆞ샤ᄃᆡ 有司(유ᄉᆞ)의게 몬져ᄒᆞ고 젹은 허믈을 赦(샤)ᄒᆞ며
賢(현)과 才(ᄌᆡ)를 擧(거)홀 �니라
ᄀᆞᆯ오ᄃᆡ 엇디 賢(현)과 才(ᄌᆡ)를 아라 擧(거)ᄒᆞ리잇고 ᄀᆞᆯ〮ᄋᆞ샤ᄃᆡ 네 아ᄂᆞᆫ
바를 擧(거)ᄒᆞ면 네 아디 몯ᄒᆞᄂᆞᆫ 바를 사름이 그 舍(사)ᄒᆞ랴

栗谷本 仲弓(듕궁)이 季氏(계시) 宰(ᄌᆡ)되야 政(졍)을 問(문)ᄒᆞᆫ대
子(ᄌᆞ)ㅣ ᄀᆞᄅᆞ샤ᄃᆡ 有司(유ᄉᆞ)를 先(션)ᄒᆞ며 小過(쇼과)를 赦(샤)ᄒᆞ며
賢才(현ᄌᆡ)를 擧(거)홀 디니라
ᄀᆞᆯ오ᄃᆡ 엇디 賢才(현ᄌᆡ)를 아라 擧(거)ᄒᆞ리잇고 ᄀᆞᄅᆞ샤ᄃᆡ 너의 아ᄂᆞᆫ 바를
擧(거)홀 디니 더의 아디 몯ᄒᆞᄂᆞᆫ 바를 人(인)이 그 舍(사)ᄒᆞ랴

◆ 集註

304-㊀

有司, 衆職也. 宰兼衆職, 然事必先之於彼, 而後考其成功, 則己不勞而事畢擧矣.
過, 失誤也. 大者於事或有所害, 不得不懲; 小者赦之, 則刑不濫而人心悅矣. 賢,有德者. 才, 有能者. 擧而用之, 則有司皆得其人而政益修矣.

有司는 여러 직책을 맡은 사람이다. 宰도 여러 직책을 겸하기는 하나 일에 있어서 반드시 彼(有司)에게 먼저 한 이후에, 그 성취와 공적을 살피게 되면 자신은 노고롭지 않고 하는 일은 끝까지 마치게 될 것이다. 過는 과실과 오류이다. 큰 잘못은 일에 있어서 혹 害가 되는 바가 있으므로 징계하지 않을 수 없으나, 작은 잘못은 용서해 주면 형벌이 남용됨이 없어, 사람들이 마음 속으로 기꺼워할 것이다. 賢은 德 있는 자를 뜻하고, 才는 능력 있는 자를 뜻한다. 이들을 들어 쓰면 有司는 모두 그 맞는 사람을 얻게 되고, 政事는 더욱 잘 닦이게 되는 것이다.

304-㊁

焉, 於虔反. 舍, 上聲.
○ 仲弓慮無以盡知一時之賢才, 故孔子告之以此.
程子曰:「人各親其親, 然後不獨親其親. 仲弓曰『焉知賢才而擧之』・子曰『擧爾所知, 爾所不知, 人其舍諸』, 便見仲弓與聖人用心之大小. 推此義, 則一心可以興邦, 一心可以喪邦, 只在公私之間爾.」
○ 范氏曰:「不先有司, 則君行臣職矣; 不赦小過, 則下無全人矣; 不擧賢才, 則百職廢矣. 失此三者, 不可以爲季氏宰, 況天下乎?」

焉은 反切로 '於虔反'(언)이다. 舍는 上聲(사)이다.
○ 仲弓이 한 시대의 賢才를 다 알아보지 못하면 어쩌나 하고 염려하자, 그 때문에 孔子가 이로써 일러 준 것이다.
程子(程顥)는 이렇게 말하였다. "사람은 각각 그 親屬을 친히 여기며, 그러한 단계가 지난 다음에는 그 親屬을 친히 여겨서는 안 된다. 仲弓이 '焉知賢才而擧之'라고 묻자, 孔子가 '擧爾所知, 爾所不知, 人其舍諸'라 하였으니, 여기서 문득 仲弓과 聖人의 用心의 大小를 발견할 수 있다. 이 뜻을 미루어 보면, 하나의 마음으로 가히 나라를 흥하게 할 수도 있고, 하나의 마음으로 가히 나라를 잃을 수도 있으니, 이는 다만 公과 私의 사이에 있을 뿐이다."
○ 范氏(范祖禹)는 이렇게 말하였다. "有司를 먼저 하지 않으면 임금이 臣下의 職務를 행하는 꼴이 되고, 작은 과실을 용서해 주지 않으면 아래로 온전한 사람이 없게 된다. 그리고 賢才를 擧用하지 않으면 온갖 職責이 廢해지고 만다. 이 세 가지를 잃고는 季氏 집안의 家臣 되기도 불가한데, 하물며 天下에 있어서랴?"

305(13-3)

子路曰衛君侍子而爲政

자로子路가 여쭈었다.

"위衛나라 임금이 선생님을 모셔 정치를 하고자 하십니다. 선생님께서는 먼저 무엇부터 하시렵니까?"

공자가 이렇게 대답하였다.

"반드시라면 명분부터 바르게 하리라."

자로가 다시 물었다.

"그런 것이 있군요. 선생님도 참으로 우활迂闊하시군요! 어떻게 바르게 한다는 말씀입니까?"

공자가 말하였다.

"비속하도다, 유由야! 군자는 모르는 것이 있으면 그대로 비워 두는 법이니라. 명분이 바르지 못하면 말이 순하지 못하고, 말이 순하지 못하면 일이 이루어지지 못하며, 일이 이루어지지 못하면 예악禮樂이 발흥되지 못하고, 예악이 발흥되지 못하면 형벌이 정확하지 못하게 되며, 형벌이 정확하지 못하면 백성들은 그 손발조차 둘 곳이 없게 되느니라. 그 때문에 군자는 명분을 정하면 반드시 그에 맞는 말이 있게 되고, 무엇을 말하면 반드시 그에 맞는 실행이 있게 되는 것이다. 그렇게 되어야 군자가 그 말에 있어서 구차스러움이 없어지게 되는 것이란다."

子路曰:「衛君待子而爲政, 子將奚先?」㊀

子曰:「必也正名乎!」㊁

子路曰:「有是哉, 子之迂也! 奚其正?」㊂

子曰:「野哉, 由也! 君子於其所不知, 蓋闕如也.㊃ 名不正, 則言不順; 言不順, 則事不成;㊄ 事不成, 則禮樂不興; 禮樂不興, 則刑罰不中; 刑罰不中, 則民無所措手足.㊅ 故君子名之必可言也, 言之必可行也. 君子於其言, 無所苟而已矣.」㊆

【衛君】衛나라 出公인 公孫輒, 그의 아버지 蒯聵가 국외로 쫓겨나자 衛나라 사람들이 公孫輒을 王으로 세웠다. 魯 哀公 10年의 일이며, 孔子가 그 해 楚를 떠나 衛나라에 이르렀다.

【正名】名分, 名位를 정확히 함. 諸子百家의 名家는 여기서 이름을 취한 것이다. 《漢書》藝文志 諸子略 名家類 참조.

【迂】迂闊. '멀리 돌아가다'의 뜻. '우'로 읽는다.

【由】仲由. 子路.

【蓋闕如】毛子水는 蓋闕은 雙聲連綿語로 丘蓋(《漢書》儒林傳)와 같은 용례이며, 뜻은 '闕疑'의 모습이다. 如는 『申申如』 등에 쓰인 如와 같다고 하였다.

【措手足】「七故反」(초)이며 일부 판본에는 '錯'으로 된 것도 있다.

● **諺解**

子路(ᄌ로)ㅣ 굴오ᄃᆡ 衛君(군)이 子(ᄌ)를 기드려 政(졍)을 호려 ᄒ시ᄂᆞ니 子(ᄌ)ㅣ 쟝ᄎᆞᆺ 므서슬 몬져 ᄒ시리잇고

子(ᄌ)ㅣ 굴ᄋᆞ샤ᄃᆡ 반ᄃᆞ시 名(명)을 正(졍)홀 ᄯᅵᆫ뎌

子路(ᄌ로)ㅣ 굴오ᄃᆡ 이러홈이 잇다 子(ᄌ)의 迂(오)ᄒ심이여 엇디 그 正(졍)ᄒ시리잇고

子(ᄌ)ㅣ 굴ᄋᆞ샤ᄃᆡ 野(야)ᄒ다 由(유)ㅣ여 君子(군ᄌ)ㅣ 그 아디 몯ᄒᄂᆞ 바애 闕(궐)ᄒᄂᆞ니라

名(명)이 正(졍)티 아니ᄒᆫ 則(즉) 言(언)이 順(슌)티 아니ᄒ고 言(언)이 順(슌)티 아니ᄒᆫ 則(즉) 事(ᄉ)ㅣ 成(셩)티 몯ᄒ고

事(ᄉ)ㅣ 成(셩)티 몯ᄒᆫ 則(즉) 禮樂(례악)이 興(흥)티 몯ᄒ고 禮樂(례악)이 興(흥)티 몯ᄒᆫ 則(즉) 刑罰(형벌)이 中(듕)티 몯ᄒ고 刑罰(형벌)이 中(듕)티 몯ᄒᆫ 則(즉) 民(민)이 手足(슈족)을 措(조)홀 ᄣᆡ 업ᄂᆞ니라

故(고)로 君子(군ᄌ)ㅣ 名(명)홀ᄯᅵᆫ댄 반ᄃᆞ시 可(가)히 言(언)홀 거시며 言(언)홀ᄯᅵᆫ댄 반ᄃᆞ시 可(가)히 行(ᄒᆡᆼ)홀 거시니 君子(군ᄌ)ㅣ 그 言(언)에 苟(구)ᄒᆫ 배 업슬 ᄯᆞ름이니라

栗谷本

子路(ᄌ로)ㅣ 굴오ᄃᆡ 衛君(군)이 子(ᄌ)를 待(ᄃᆡ)ᄒ야 政(졍)을 ᄒ실딘댄 子(ᄌ)ㅣ 쟝ᄎᆞᆺ 므서슬 몬져 ᄒ시리잇고

子(ᄌ)ㅣ ᄀᆞᄅᆞ샤ᄃᆡ 반ᄃᆞ시 名(명)을 正(졍)홀 ᄯᅵᆫ뎌

子路(ᄌ로)ㅣ 굴오ᄃᆡ 이러미 잇ᄂᆞ냐 子(ᄌ)의 迂(오)ᄒ시미여 엇디 그 正(졍)ᄒ시리오

子(ᄌ)ㅣ ᄀᆞᄅᆞ샤ᄃᆡ 野(야)ᄒ다 由(유)ㅣ여 君子(군ᄌ)ㅣ 그 아디 몯ᄒᄂᆞ 바애 闕(궐)ᄒᄂᆞ니라

名(명)이 正(정)티 몯ᄒ면 言(언)이 順(슌)티 몯ᄒ고 言(언)이 順(슌)티 몯ᄒ면 事(ᄉ) ㅣ 成(셩)티 몯ᄒ고

事(ᄉ) ㅣ 成(셩)티 몯ᄒ면 禮樂(례악)이 興(흥)티 몯ᄒ고 禮樂(례악)이 興(흥)티 몯ᄒ면 刑罰(형벌)이 中(듕)티 몯ᄒ고 刑罰(형벌)이 中(듕)티 몯ᄒ면 民(민)이 手足(슈족)을 措(조)ᄒᆯ 배 업ᄂ니라

故(고)로 君子(군ᄌ)는 名(명)ᄒᆯ 딘댄 반ᄃ시 可(가)히 言(언)ᄒᆯ 거시며 言(언)ᄒᆯ 딘댄 반ᄃ시 可(가)히 行(힝)ᄒᆯ 거시니 君子(군ᄌ) ㅣ 그 言(언)에 구챠ᄒᆫ 배 업슬 ᄯᆞ름이니라

◈ **集 註**

305-㊀

衛君, 謂出公輒也. 是時魯哀公之十年, 孔子自楚反乎衛.

衛君은 出公(재위 12년, B.C. 492~481) 輒(公孫輒)이다. 이때는 魯 哀公 10年(B.C. 485)으로 孔子가 楚나라에서 衛나라로 돌아온 해이다.

305-㊁

是時出公不父其父而禰其祖, 名實紊矣, 故孔子以正名爲先.
謝氏曰:「正名雖爲衛君而言, 然爲政之道, 皆當以此爲先.」

이때에 出公은 자신의 아버지(蒯聵, 衛 靈公의 太子)를 아버지라 여기지 않고, 그 할아버지(衛 靈公) 祠堂을 아버지 사당처럼 받들어 名과 實이 문란하였다(《左傳》 定公 14年 참조). 그 때문에 孔子가 正名(名分을 바로 세움)을 우선으로 한 것이다.

謝氏(謝良佐)는 이렇게 말하였다. "正名은 비록 衛君 때문에 나온 말이기는 하나, 爲政의 道는 모두가 응당 이것을 우선으로 삼아야 한다."

305-㊂

迂, 謂遠於事情, 言非今日之急務也.

迂는 일의 실정에서 멀다의 뜻으로 오늘 당장 급한 일은 아니라는 말이다.

305-四

野, 謂鄙俗. 責其不能闕疑, 而率爾妄對也.

野는 鄙俗함을 말한다. 그가 능히 闕疑(의심나는 것은 그대로 비워 둠. 爲政篇 참조)하지 못하고 경솔하게 마구 대답한 것을 질책한 것이다.

305-五

楊氏曰:「名不當其實, 則言不順. 言不順, 則無以考實而事不成.」

楊氏(楊時)는 이렇게 말하였다. "명분이 그 실제와 맞지 않으면 말이 순하지 못하고, 말이 순하지 못하면 실상을 살필 수도 없고 일을 이룰 수 없다."

305-六

中, 去聲.
○ 范氏曰:「事得其序之謂禮; 物得其和之謂樂. 事不成則無序而不和, 故禮樂不興. 禮樂不興, 則施之政事, 皆失其道, 故刑罰不中.」

中은 去聲이다.
○ 范氏(范祖禹)는 이렇게 말하였다. "일이 그 순서에 맞는 것을 禮라 하고, 萬物이 그 和를 얻는 것을 樂이라 한다. 일이 이루어지지 못하면 질서가 없고 和하지 못한다. 그 때문에 禮와 樂이 흥성할 수 없는 것이다. 禮와 樂이 흥성하지 못하면 베푸는 政事가 모두 그 道를 잃게 된다. 그 때문에 刑罰이 맞지 않게 되는 것이다."

305-七

程子曰:「名實相須. 一事苟, 則其餘皆苟矣.」
○ 胡氏曰:「衛世子蒯聵恥其母南子之淫亂, 欲殺之不果而出奔. 靈公欲立公子郢, 郢辭. 公卒, 夫人立之, 又辭. 乃立蒯聵之子輒, 以拒蒯聵. 夫蒯聵欲殺母, 得罪於父,而輒據國以拒父, 皆無父之人也, 其不可有國也明矣. 夫子爲政, 而以正名爲先.
必將具其事之本末, 告諸天王, 請于方伯, 命公子郢而立之. 則人倫正, 天理得, 名正
言順而事成矣. 夫子告之詳如此, 而子路終不喩也. 故事輒不去, 卒死其難. 徒知食
焉不避其難之爲義, 而不知食輒之食爲非義也.」

程子(程頤)는 이렇게 말하였다. "名과 實은 서로 필수로 한다. 한 가지 일이
구차스러우면 그 나머지도 모두 구차스럽게 된다."

○ 胡氏(胡安國. 1074~1138. 胡宏의 아버지로《周禮》·《春秋傳》에 밝았음. 福建學問의 발전에
이름을 날림)는 이렇게 말하였다. "衛나라 世子인 蒯聵(靈公의 아들이며 出公의 아버지)는
그 어머니 南子의 음란을 부끄럽게 여겨 죽이려 하였으나, 성공하지 못하자 國外로
도망가 버렸다. 靈公이 公子 郢(公孫郢)을 세우고자 하였으나 그도 사양하였다.
靈公이 죽자 부인(南子)이 郢을 다시 세웠으나 또다시 사양하였다. 이에 蒯聵의
아들 輒을 세워 蒯聵를 막게 하였다(《左傳》定公 14年 및 哀公 2年 참조). 무릇 蒯聵는
어머니를 살해하려 하였고, 아버지에게 罪를 얻었으며, 다시 輒은 나라를 근거로
아버지를 거부하였으니, 모두가 無父之人(아비 없는 사람)이다. 이런 이들이 나라를
가지고 있어서는 안 되는 것이 분명하다. 夫子가 爲政하였다면 正名을 우선으로
삼아 틀림없이 장차 그 일의 本末을 갖추어 天王(天子)에게 告하고, 方伯(諸侯)에게
요청하여 公子 郢을 세우도록 명하였을 것이다. 이렇게 되었다면 人倫이 바르게
되고 天理가 자리를 찾아, 名正言順하고 일이 이루어졌을 것이다. 夫子의 일러줌이
이처럼 상세하였건만 子路는 끝내 알아듣지 못하였다. 그러므로 輒을 섬기다가
끝내 그 難에 죽고 만 것이다. 한갓 祿을 먹었으니 그 亂에 피하지 말아야 하는
것이 義인 줄만 알았을 뿐, 輒의 祿을 먹는 것이 義가 아니라는 것은 알지 못하였던
것이다."

306(13-4)

樊遲請學稼

번지樊遲가 농사짓는 일에 대하여 배우고자 청하자, 공자가 이렇게 말하였다.

"나는 노숙한 농부만 못하다."

다시 채소 가꿈에 대하여 배우기를 청하자, 공자가 이렇게 말하였다.

"나는 노숙한 채소 농사꾼만 못하다."

번지가 나가자 공자가 이렇게 말하였다.

"소인이로다, 번수(樊須: 번지)여! 윗사람이 예를 좋아하면 백성으로서 감히 공경치 않을 자가 없을 것이며, 윗사람이 의를 좋아한다면 백성으로서 감히 복종하지 않을 자가 없을 것이다. 또 윗사람이 믿음을 좋아한다면 백성으로서 감히 성실히 하지 않을 자가 없을 것이다. 무릇 이와 같이만 한다면 사방의 백성들이 그 자녀들을 강보에 싸고 업고 하여 몰려들 것인데 어찌 농사 따위를 주제로 삼으랴?"

樊遲請學稼.

　　　　子曰:「吾不如老農.」

請學爲圃. 曰:「吾不如老圃.」㊀

樊遲出. 子曰:「小人哉, 樊須也!㊁ 上好禮, 則民莫敢
　　　　不敬; 上好義, 則民莫敢不服; 上好信,
　　　　則民莫敢不用情. 夫如是, 則四方之
　　　　民襁負其子而至矣, 焉用稼?」㊂

【樊遲】 樊須(前出).
【稼】 稼穡. 농사짓는 일.
【圃】 채소를 가꾸는 일.
【襁】 강보. 아이를 싸는 포대기. 여기서는 動詞로 쓰였다.

● 諺解

嶋山本　　樊遲(번디) l 稼(가)를 學(혹)ᄒ야지라 請(쳥)ᄒᄃᆡ 子(ᄌ) l
굴ᄋ샤ᄃᆡ 내 老農(로농)만 ᄀᆮ디 몯호라 圃(포)ᄒ욤을 學(혹)ᄒ야지라
請(쳥)ᄒᄃᆡ 굴ᄋ샤ᄃᆡ 내 老圃(로포)만 ᄀᆮ디 몯호라

樊遲(번디) l 出(츌)커늘 子(ᄌ) l 굴ᄋ샤ᄃᆡ 小人(쇼신)이라 樊須(번슈) l 여
上(샹)이 禮(례)를 됴히 너기면 民(민)이 敢(감)히 敬(경)티 아니홀 이
업고 上(샹)이 義(의)를 됴히 너기면 民(민)이 敢(감)히 服(복)디 아니홀
이 업고 上(샹)이 信(신)을 됴히 너기면 民(민)이 敢(감)히 情(졍)을 쓰디
아니홀 이 업스리니 이러틋 ᄒ면 四方(ᄉ방)엣 民(민)이 그 子(ᄌ)를 襁(강)으로
負(부)ᄒ야 니르리니 엇디 稼(가)를 쓰리오

樊遲(번디)ㅣ 稼學(가흑)호믈 請(쳥)흔대 子(ㅈ)ㅣ ㄱᄅ샤ᄃᆡ 내 老農(로농)만 ᄀᆞᆮ디 몯호라 圃學(포흑)호믈 請(쳥)흔대 ㄱᄅ샤ᄃᆡ 내 老圃(로포)만 ᄀᆞᆮ디 몯호라

樊遲(번디)ㅣ 出(츌)커늘 子(ㅈ)ㅣ ㄱᄅ샤ᄃᆡ 小人(쇼인)이로다 樊須(번슈)ㅣ여 上(샹)이 禮(례)를 好(호)ᄒ면 民(민)이 敢(감)히 敬(경)티 아니리 업스며 上(샹)이 義(의)를 好(호)ᄒ면 民(민)이 敢(감)히 服(복)디 아니리 업스며 上(샹)이 信(신)을 好(호)ᄒ면 民(민)이 敢(감)히 情(졍)을 쁘디 아니리 업ᄂ니 그 이ᄀᆞᆮᄐ면 四方(ᄉ방)의 民(민)이 그 子(ㅈ)를 襁負(강부)ᄒ고 니르리니 엇디 ᄡᅥ 稼(가)ᄒ리오

◆ 集 註

306-㊀

種五穀曰稼, 種蔬菜曰圃.

오곡을 파종하는 것을 稼라 하고, 채소를 심는 것을 圃라 한다.

306-㊁

小人, 謂細民, 孟子所謂『小人之事』者也.

小人은 細民을 일컫는다. 《孟子》가 말한 바의 '小人之事'이다 (《孟子》 滕文公上).

306-㊂

好, 去聲. 夫, 音扶. 襁, 居丈反. 焉, 於虔反.

○ 禮·義·信, 大人之事也. 好義, 則事合宜. 情, 誠實也. 敬服用情, 蓋各以其類而應也. 襁, 織縷爲之, 以約小兒於背者.

○ 楊氏曰:「樊須遊聖人之門, 而問稼圃, 志則陋矣. 辭而闢之可也, 待其出而後言其非, 何也? 蓋於其問也, 自謂農圃之不如, 則拒之者至矣. 須之學疑不及此, 而不能問. 不能以三隅反矣, 故不復. 及其旣出, 則懼其終不喩也, 求老農老圃而學焉, 則其失愈遠矣. 故復言之, 使知前所言者意有在也.」

好는 去聲이다. 夫는 음이 扶(부)이며, 襁은 反切로 '居丈反'(강)이다. 焉은 '於虔反'(언)이다.

○ 禮·義·信은 大人의 일이다. 義를 좋아하면 일이 마땅함에 합치된다. 情은 誠實함이다. 恭敬과 服從이 성실로 하는 것은 대체로 각각 그 유형에 따라 응하는 것이다. 강보는 실로 짠 것으로 아이를 묶어 등에 업는 것이다.

○ 楊氏(楊時)는 이렇게 말하였다. "樊須가 聖人의 門下에 遊學하면서 稼圃를 질문하였으니 뜻이 비루하다. 말로써 이를 열어 주어도 될 터인데 그가 나가기를 기다린 후에 그 잘못을 말한 것은 무슨 이유이겠는가? 이는 이미 그가 물었을 때 스스로 자신은 農圃하는 자만 못하다 하였으니 그렇다면 이렇게 거절한 것이 지극한 것이었기 때문이다. 樊須의 學問이 여기에도 미치지 못하여 질문에 능하지 못하였던 것으로 능히 세 隅(네모진 것의 모퉁이의 끝)를 반증하지 못하였던 것으로 의심된다(述而篇 155(7-8)). 그 때문에 다시 거듭하지 않았던 것이다. 그가 이미 나가고 나서 끝내 알아차리지 못한 채 老農·老圃를 찾아가 정말로 그 일을 배우게 되면 더욱 멀리 그 과실이 커질 것임을 걱정하였던 것이다. 그 때문에 다시 이를 말하여 방금 전 말한 바의 뜻이 여기에 있음을 알도록 하였던 것이다."

誦詩三百

공자가 말하였다.

"시詩 삼백三百을 다 외워 정치의 임무를 주었을 때 통달하지 못하거나, 사방의 사신으로 가서 응대를 전담해내지 못한다면 비록 많이 외운들 역시 무엇에 쓰겠는가?"*

子曰:「誦詩三百, 授之以政, 不達; 使於四方, 不能專對; 雖多, 亦奚以爲?」㊀

【詩三百】《詩經》의 3백. 현존은 3백 5편에 笙詩(제목만 있고 가사는 없는 것) 6편 등 모두 3백 11편이다. 《史記》에는 '孔子刪詩說'을 주장하였다.

【使】다른 諸侯國에 사신으로 감. 이때 서로 詩의 구절을 읊어 비유로 의견을 전달하는 풍조가 있었다.

【專對】專任하여 相對함. 獨斷으로 專決 처리함.

* 이 구절은 《漢書》藝文志 諸子略 縱橫家의 설명에 引用되었다.

⦿ 諺 解

陶山本 　子(ㅈ)ㅣ ᄀᆞᄅᄋᆞ샤ᄃᆡ 詩三百(시삼ᄇᆡᆨ)을 誦(숑)호ᄃᆡ 政(졍)으로써 授(슈)홈애 達(달)티 몯ᄒᆞ며 四方(ᄉᆞ방)에 使(시)홈애 能(능)히 專對(젼ᄃᆡ)티 몯ᄒᆞ면 비록 多(다)ᄒᆞ나 ᄯᅩ 므서싀 ᄡᅳ리오

栗谷本 　子(ㅈ)ㅣ ᄀᆞᄅ샤ᄃᆡ 詩三百(시삼ᄇᆡᆨ)을 외오ᄃᆡ 政(졍)으로써 授(슈)호매 達(달)티 몯ᄒᆞ며 四方(ᄉᆞ방)에 使(시)호매 能(능)히 혼자 對(ᄃᆡ)티 몯ᄒᆞ면 비록 하나 ᄯᅩᄒᆞᆫ 어ᄃᆡ ᄡᅳ리오

◆ 集 註

307-㊀

使, 去聲.

○ 專, 獨也. 詩本人情, 該物理, 可以驗風俗之盛衰, 見政治之得失. 其言溫厚和平, 長於風諭. 故誦之者, 必達於政而能言也.

○ 程子曰:「窮經將以致用也. 世之誦詩者, 果能從政而專對乎? 然則其所學者, 章句之末耳, 此學者之大患也.」

使는 去聲이다.

○ 專은 오로지 홀로 함(獨)이다. 詩는 人情에 본을 두고 物理를 포함하고 있어, 가히 風俗의 盛衰를 徵驗할 수 있고, 정치의 得失을 알아볼 수 있다. 그 가사의 내용은 溫厚和平하여 諷諭(諷刺와 비유)에 뛰어나다. 그 때문에 이를 외우는 자는 틀림없이 정치에 통달하고 말솜씨에 능하게 된다.

○ 程子(程頤)는 이렇게 말하였다. "經을 窮究하는 것은 장차 致用(실용으로 이룸)하기 위함이다. 세상에 詩를 외우는 자라고 해서 과연 능히 정치에 종사하고 外交에 專對할 수 있겠는가? 그런즉 배우는 자가 章句의 末을 배운 것뿐이리니, 이것이 배우는 자의 큰 병폐이다."

308(13-6)

其身正

공자가 말하였다.

"그 자신이 바르면 명령을 내리지 않아도 실행될 것이나, 그 자신부터 바르지 못하면 비록 명령을 내린다 해도 따르지 않을 것이다."

子曰:「其身正, 不令而行; 其身不正, 雖令不從.」

【令】敎令. 敎化와 法令을 내림.

"其身正, 不令而行; 其身不正, 雖令不從"(石可)

 子(ᄌᆞ)ㅣ ᄀᆞᆯᄋᆞ샤ᄃᆡ 그 몸이 正(졍)ᄒᆞ면 슈(령)티 아니ᄒᆞ야도 行(ᄒᆡᆼ)
ᄒᆞ고 그 몸이 正(졍)티 아니ᄒᆞ면 비록 슈(령)ᄒᆞ나 졷디 아니ᄒᆞᄂᆞ니라

 子(ᄌᆞ)ㅣ ᄀᆞᄅᆞ샤ᄃᆡ 그 몸이 正(졍)ᄒᆞ면 슈(령)티 아녀도 行(ᄒᆡᆼ)
ᄒᆞ고 그 몸이 正(졍)티 아니면 비록 슈(령)ᄒᆞ나 좃디 아니리라

없음.

309(13-7)

魯衛之政

공자가 말하였다.

"노魯·위衛 두 나라의 정치는 형제로구나."*

子曰:「魯衛之政, 兄弟也.」㊀

* 魯는 周公의 後孫이며, 衛는 康叔의 後孫으로 본래 兄弟의 나라였다. 孔子가
이 말을 한 것은 魯 哀公 7년이라 하였다(蘇軾).

子(ᄌ)ㅣ ᄀᆞᆯᄋᆞ샤ᄃᆡ 魯(로)와 衛(위)ㅅ 政(졍)이 兄弟(형뎨)로다

 子(ᄌ)ㅣ ᄀᆞᄅᆞ샤ᄃᆡ 魯(로)와 衛(위)의 政(졍)이 兄弟(형뎨)로다

◆ 集註

309-㊀

魯, 周公之後. 衛, 康叔之後. 本兄弟之國, 而是時衰亂, 政亦相似, 故孔子嘆之.

魯나라는 周公의 後孫이며, 衛나라는 康叔(周公의 아우이며 모두 文王 姬昌의 아들임)의 後裔로 본래가 兄弟의 나라였지만, 그 당시 衰亂하여 정치 역시 서로 비슷하였다. 그 때문에 孔子가 이를 탄식한 것이다.

310(13-8)

子謂衛公子荊

공자가 위衛나라 공자公子 형荊을 두고 이렇게 말하였다.

"그는 집안에서의 일을 잘 처리하는 이로다. 처음 약간만 있어도 '진실로 족하도다'라 하고, 조금 더 있으면 '진실로 완비되었도다'라 하고, 풍부해지면 '정말 아름답도다'라 하였다."

子謂衛公子荊, 「善居室. 始有, 曰:『苟合矣.』少有,
曰:『苟完矣.』富有, 曰:『苟美矣.』」㊀

【公子 荊】 衛나라의 公子. 吳나라 季札이 그를 衛나라의 君子라고 칭찬하였다 (《左傳》 靈公 29年 참조).

【合】 給·足으로 풀이한다(俞樾《群經平議》). '합당하다, 모여졌다'로 풀이 하기도 한다.

陶山本 子(ᄌ)ㅣ 衛(위)ㅅ 公子(공ᄌ)ㄴ 荊(형)을 닐ᄋ샤되 室(실)에 居(거)홈을 善(션)히 ᄒ놋다 비르소 둠애 ᄀᆯ오되 잠깐 合(합)ᄒ다 ᄒ고 젹이 둠애 ᄀᆯ오되 잠깐 完(완)ᄒ다 ᄒ고 富(부)히 둠애 ᄀᆯ오되 잠깐 美(미)ᄒ다 ᄒ니라

栗谷本 子(ᄌ)ㅣ 衛(위) 公子(공ᄌ) 荊(형)을 니ᄅ샤되 室(실) 居(거)ᄒ기를 善(션)히 ᄒ도다 처음 有(유)호매 ᄀᆯ오되 苟(구)히 合(합)홀 거시라 ᄒ고 져기 有(유)호매 ᄀᆯ오되 苟(구)히 完(완)홀 거시라 ᄒ고 富(부)히 有(유)호매 ᄀᆯ오되 苟(구)히 美(미)홀 거시라 ᄒ니라

◆ 集 註

310-㊀

公子荊, 衛大夫. 苟, 聊且粗略之意. 合, 聚也. 完, 備也. 言其循序而有節, 不以欲速盡美累其心.

○ 楊氏曰: 「務爲全美, 則累物而驕吝之心生. 公子荊皆曰苟而已, 則不以外物爲心, 其欲易足故也.」

公子 荊은 衛나라의 大夫이다. 苟는 애오라지하면서 粗略하다는 뜻이다. 合은 모으다(聚)의 뜻이며, 完은 갖추어지다(備)의 뜻이다. 그 순서대로 하되 절도가 있어 欲速盡美(급히 아름다움을 다하고자 함)하기 때문에 그 마음이 얽매이지 않음을 말한 것이다.

○ 楊氏(楊時)는 이렇게 말하였다. "모든 것을 아름답게 하기에 힘쓰다 보면 外物에 얽매어 교만하고 인색한 마음이 생긴다. 公子 荊은 모든 것을 '苟'라고만 하였다면 이는 外物을 마음으로 삼지 않아, 그 하고자 하는 것이 쉽게 충족되었기 때문이었다."

311(13-9)

子適衛

공자가 위衛나라에 갈 때에 염유冉有가 수레를 몰게 되었다. 공자가 이렇게 말하였다.

"백성이 많구나!"

염유가 여쭈었다.

"이미 백성이 이렇게 많은 다음에는 다시 무엇이 더해져야 합니까?"

공자가 이렇게 대답하였다.

"부유하게 해 주어야지."

염유가 다시 여쭈었다.

"이미 부유한 단계까지 이르렀다면 무엇이 더해져야 합니까?"

공자는 이렇게 대답하였다.

"가르침을 더해주어야지."*

子適衛, 冉有僕.㊀
　子曰:「庶矣哉!」㊁
冉有曰:「旣庶矣, 又何加焉?」
　　曰:「富之.」㊂
　　曰:「旣富矣, 又何加焉?」
　　曰:「敎之.」㊃

【適】 가다(往, 之).
【冉有】 冉求. 字는 子有.
【僕】 수레를 모는 일.
【庶】 많다(衆)의 뜻. 人口가 많음을 뜻한다.
*《荀子》大略篇에 「不富無以養民情, 不敎無以理民性. ……詩曰: 飮之, 食之, 敎之, 誨之, 王事具矣」라 하였다.

 諺 解

 子(ᄌ)ㅣ 衛(위)예 適(뎍)ᄒ실ᄉᆡ 冉有(셤유)ㅣ 僕(복)ᄒ얏더니 子(ᄌ)ㅣ ᄀᆞᆯ오샤ᄃᆡ 庶(셔)ᄒ다

冉有(셤유)ㅣ ᄀᆞᆯ오ᄃᆡ 이믜 庶(셔)커든 ᄯᅩ 므스거슬 加(가)ᄒ리잇고 ᄀᆞᆯ오샤ᄃᆡ 富(부)케 홀 ᄯᅵ니라

ᄀᆞᆯ오ᄃᆡ 이믜 富(부)커든 ᄯᅩ 므스거슬 加(가)ᄒ리잇고 ᄀᆞᆯ오샤ᄃᆡ 敎(교)홀 ᄯᅵ니라

子(즈)ㅣ 衛(위)예 가실제 冉有(염유)ㅣ 僕(복)ㅎ얏더니
子(즈)ㅣ ᄀᆞ르샤ᄃᆡ 庶(셔)ᄒᆞ며

冉有(염유)ㅣ ᄀᆞ로ᄃᆡ 이믜 庶(셔)커든 ᄯᅩ 므서슬 더으리잇고 ᄀᆞᄅᆞ샤ᄃᆡ
富(부)케 홀 디니라

ᄀᆞ로ᄃᆡ 이믜 富(부)커든 ᄯᅩ 므서슬 더으리잇고 ᄀᆞᄅᆞ샤ᄃᆡ 敎(교)홀 디니라

◆ 集 註

311-㊀

僕, 御車也.

僕은 수레를 모는 것이다.

311-㊁

庶, 衆也.

庶는 많다(衆)의 뜻이다.

311-㊂

庶而不富, 則民生不遂, 故制田里, 薄賦斂以富之.

사람은 많으나 부유하지 못하면 百姓의 생계가 이루어지지 않는다. 그 때문에
田里(토지와 마을)의 制度를 두고 賦斂을 적게 거두어 百姓을 부유하게 해주어야
하는 것이다.

311-㊃

富而不敎, 則近於禽獸. 故必立學校, 明禮義以敎之.

○ 胡氏曰:「天生斯民, 立之司牧, 而寄以三事. 然自三代之後, 能擧此職者, 百無一二. 漢之文明, 唐之太宗, 亦云庶且富矣, 西京之教無聞焉. 明帝尊師重傅, 臨雍拜老, 宗戚子弟莫不受學; 唐太宗大召名儒, 增廣生員, 教亦至矣, 然而未知所以教也. 三代之教, 天子公卿躬行於上, 言行政事皆可師法, 彼二君者其能然乎?」

부유하되 가르치지 않으면 禽獸에 가깝게 된다. 그 때문에 반드시 學校를 세워 禮와 義를 밝혀 이를 가르쳐야 하는 것이다.

○ 胡氏(胡寅)는 이렇게 말하였다. "하늘이 이 百姓을 내리되 司牧(맡아 길러줌, 다스리는 자, 임금)을 세워 세 가지 일(본문에서의 庶·富·教)을 그에게 寄託하였다. 그러나 三代(夏·殷·周) 이후에 능히 이 직무를 거행한 자는 백에 한둘도 없었다. 漢나라의 文帝(西漢 三代 皇帝 劉恒 B.C. 179~157 재위)와 明帝(東漢 二代 皇帝 劉莊 A.D. 58~75 재위) 그리고 唐나라의 太宗(唐 二代 皇帝 李世民 627~649 재위) 정도라면 庶하고 또 富하게 하였다고 이를 만하다. 그러나 西京(西漢時代 長安을 首都로 한 시대)의 교육은 들은 바가 없다. 明帝는 스승(師傅)을 존중하고 雍(辟雍. 漢나라 때 太學)에 임하여 老人에게 절을 함으로써 宗室과 친척의 자제들이 受學하지 않음이 없었다(《後漢書》 禮儀志 참조). 그리고 唐 太宗은 名儒를 불러 生員을 增廣하였으니(《唐書》 儒學志 참조), 교육이 지극하였다. 그러나 교육의 所以에 대하여 알았던 것은 아니다. 三代의 교육이란 위로부터 天子와 公卿이 몸소 실행하여 言行과 政事가 모두 師法이 될 만하였다. 저 두 임금이 과연 그러하였는가?"

312(13-10)

苟有用我者

공자가 말하였다.

"정말 누군가가 나를 등용해 주는 자가 있다면 일년 열두 달이면 이미 됐다 할 만큼 해놓을 수 있고, 삼 년이면 무언가 성취시킴이 있게 할 수 있으련만."

子曰:「苟有用我者, 朞月而已可也, 三年有成.」⊖

【朞月】1년 동안의 기간. 朞는 일주기를 뜻한다.

● 諺解

 子(ㅈ)ㅣ ᄀᆞᆯ샤ᄃᆡ 진실로 나ᄅᆞᆯ ᄡᅳ리 이시면 朞月(긔월) ᄯᆞᄅᆞᆷ이라도 可(가)ᄒᆞ리니 三年(삼년)이면 成(셩)홈이 이시리라

 子(ㅈ)ㅣ ᄀᆞᆯ샤ᄃᆡ 진실로 날 ᄡᅳ리 이실딘댄 朞月(긔월)의 말면 可(가) 홀 만ᄒᆞ고 三年(삼년)이면 成(셩)호미 이시리라

◆ 集 註

312-㊀

朞月, 謂周一歲之月也. 可者, 僅辭, 言紀綱布也. 有成, 治功成也.
○ 尹氏曰:「孔子歎當時莫能用己也, 故云然.」
愚按:「史記, 此蓋爲衛靈公不能用而發.」

朞月은 一歲의 주기인 12달이다. 可란 겨우(僅)라는 뜻을 나타내는 말이다. 紀綱이 펴짐을 말한다. 有成은 治功(治績)이 성취됨을 말한다.
○ 尹氏(尹焞)는 이렇게 말하였다. "孔子가 당시에 능히 자신을 들어 써주지 않음을 탄식한 것이며 그 때문에 이렇게 말한 것이다."
내 생각으로는 이렇다. "《史記》에는 이것이 대체로 衛 靈公이 능히 등용하지 않았기 때문에 한 말이라 하였다."(《史記》 孔子世家)

313(13-11)

善人爲邦百年

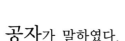

공자가 말하였다.

"'훌륭한 사람이 나라를 백년만 다스리면 역시 가히 잔혹한 이를 이기고, 죽이는 일이 없도록 할 수 있을 것이다'라 하였는데 훌륭하도다, 이 말이여!"

> 子曰:「『善人爲邦百年, 亦可以勝殘去殺矣.』誠哉
> 是言也!」㉠

【善人】훌륭한 사람.
【爲邦】나라를 다스림. 여기서는 하나의 나라를 선인이 맡아 다스림을 뜻한다.
【勝殘去殺】잔혹한 이를 이겨내고 刑罰의 殺人이 없도록 함. 殘殺의 경우가 없도록 함을 말한다.

子(주)] 굴으샤디 善人(션신)이 邦(방)을 홈이 百年(빅년)이면
또혼 可(가)히 뻐 殘(잔)을 勝(승)ᄒ며 殺(살)을 去(거)ᄒ리라 ᄒ니
誠(셩)ᄒ다 이 말이여

 子(주)] ᄀᆞᄅ샤디 善人(션인)이 邦(방)ᄒ기를 百年(빅년)이면
또혼 可(가)히 뻐 殘(잔)을 勝(승)ᄒ며 殺(살)을 去(거)ᄒ리라 ᄒ니
올타 이 말이여

313-㊀

勝, 平聲. 去, 上聲.

○ 爲邦百年, 言相繼而久也. 勝殘, 化殘暴之人, 使不爲惡也. 去殺, 謂民化於善,
可以不用刑殺也. 蓋古有是言, 而夫子稱之.

程子曰:「漢自高·惠至於文·景, 黎民醇厚, 幾致刑措, 庶乎其近之矣.」

○ 尹氏曰:「勝殘去殺, 不爲惡而已, 善人之功如是. 若夫聖人, 則不待百年, 其化
亦不止此.」

勝은 平聲이며, 去는 上聲이다.

○ 爲邦百年이란 서로 이어져 오래 지속된다는 말이다. 勝殘은 殘暴한 사람을
교화시켜 악한 일을 하지 못하도록 하는 것이다. 去殺이란 百姓을 善으로 교화시켜
刑殺을 쓰지 않아도 됨을 말한다. 아마 옛날에 이런 格言이 있어 夫子가 이렇게
칭한 것이리라.

程子(程頤)는 이렇게 말하였다. "漢나라는 高祖(劉邦. B.C. 202~195 재위), 惠帝(劉盈.
B.C. 194~188 재위)로부터 文帝(劉恒. B.C. 179~157), 景帝(劉啓. B.C. 156~141) 때에는 일반백성이
醇厚하여 거의 刑罰을 버려두고 쓰지 않았으니(《西京雜記》 참조), 거의 이런 경지에
가까웠다고 할 수 있다."

○ 尹氏(尹焞)는 이렇게 말하였다. "勝殘去殺은 惡을 짓지 않는 것일 뿐으로 善人의 功績이 이와 같다. 그러나 만약 聖人이라면 1백 년을 기다리지 않아도 교화가 역시 이 정도에 그치지는 않을 것이다."

314(13-12)

如有王者

공자가 말하였다.

"만약 왕도 정치를 펴는 자가 있다 할지라도 반드시 한 세대 후에야
어진 세상이 될 것이다."

子曰:「如有王者, 必世而後仁.」⊖

【王者】王道政治를 행하는 일. 春秋時代에는 霸道政治의 시대라고 본 것이다.
【世】한 世代. 30년을 一世라 한다.

子(ᄌ) ㅣ ᄀᆞᄅᆞ샤ᄃᆡ 만일에 王者(왕쟈) ㅣ 이실 ᄯᅡ라도 반ᄃᆞ시 世(셰)ㄴ 後(후)에 仁(신)ᄒᆞᄂᆞ니라

子(ᄌ) ㅣ ᄀᆞᄅᆞ샤ᄃᆡ 만일에 王者(왕쟈) ㅣ 이실 딘댄 반ᄃᆞ시 世(셰)ㄴ 후에 仁(인)홀 디니라

◈ 集註

314-㊀

王者, 謂聖人受命而興也. 三十年爲一世. 仁, 謂敎化浹也.

程子曰:「周自文·武至於成王, 而後禮樂興, 卽其效也.」

○ 或問:「三年·必世, 遲速不同, 何也?」程子曰:「三年有成, 謂法度紀綱有成而化行也. 漸民以仁, 摩民以義, 使之浹於肌膚, 淪於骨髓, 而禮樂可興, 所謂仁也. 此非積久, 何以能致?」

王者란 聖人이 天命을 받아 흥한 것(王道政治의 수행자)이다. 30年이 一世가 된다. 仁이란 敎化가 젖어듦을 일컫는다.

○ 程子(程頤)는 이렇게 말하였다. "周나라는 文王·武王으로부터 成王(姬誦)에 이른 후에야 禮와 樂이 흥하였으니 바로 그 효험이다."

○ 어떤 이가 "三年이라고도 하고 반드시 한 세대(30년)라고도 하여 느리고 빠름이 다른 것은 무엇 때문입니까?"라고 묻자, 程子(程頤)는 이렇게 설명하였다. "3년 만에 성취가 있다는 것은 법도와 기강에 성취가 있어 敎化가 행해지는 것을 말한 것이다. 仁으로써 百姓을 점차 젖어들게 하고, 義로써 百姓을 연마시켜 그들로 하여금 살과 피부에 젖게 하여 골수에 이를 스며들게 하면 禮와 樂이 가히 흥하게 되니, 이것이 소위 仁이라는 것이다. 이러한 것은 오래도록 누적되지 않고서야 어찌 이룰 수 있겠는가?"

315(13-13)

苟正其身矣

공자가 말하였다.

"진실로 자기 몸을 바르게만 한다면 정치에 종사한들 무슨 어려움이 있겠는가? 그러나 자신부터 바르게 하지 못한다면 남을 바르게 하는 일이 어찌 가능하겠는가?"

> 子曰:「苟正其身矣, 於從政乎何有? 不能正其身, 如正
> 人何?」

【何有】 '何有之難'으로 풀이한다.

⊙ 諺 解

南山本   子(ᄌ)ㅣ ᄀᆞᆯᄋᆞ샤ᄃᆡ 진실로 그 身(신)을 正(졍)ᄒᆞ면 政(졍)을 從(죵)홈애 므스거시 이시며 能(능)히 그 身(신)을 正(졍)티 몯ᄒᆞ면 人(신)을 正(졍)홈애 엇디료

栗谷本   子(ᄌ)ㅣ ᄀᆞᄅᆞ샤ᄃᆡ 진실로 그 모믈 正(졍)ᄒᆞ면 政(졍)을 從(죵)ᄒᆞ기예 므서시 어려우며 能(능)히 그 모믈 正(졍)티 못ᄒᆞ면 사ᄅᆞᆷ 正(졍)ᄒᆞ기예 엇디ᄒᆞ리오

◈ 集 註

없음.

316(13-14)

冉子退朝

염자冉子가 조회에서 물러 나오자 공자가 물었다.

"어찌 늦었느냐?"

염자가 대답하였다.

"정치의 일로 늦었습니다."

그러자 공자가 이렇게 말하였다.

"대부 집의 일로 늦었겠지. 만약 나라 정치의 일로 늦었다면, 비록 그들이 나를 써주지는 않고 있으나 나는 그에 참여하여 듣게 되었을 것이다."*

冉子退朝.
子曰:「何晏也?」
對曰:「有政.」
子曰:「其事也. 如有政, 雖不吾以, 吾其與聞之.」㊀

【冉子】冉求. 字는 子有. 季氏의 臣下가 되어 있었다. 여기서의 조회는 季氏
집안의 政事를 위해 모인 회의를 뜻한다.
【何晏】晏은 晚과 같다. '늦다'의 뜻.
【與】動詞로 '참여하다'의 뜻.
*《左傳》哀公 11年에 관련 기록이 있다.

◉ 諺 解

陶山本 冉子(염즈)ㅣ 朝(됴)로셔 退(퇴)하야늘 子(즈)ㅣ 글으샤티 엇디
晏(안)흐뇨 對(티)흐야 글오티 政(졍)이 잇데이다 子(즈)ㅣ 글으샤티
그 事(ᄉ)ㅣ로다 만일에 政(졍)이 이실 띤댄 비록 나를 쓰디 아니흐나 내
그 與(여)흐야 聞(문)홀이니라

栗谷本 冉子(염즈)ㅣ 朝(됴)로셔 退(퇴)하야늘 子(즈)ㅣ ᄀᆞ르샤티 엇디
늣더뇨 對(티)흐야 ᄀᆞ로티 政(졍)이 잇더이다 子(즈)ㅣ ᄀᆞ르샤티
그 事(ᄉ)ㅣ로다 만일 政(졍)이 이시면 비록 나를 쓰디 아니흐나 내 그 참여흐야
드르리라

316-㉠

朝, 音潮. 與, 去聲.

○ 冉有時爲季氏宰. 朝, 季氏之私朝也. 晏, 晚也. 政, 國政. 事, 家事. 以, 用也.
禮: 大夫雖不治事, 猶得與聞國政. 是時季氏專魯, 其於國政, 蓋有不與同列議於公朝,
而獨與家臣謀於私室者. 故夫子爲不知者而言, 此必季氏之家事耳. 若是國政, 我嘗
爲大夫, 雖不見用, 猶當與聞. 今旣不聞, 則是非國政也. 語意與『魏徵獻陵之對』
略相似. 其所以正名分, 抑季氏, 而敎冉有之意深矣.

朝는 음이 潮(조)이다. 與는 去聲이다.

○ 冉有는 당시 季氏의 家宰가 되어 있었다. 朝는 季氏의 사사로운 조회이다.
晏은 늦다(晚)이다. 政은 國家의 政事이다. 事는 집안 일이다. 以는 用(등용, 현직에
등용됨)이다. 禮에 大夫는 비록 政事를 하지 않는다(퇴임)해도 오히려 國政에 참여하여
듣게 되어 있다. 당시 季氏가 魯나라를 專橫하여 그 國政에 대해서도 아마 同列들과
公朝에서 의논하지 않고, 독단으로 자기 家臣들과 私室에서 모의하였을 것이다.
그 때문에 大夫가 알지 못한 듯이 하면서 말한 것이니, 이는 틀림없이 季氏의
집안일이라 하고, 만약 이것이 나라 정사였다면 내 일찍이 大夫를 지냈던 만큼
비록 지금 써주고 있지는 않지만 오히려 의당 참여하여 듣게 되었을 것이라고
말한 것이다. 말한 뜻은 '魏徵(唐 太宗의 賢臣)의 獻陵 대답'과 대략 비슷하다(太宗의
后인 文德皇后가 죽어 장례를 치르고 나자 太宗은 禁苑에 누대를 짓고 멀리 皇后의 陵(昭陵)을 바라
보며 그리워하였다. 어느 날 魏徵을 불러 함께 올라 "보이는가?"라고 묻자 魏徵은 눈이 가물거려 보이지
않는다고 대답하였다. 太宗이 손가락으로 직접 가리키자 魏徵은 짐짓 "저는 폐하께서 獻陵(太宗 어머니의
능)을 보고 계시는 줄 알았지요. 昭陵은 저도 똑똑히 보입니다"라고 하였다. 太宗은 눈물을 흘리며 樓臺를
헐어 버렸다.《舊唐書》卷71·《新唐書》卷97 魏徵傳 참조). 그 所以는 명분을 바르게 함으로써
季氏를 억제하고 冉有를 가르친 뜻이 깊다.

317(13-15)

定公問

정공定公이 물었다.

"말 한마디로 가히 나라를 흥성하게 할 수 있다고 했는데 과연 그럴 수 있습니까?"

이에 공자는 이렇게 말하였다.

"말 한마디로 가히 그와 같이 되기란 기대할 수는 없습니다. 그러나 사람들은 이렇게 말했지요. '임금노릇 하기도 어렵지만 신하노릇하기도 쉽지는 않다'라구요. 만약 임금노릇하기 어렵다는 이 말을 바르게 안다는 것, 이는 한마디 말로 나라를 흥성하게 할 수 있다는 것에 거의 가깝지 않을까요?"

정공이 다시 물었다.

"말 한마디로 나라를 잃게 할 수도 있다고 했는데 과연 그럴 수 있습니까?"

공자가 이렇게 말하였다.

"말 한마디로 가히 이렇게 된다고 할 수는 없겠지요. 그러나 사람들이 이렇게 말들 하지요. '나는 임금이 되어 다른 즐거움이란 없네. 내 말에 오직 예라고만 하면서 나를 거스르지 못하는 것이 즐거움일세'라구요. 만약 그 말이 훌륭하기 때문에 거스름이 없다면 이 역시 좋은 일이 아니겠습니까? 그러나 만약 그 말이 훌륭하지 아니한데도 거스름이 없다면 이는 곧 그 말 한마디로 나라를 잃을 수 있다는 것에 가깝지 않을까요?"

> 定公問:「一言而可以興邦, 有諸?」
> 孔子對曰:「言不可以若是其幾也.㉠ 人之言曰:『爲君難,
> 爲臣不易.』㉡ 如知爲君之難也, 不幾乎一
> 言而興邦乎?」㉢
> 曰:「一言而喪邦, 有諸?」
> 孔子對曰:「言不可以若是其幾也. 人之言曰:『予無樂
> 乎爲君, 唯其言而莫予違也.』㉣ 如其善而
> 莫之違也, 不亦善乎? 如不善而莫之違也,
> 不幾乎一言而喪邦乎?」㉤

【定公】魯나라 君主. 재위 15년(B.C. 509~495).
【若是其幾】그와 같이 되기를 기대함. 幾는 '期望하다, 바라다'의 뜻.
【幾乎】近乎. '가깝다'의 뜻.

陶山本 　定公(뎡공)이 묻ᄌᆞ오딕 一言(일언)에 可(가)히 뻐 邦(방)을 興(홍)ᄒ리라 ᄒᆞᄂ니 인ᄂ니잇가 孔子(공ᄌ) ㅣ 對(딕)ᄒᆞ야 ᄀᆞ오샤딕 言(언)을 可(가)히 뻐 이러ᄐ시 그 幾(긔)티 몯홀 꺼시어니와

人(신)의 言(언)에 ᄀᆞ오딕 君(군)되옴이 어려오며 臣(신)되옴이 쉽디 아니타 ᄒᆞᄂ니

만일에 君(군)되옴이 어려온 줄을 알 띤댄 一言(일언)애 邦(방)을 興(홍)홈을 幾(긔)티 아니ᄒ리잇가

ᄀᆞ오샤딕 一言(일언)에 邦(방)을 喪(상)ᄒ리라 ᄒᆞᄂ니 인ᄂ니잇가 孔子(공ᄌ) ㅣ 對(딕)ᄒᆞ야 ᄀᆞ오샤딕 言(언)을 可(가)히 뻐 이러ᄐ시 그 幾(긔)티 몯홀 꺼시어니와 人(신)의 言(언)에 ᄀᆞ오딕 내 君(군)되옴을 樂(락)홈이 업고 오직 그 言(언)홈애 나를 違(위)티 말라 ᄒᆞᄂ니

만일에 그 善(션)커든 違(위)티 아니홀 띤댄 ᄯᅩ흔 善(션)티 아니ᄒ리잇가 만일에 善(션)티 아니커든 違(위)티 아니 홀띤댄 一言(일언)에 邦(방)을 喪(상)홈을 幾(긔)티 아니ᄒ리잇가

栗谷本 　定公(뎡공)이 問(문)ᄒᆞ샤딕 ᄒᆞᆫ 말의 可(가)히 뻐 邦(방)을 興(홍)ᄒ리라 ᄒᆞᄂ니 인ᄂ니잇가 孔子(공ᄌ) ㅣ 對(딕)ᄒᆞ야 ᄀᆞᄅ샤딕 마를 可(가)히 뻐 이ᄀᆞ티 그 긔약디 못ᄒ려니와

사름의 말의 ᄀᆞ로딕 님금되미 어려우며 臣(신)하 되미 쉽디 아니타 ᄒᆞ니

만일 님금되오미 어려우믈 알 딘댄 ᄒᆞᆫ 말의 邦(방)을 興(홍)호믈 긔약디 아니ᄒ리잇가

ᄀᆞᄅ샤딕 ᄒᆞᆫ 말의 邦(방)을 喪(상)ᄒ리라 ᄒᆞᄂ니 잇ᄂ니잇가 孔子(공ᄌ) ㅣ 對(딕)ᄒᆞ야 ᄀᆞᄅ샤딕 말을 可(가)히 이ᄀᆞ티 긔약디 못ᄒ려니와 사름의 말의 ᄀᆞ로딕 내 님금되오믈 즐기미 업고 오직 그 말호매 나를 違(위)티 못호미라 ᄒᆞ니

만일 그 善(션)커늘 違(위)티 못ᄒ면 ᄯᅩ흔 善(션)티 아니리잇가 만일 善(션)티 아니커늘 違(위)티 못ᄒ면 ᄒᆞᆫ 말의 邦(방)을 喪(상)호믈 긔약디 아니ᄒ리잇가

317-㊀

幾, 期也. 詩曰: 『如幾如式.』 言一言之間, 未可以如此而必期其效.

幾는 기대하다(期)의 뜻이다. 《詩經》에 '如幾如式'(기대한 그대로, 법칙 그대로의 뜻. 小雅 楚茨의 구절)이라 하였다. 한 마디 말 사이에 가히 이와 같이 하여 그 효과를 반드시 기대할 수는 없음을 말한 것이다.

317-㊁

易, 去聲.
○ 當時有此言也.

易(이)는 去聲이다.
○ 당시 이러한 말이 있었다.

317-㊂

因此言而知爲君之難, 則必『戰戰兢兢, 臨深履薄』, 而無一事之敢忽. 然則此言也, 豈不可以必期於興邦乎? 爲定公言, 故不及臣也.

이 말로 인하여 임금 노릇하기가 어렵다는 것을 안다면 틀림없이 두렵게 여겨 경계하며, 깊은 못에 임한 듯, 얇은 얼음 밟듯(이상은 《詩》 小雅 小旻에 '戰戰兢兢 如臨深淵, 如履薄冰'이라 한 말을 인용한 것) 하여, 한 가지 일이라도 감히 소홀히 함이 없을 것이다. 그러니 이 말이 어찌 틀림없이 나라를 흥하게 하는 기대가 될 수 없겠는가? 定公을 위해 말한 것이므로 臣下에 대해서는 언급하지 않았다.

317-㉔

喪, 去聲, 下同. 樂, 音洛.
○ 言他無所樂, 惟樂此耳.

喪은 去聲이다. 아래도 같다. 樂은 음이 洛(라)이다.
○ 다른 것은 즐길 바가 없고 오직 이를 즐길 뿐이라는 말이다.

317-㉕

范氏曰:「如不善而莫之違, 則忠言不至於耳. 君日驕而臣日諂, 未有不喪邦者也.」
○ 謝氏曰:「知爲君之難, 則必敬謹以持之. 唯其言而莫予違, 則讒諂面諛之人至矣.
邦未必遽興喪也, 而興喪之源分於此. 然此非識微之君子, 何足以知之?」

范氏(范祖禹)는 이렇게 말하였다. "만약 不善한 것인데도 이를 거스르지 못한다면
忠言이 귀에 다가오지 못한다. 임금이 날로 교만해지고 臣下는 날로 아첨하는데도
나라를 잃지 않은 경우란 없었다."

○ 謝氏(謝良佐)가 말하였다. "임금노릇하기 어려움을 알았다면 틀림없이 敬謹히
하여 이를 지속해야 한다. 그 말을 옳다(唯)고만 하고 나를 어기는 자가 없다면
讒諂面諛(讒毁하며 보는 앞에서 아첨만 함)하는 사람들이 몰려들 것이다. 나라란 꼭
갑자기 흥하거나 잃게 되는 것은 아니지만, 흥하고 잃는 근원은 여기에서 갈라지는
것이다. 그러나 이는 미세한 것을 알아차릴 수 있는 君子가 아니라면 어찌 족히
알아낼 수 있겠는가?"

318(13-16)

葉公問政

섭공葉公이 정치에 대하여 묻자, 공자가 이렇게 말하였다.

"가까운 이들에게는 기쁨을 느끼게 하고, 먼데 있는 이들은 찾아오도록 하면 됩니다."*

葉公問政.㊀

子曰：「近者說, 遠者來.」㊁

【葉公】섭(葉)은 春秋時代의 地名. 河南省 葉縣. 公은 그 곳의 지도자. 165(7-18)를 볼 것.

*《墨子》耕柱篇에「葉公子高問政於仲尼曰:『善爲政者若之何?』仲尼對曰: 『善爲政者, 遠者近之而舊者新之.』」라 하였고,《韓非子》難三에는「葉公子高問 政於仲尼. 仲尼曰:『政在悅近而來遠.』子貢問曰:『何也?』仲尼曰:『葉, 都大而 國小, 民有背心; 故曰‘政在悅近而來遠’.」이라 하였다.

 諺 解

 葉公(섭공)이 政(정)을 묻즈온대
子(즈) l 골ᄋ샤딕 갓가온 者(쟈) l 깃거ᄒ며 먼 者(쟈) l 옴이니라

 葉公(섭공)이 政(정)을 묻즈온대
子(즈) l ᄀᄅ샤딕 近(근)ᄒ 者(쟈) l 說(열)ᄒ며 遠(원)ᄒ
者(쟈) l 來(릭)케 홀 디니라

集 註

318-㊀

音義並見第七篇.

音과 뜻은 모두 第七篇을 보라(述而篇 165(7-18)).

318-㊁

說, 音悅.
○ 被其澤則說, 聞其風則來. 然必近者說, 而後遠者來也.

說은 음이 悅(열)이다.
○ 그 은택을 입게 되면 즐거워하고, 그 풍문을 듣게 되면 찾아온다. 그러나 반드시 가까운 자들이 즐거워해야 그 뒤에 먼 데 있는 자들이 찾아오는 것이다.

319(13-17)

子夏爲莒父宰

자하子夏가 거보莒父 땅의 재宰가 되어 정치에 대하여 여쭙자, 공자가 이렇게 말하였다.

"너무 급히 서두르지 말아라. 작은 이익에 눈을 돌리지 말아라. 너무 서두르면 도달하지 못하고, 작은 이익에 눈을 돌리다보면 큰 일이 이루지지 못하느니라."

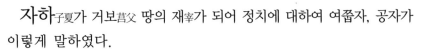

子夏爲莒父宰, 問政.
子曰:「無欲速, 無見小利. 欲速, 則不達; 見小利, 則大
　　事不成.」㊀

"欲速則不達, 見小利則大事不成"(石可)

【子夏】卜商.

【莒父】邑 이름. 魯나라 땅. 지금의 山東省 高密縣 동남쪽. 父는 地名·人名
등에서 '보'로 읽는다.

◉ 諺 解

 　子夏(ᄌ하)ㅣ 莒父宰(거보ᄌᆡ)ㅣ 되연ᄂᆞᆫ 디라 政(졍)을 묻ᄌᆞ온대
子(ᄌᆞ)ㅣ 글ᄋᆞ샤ᄃᆡ 速(속)고쟈티 말며 小利(쇼리)를 보디 마롤 ᄯᅵ니
速(속)고져 ᄒᆞ면 達(달)티 몯ᄒᆞ고 小利(쇼리)를 보면 大事(대ᄉᆞ)ㅣ 이디
몯ᄒᆞᄂᆞ니라

 　子夏(ᄌ하)ㅣ 莒父宰(거보ᄌᆡ)ㅣ 되여 政(졍)을 묻ᄌᆞ온대 子(ᄌᆞ)ㅣ
ᄀᆞᄅᆞ샤ᄃᆡ 速(속)고져 ᄒᆞ디 말며 小利(쇼리)ᄂᆞᆯ 보디 마롤 디니 速(속)
고져 ᄒᆞ면 達(달)티 못ᄒᆞ고 小利(쇼리)ᄂᆞᆯ 보면 大事(대ᄉᆞ)ㅣ 이디
못ᄒᆞᄂᆞ니라

319-㊀

父, 音甫.

○ 莒父, 魯邑名. 欲事以速成, 則急遽無序, 而反不達. 見小者之爲利, 則所就者小, 而所失者大矣.

○ 程子曰:「子張問政, 子曰:『居之無倦, 行之以忠.』子夏問政, 子曰:『無欲速, 無見小利.』子張常過高而未仁, 子夏之病常在近小, 故各以切己之事告之.」

父는 음이 甫(보)이다.

○ 莒父는 魯나라의 邑 이름이다. 일을 속히 이루고자 하면 급하고 갑작스러워 순서가 없으며, 도리어 도달하지 못하게 된다. 작은 것을 보고 이익이라 여기면, 성취하는 바가 작고 잃는 바는 크게 된다.

○ 程子(程顥)는 이렇게 말하였다. "子張이 정치를 물었을 때 孔子는 '게으르게 하지 말고, 실행은 忠으로 하라'(顏淵篇 292(12-14))라 하고, 子夏가 정치를 묻자 '급히 서두르지 말고 小利를 보지 말라' 하였으니, 子張은 늘 너무 높아 仁을 놓치고, 子夏의 병폐는 작은 것에 가까웠던 것이다. 그 때문에 각각 그 자신들에게 절실한 일로써 일러 준 것이다."

320(13-18)

葉公語孔子曰

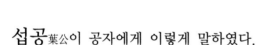

섭공葉公이 공자에게 이렇게 말하였다.

"우리 당黨에는 자신을 곧게 하는 자가 있으니, 그 아비가 양을 끌고 가자 그 아들이 이를 증언하였습니다."

공자는 이렇게 말하였다.

"우리 당의 곧은 자는 이와 다릅니다. 아버지는 아들을 숨겨주고 아들은 아버지를 숨겨주지요. 곧음이란 바로 그러한 가운데에 있는 것이지요."*

葉公語孔子曰:「吾黨有直躬者, 其父攘羊, 而子證之.」㊀

孔子曰:「吾黨之直者異於是: 父爲子隱, 子爲父隱.
直在其中矣.」㊁

【黨】 원래는 마을의 행정단위이나 여기서는 葉公의 무리와 孔子의 무리로 구분한
것이다.

【攘羊】 羊을 끌고 감. 여기서 攘은 의도적인 절도가 아닌 우연한 도둑질로 풀이한다
(버려진 羊을 끌고 가는 것 등의 사례).

*『子證之』에 대하여 五代 때부터 『子』자는 衍文이라는 주장이 있었다.《韓非子》
五蠹篇에「楚之有直躬, 其父竊羊而謁之吏」라 하였고,《呂氏春秋》當務篇에는
「楚有直躬者, 其父竊羊而謁之上」이라 하였다.

 諺 解

 葉公(셥공)이 孔子(공ᄌ)ㅅ믜 語(어)ᄒ야 골오ᄃᆡ 우리 黨(당)에
躬(궁)을 直(딕)히 ᄒ 者(쟈)ㅣ 인ᄂ니 그 父(부)ㅣ 羊(양)을 攘(샹)
ᄒ야ᄂᆞᆯ 子(ᄌ)ㅣ 證(증)ᄒ니이다

孔子(공ᄌ)ㅣ 골ᄋ샤ᄃᆡ 우리 黨(당)에 直(딕)ᄒ 者(쟈)ᄂ 이에 다ᄅ니 父(부)ㅣ
子(ᄌ)를 爲(위)ᄒ야 隱(은)ᄒ며 子(ᄌ)ㅣ 父(부)를 爲(위)ᄒ야 隱(은)ᄒᄂ니
直(딕)이 그 中(듕)에 인ᄂ니라

 葉公(셥공)이 孔子(공ᄌ)믜 語(어)ᄒ야 ᄀ로ᄃᆡ 우리 黨(당)애
모믈 直(딕)히 홀 者(쟈)ㅣ 이시니 그 아비 羊(양)을 攘(양)ᄒ야ᄂᆞᆯ
아ᄃ리 證(증)ᄒ니이다

孔子(공ᄌ)ㅣ ᄀᆞᄅ샤ᄃᆡ 우리 黨(당)애 直(딕)ᄒ 者(쟈)ᄂ 이와 다ᄅ니 아비
아ᄃᆞᆯ을 爲(위)ᄒ야 隱(은)ᄒ며 아ᄃ리 아비를 爲(위)ᄒ야 隱(은)호매 直(딕)이
그 中(듕)의 잇ᄂ니라

◈ 集註

320-㊀

語, 去聲.

○ 直躬, 直身而行者. 有因而盜曰攘.

語는 去聲이다.

○ 直躬이란 자신을 정직하게 하여 행동하는 것이다. 어떤 원인이 있어 훔치게 되는 경우를 攘이라 한다(단순한 도둑질이 아님을 뜻한다).

320-㊁

爲, 去聲.

○ 父子相隱, 天理人情之至也. 故不求爲直, 而直在其中.

○ 謝氏曰:「順理爲直. 父不爲子隱, 子不爲父隱, 於理順邪? 瞽瞍殺人, 舜竊負而逃, 遵海濱而處. 當是時, 愛親之心勝, 其於直不直, 何暇計哉?」

爲는 去聲이다.

○ 아비와 자식 사이에 서로 숨겨 주는 것은 天理와 人情의 지극함이다. 그러므로 直을 요구하지 않아도 直이 그 가운데에 있는 것이다.

○ 謝氏(謝良佐)는 이렇게 말하였다. “이치를 따르는 것이 直이다. 아비가 자식을 숨겨 주지 아니하고, 자식이 아비를 숨겨 주지 않는다면 이치에 순응하는 것이겠는가? 瞽瞍(舜임금의 아버지)가 殺人을 하였다면 舜임금은 몰래 아버지를 업고 도망쳐서 바닷가 남모르는 곳을 따라다니며 살았을 것이다(《孟子》盡心上(211)에 ‘桃應問曰: 舜爲天子. 皐陶爲士: 瞽瞍殺人. 則如之何?’ 孟子曰: ‘執之而已矣!’ ‘然則舜不禁與?’ 曰: ‘夫舜惡得而禁之! 夫有所受之也.’ ‘然則舜如之何?’ 曰: ‘舜視棄天下, 猶棄敝蹝也. 竊負而逃, 遵海濱而處; 終身訢然, 樂而忘天下’라 함). 그 당시에는 愛親之心이 勝할 것이니, 그 直·不直에 대하여는 어느 겨를에 헤아리겠는가?”

321(13-19)

樊遲問仁

번지樊遲가 인仁에 대하여 여쭙자, 공자가 이렇게 말하였다.

"거처에 공손히 하며, 일을 집행함에 경건히 하고, 남에게 충성되이 해야 하느니라. 이러한 것은 비록 이적夷狄 땅에 갈지라도 버릴 수 없는 것이니라."

樊遲問仁.
子曰:「居處恭, 執事敬, 與人忠. 雖之夷狄, 不可棄也.」㊀

【樊遲】樊須. (前出)
【夷狄】오랑캐 땅. 여기서는 文明이 未開한 지역을 뜻한다.

陶山本　樊遲(번디)ㅣ 仁(신)을 묻ᄌᆞ온대 子(ᄌᆞ)ㅣ 골ᄋᆞ샤ᄃᆡ 居處(거쳐)에 恭(공)ᄒᆞ며 事(ᄉᆞ)를 執(집)홈이 敬(경)ᄒᆞ며 人(신)을 與(여)홈이 忠(튱)홈을 비록 夷狄(이뎍)에 갈 ᄯᅡ라도 可(가)히 棄(기)티 몯홀 꺼시니라

栗谷本　樊遲(번디)ㅣ 仁(인)을 묻ᄌᆞ온대 子(ᄌᆞ)ㅣ ᄀᆞᄅᆞ샤ᄃᆡ 處(쳐)의 居(거)호매 恭(공)ᄒᆞ며 事(ᄉᆞ)를 執(집)호매 敬(경)ᄒᆞ며 人(인)과 다브러 忠(튱)호믈 비록 夷狄(이뎍)의 갈디라도 可(가)히 ᄇᆞ리디 못홀 디니라

◆ 集註

321-㉠

恭主容, 敬主事. 恭見於外, 敬主乎中. 之夷狄不可棄, 勉其固守而勿失也.

○ 程子曰:「此是徹上徹下語. 聖人初無二語也, 充之則『睟面盎背』; 推而達之, 則『篤恭而天下平』矣.」

胡氏曰:「樊遲問仁者三: 此最先, 『先難』次之, 『愛人』其最後乎?」

恭은 용모를 위주로 한 말이며, 敬은 일을 위주로 하는 뜻이다. 恭은 밖으로 드러나는 것이며, 敬은 중심을 주관한다. 夷狄에 가더라도 버릴 수 없다고 한 것은 固守하여 잃지 않도록 힘쓰라는 것이다.

○ 程子(程頤·程顥)는 이렇게 말하였다. "이는 徹上徹下(위아래를 모두 꿰뚫음)의 말이다. 聖人이란 애초부터 두 가지로 말하는 경우가 없다. 이를 채우면 '얼굴빛이 빛나고 뒷모습도 가득하다'(《孟子》盡心上에 '君子所性, 仁義禮智根於心; 其生色也, 睟然見於面, 盎於背, 施於四體, 四體不言而喩'라 함)라는 것이 되며, 미루어 천하에까지 통달하면 '恭敬을 독실히 하면 天下가 泰平하다'(《中庸》33章에 '君子篤敬而天下平'이라 함)라는 것이 된다."

胡氏(胡寅)는 이렇게 말하였다. "樊遲가 仁에 대해 질문한 것이 세 번인데 이곳이 가장 처음이며, '先難'(雍也篇 139(6-20))이 그 다음이며, '愛人'(顏淵篇 300(12-22))이 순서로 보아 가장 나중의 것으로 여겨진다."(나중의 것이 아니겠는가?)

322(13-20)

子貢問曰

자공子貢이 여쭈었다.

"어찌하면 가히 선비라 말할 수 있겠습니까?"

공자가 이렇게 말하였다.

"몸소 행함에 부끄러움이 있는지를 살필 수 있어야 하며, 사방의 사신으로 가서는 임금의 명령에 욕됨이 없이 한다면 가히 선비라 이를 수 있을 것이다."

자공이 다시 여쭈었다.

"그 다음에 해야 할 바가 무엇인지 감히 여쭙습니다."

공자는 이렇게 설명하였다.

"그 종족이 효성스럽다 칭하고, 향당鄕黨에서는 우애 있다 칭함을 받으면 되지."

자공이 다시 여쭈었다.

"그 다음에 갖추어야 할 바에 대하여 감히 여쭙습니다."

공자는 이렇게 말하였다.

"말에는 반드시 믿음이 있고, 행동에는 반드시 실천함이 있는 것, 이는 경경硜硜한 소인의 일이로다! 그러나 생각건대 그 정도라면 가히 그 다음쯤은 될 만하겠지."

자공이 다시 여쭈었다.

"지금 정치에 종사하는 이들은 어떻다고 여기십니까?"

공자가 이렇게 말하였다.

"아! 두초지인斗筲之人들을 어찌 더이상 헤아리겠는가?"

> 子貢問曰:「何如斯可謂之士矣?」
>
> 子曰:「行己有恥, 使於四方, 不辱君命, 可謂士矣.」㊀
>
> 曰:「敢問其次.」
>
> 曰:「宗族稱孝焉, 鄕黨稱弟焉.」㊁
>
> 曰:「敢問其次.」
>
> 曰:「言必信, 行必果, 硜硜然小人哉! 抑亦可以爲次矣.」㊂
>
> 曰:「今之從政者何如?」
>
> 子曰:「噫! 斗筲之人, 何足算也?」㊃

【子貢】端木賜.

【硜硜然】작은 돌이 딱딱한 상태, 여기서는 고집이 센 상태를 말한다.《諺解》에는 '경경연'이라고 읽고 있다. 본음은 '갱'이다.

【斗筲】斗는 한 말. 筲는 한 말 두 되 용량의 대나무 그릇. 斗筲는 적은 양을 뜻하며 轉義되어 도량이 좁음을 말한다. 筲는 원음은 '소'이나 《諺解》에는 '초'로 읽었다.

⊙ 諺解

(陶山本)　子貢(ㅈ공)이 묻ᄌᆞ와 글오듸 엇더ᄒᆞ야사 이에 可(가)히 士(ᄉ)ㅣ라 닐ᄋᆞ리잇고 子(ᄌ)ㅣ 글ᄋᆞ샤듸 己(긔)를 行(ᄒᆡᆼ)홈이 恥(티)이시며 四方(ᄉ방)에 使(사)ᄒᆞ야 君命(군명)을 辱(욕)디 아니ᄒᆞ면 可(가)히 士(ᄉ)ㅣ라 니를 ᄯᅵ니라

글오듸 敢(감)히 그 次(ᄎ)를 묻ᄌᆞ오이다 글ᄋᆞ샤듸 宗族(종족)이 孝(효)ㅣ라 稱(칭)ᄒᆞ며 鄕黨(향당)이 弟(뎨)ㅣ라 稱(칭)홈이니라

글오듸 敢(감)히 그 次(ᄎ)를 묻ᄌᆞ오이다 글ᄋᆞ샤듸 言(언)을 반ᄃᆞ시 信(신)ᄒᆞ며 行(ᄒᆡᆼ)을 반ᄃᆞ시 果(과)홈이 硜硜(경경)ᄒᆞᆫ 小人(쇼인)이나 ᄯᅩᄒᆞᆫ 可(가)히 ᄡᅥ 次(ᄎ)ㅣ 될 이니라

글오듸 이제 政(졍)을 從(죵)ᄒᆞᄂᆞᆫ 者(쟈)ᄂᆞᆫ 엇더ᄒᆞ니잇고 子(ᄌ)ㅣ 글ᄋᆞ샤듸 噫(희)라 斗筲(두쵸)ㅅ 人(신)을 엇디 足(족)히 筭(산)ᄒᆞ리오

(栗谷本)　子貢(ㅈ공)이 뭇ᄌᆞ와 글오듸 엇더ᄒᆞ야사 이에 可(가)히 士(ᄉ)ㅣ라 니ᄅᆞ리잇고 子(ᄌ)ㅣ ᄀᆞᄅᆞ샤듸 己(긔)를 行(ᄒᆡᆼ)호매 恥(티)이시며 四方(ᄉ방)에 使(시)호매 君命(군명)을 辱(욕)디 아니면 可(가)히 士(ᄉ)ㅣ라 니를 디니라

ᄀᆞ로듸 敢(감)히 그 次(ᄎ)를 뭇노이다 ᄀᆞᄅᆞ샤듸 宗族(종족)이 孝(효)를 稱(칭)ᄒᆞ며 鄕黨(향당)이 弟(뎨)를 稱(칭)호미니라

ᄀᆞ로듸 敢(감)히 그 次(ᄎ)를 묻노이다 ᄀᆞᄅᆞ샤듸 言(언)을 반ᄃᆞ시 信(신)히 ᄒᆞ며 行(ᄒᆡᆼ)을 반ᄃᆞ시 果(과)히 ᄒᆞ면 硜硜(경경)ᄒᆞᆫ 小人(쇼인)이나 ᄯᅩᄒᆞᆫ 可(가)히 ᄡᅥ 次(ᄎ)ㅣ 될 디니라

ᄀᆞ로듸 이제 政(졍)을 從(죵)ᄒᆞᄂᆞᆫ 者(쟈)ᄂᆞᆫ 엇더ᄒᆞ니잇고 子(ᄌ)ㅣ ᄀᆞᄅᆞ샤듸 噫(희)라 斗筲(두쵸)읫 사ᄅᆞᆷ을 엇디 足(족)히 혜아리리오

◆ 集 註

322-㊀

使, 去聲.

○ 此其志有所不爲, 而其材足以有爲者也. 子貢能言, 故以使事告之. 蓋爲使之難, 不獨貴於能言而已.

使는 去聲이다.

○ 이는 그 뜻으로는 하지 않는 바가 있으면서 그 재능은 족히 해낼 수 있는 자이다. 子貢은 말솜씨에 능하였다. 그 때문에 使事(사신의 임무)로써 고해준 것이다. 대체로 사신 노릇하기가 어려운 것이니, 그저 말 잘하는 것으로써 귀히 여길 수만은 없는 것이다.

322-㊁

弟, 去聲.

○ 此本立而材不足者, 故爲其次.

弟는 去聲이다.

○ 이는, 근본은 섰으나 재능이 부족한 자이다. 그 때문에 그 다음 차례로 삼은 것이다.

322-㊂

行, 去聲. 硜, 苦耕反.

○ 果, 必行也. 硜, 小石之堅確者. 小人, 言其識量之淺狹也. 此其本末皆無足觀, 然亦不害其爲自守也. 故聖人猶有取焉, 下此則市井之人, 不復可爲士矣.

行(항)은 去聲이다. 硜은 反切로 '苦耕反'(경, 갱)이다.

○ 果는 반드시 실행함이다. 硜은 작은 돌의 견고하고 단단함이다. 小人은 그 식견과 도량이 얕고 좁음을 말한다. 이는 그 本末은 모두 볼 만한 것이

없으나, 역시 그 스스로를 지키는 데에는 害가 되지 않는다. 그 때문에 聖人이 오히려 이를 취함이 있으며, 그 아래라면 市井 사람으로서 더이상 선비로 여길 수 없는 것이다.

322-㉖

笭, 所交反. 算, 亦作筭, 悉亂反.

○ 今之從政者, 蓋如魯三家之屬. 噫, 心不平聲. 斗, 量名, 容十升. 笭, 竹器, 容斗二升. 斗笭之人, 言鄙細也. 算, 數也. 子貢之問每下, 故夫子以是警之.

○ 程子曰:「子貢之意, 蓋欲爲皎皎之行, 聞於人者. 夫子告之, 皆篤實自得之事.」

笭는 反切로 '所交反'(소,《諺解》에는 '초'로 읽었음)이다. 算은 筭으로도 쓰며 '悉亂反'(산)이다.

○ 지금의 정치에 종사하는 자는 대개 魯나라 三家(孟孫氏·仲孫氏·季孫氏) 같은 무리이다. 噫는 마음이 평온하지 못할 때 나오는 소리이다. 斗는 용량의 단위로 10되 들이이다. 笭는 대나무 그릇으로 1말 2되이다. 斗笭之人이란 비루하고 자질구레하다는 말이다. 算은 셈하는 것이다. 子貢의 질문은 매번 낮은 것이어서 그 때문에 夫子가 이로써 경책한 것이다.

○ 程子(程頤)는 이렇게 말하였다. "子貢의 의도는 아마 皎皎한 행동을 하여 남에게 소문이 나고자 한 것이리라. 夫子께서 일러 준 것은 모두가 독실히 하여 스스로 얻을 수 있는 일들이다."

323(13-21)

不得中行而與之

공자가 말하였다.

"중행中行의 선비를 얻어 함께 할 수 없으니, 반드시라면 광자狂者나 견자狷者와 함께 하리라! 광자는 진취進取하고, 견자는 하지 않는 것이 있다."

子曰:「不得中行而與之, 必也狂狷乎! 狂者進取, 狷者 有所不爲也.」㊀

【中行】中道를 실천하는 선비. 孔子가 가르치고 싶어하는 유형의 선비이다.
《孟子》盡心下. 259에는 中道로 되어 있다.
【必也】'반드시라면, 꼭 해야 한다면, 期必한다면'의 뜻이다.
【狂者】狂簡한 자. 거침없이 進取的(進就的)으로 나가는 유형. 옳은 일이라면
두려움 없이 실행하는 자.《孟子》에 자세한 풀이가 있다.
【狷者】자기 소신이 있어 하지 않는다면 하지 않는 성격의 소유자.

⊙ 諺解

 子(자)ㅣ 골ᄋ샤ᄃᆡ 中行(듕ᄒᆡᆼ)을 得(득)ᄒ야 與(여)티 몯홀ᄯᆡᆫ댄
반ᄃ시 狂(광)과 狷(견)인뎌 狂(광)ᄒᆞᆫ 이ᄂᆞᆫ 進(진)ᄒ야 取(취)ᄒ고
狷(견)ᄒᆞᆫ 이ᄂᆞᆫ ᄒᆞ디 아닐 빼 인ᄂᆞ니라

 子(자)ㅣ ᄀᆞᄅ샤ᄃᆡ 中行(듕ᄒᆡᆼ)을 어더 與(여)티 못홀딘댄 반ᄃ시
狂(광)과 狷(견)인뎌 狂(광)ᄒᆞᆫ 者(쟈)ᄂᆞᆫ 進(진)ᄒ야 取(취)ᄒ고
狷(견)ᄒᆞᆫ 者(쟈)ᄂᆞᆫ ᄒᆞ디 아닐 배 잇ᄂᆞ니라

◆ 集註

323-㊀

狷, 音絹.

○ 行, 道也. 狂者, 志極高而行不掩. 狷者, 知未及而守有餘. 蓋聖人本欲得中道
之人而敎之, 然旣不可得, 而徒得謹厚之人, 則未必能自振拔而有爲也. 故不若得
此狂狷之人, 猶可因其志節, 而激厲裁抑之以進於道, 非與其終於此而已也.

○ 孟子曰:「孔子豈不欲中道哉? 不可必得, 故思其次也. 如琴張・曾晳・牧皮者,
孔子之所謂狂也. 其志嘐嘐然, 曰:『古之人! 古之人!』夷考其行而不掩焉者也.
狂者又不可得, 欲得不屑不潔之士而與之, 是狷也, 是又其次也.」

狷은 음이 絹(견)이다.

○ 行은 道이다. 狂이란 뜻이 지극히 높으면서 행동은 掩蔽되지 않는 것이요, 狷은 지식이 미치지 못하나, 그 지킴에 여유가 있는 것이다. 대개 聖人은 본래 中道之人을 얻어 가르치고 싶어하였으나, 이미 얻을 수가 없었다. 한갓 謹厚한 자만 얻는다면 능히 스스로 振拔하여도 반드시 이를 해낼 수 있는 자가 아니다. 그 때문에 이러한 狂狷之人을 얻어 그나마 志節을 근거로 하여 이를 격려하고, 裁抑(제재하고 억제함)하여 道로 나아가게 함만 못하니, 그것이 이쯤에서 마침을 許與한 것은 아니다.

○ 孟子(《孟子》 盡心下 259에 자세히 실려 있음)는 이렇게 말하였다. "孔子가 어찌 中道를 구하고자 하지 않았겠는가? 꼭 얻을 수 있는 것이 아니기 때문에 그 다음을 생각한 것이다. 예를 들면 琴張·曾晳·牧皮 같은 이는 孔子가 말한 바의 狂이다. 그들은 뜻이 嘐嘐然하여 '옛 사람이여! 옛 사람이여!'라 하였지만, 그들의 행동을 살펴보면 스스로 엄폐되지 않는 자들이다. 狂한 이를 또다시 얻지 못하게 되자 不屑不潔(불결한 것을 자질구레하다 여기지 않음)한 선비를 얻어 하고자 하였으니, 이들이 狷한 자이며, 이는 다시 그 다음이다."

324(13-22)

南人有言曰

공자가 말하였다.

"남방 사람들이 '사람이 떳떳함이 없이는 무巫나 의醫조차 될 수 없다'라 하였으니 훌륭하도다!" 또 "그 덕을 떳떳이 하지 않았다가는 혹 치욕으로 나가게 된다"라 하였다. 공자는 이렇게 말하였다.

"떳떳하지 못한 자는 점을 칠 필요조차 없다."

子曰:「南人有言曰:『人而無恆, 不可以作巫醫.』善夫!」㊀
「不恆其德, 或承之羞.」㊁
子曰:「不占而已矣.」㊂

【巫醫】古代의 巫와 醫는 병을 고치는 직책. 이 구절은 南方의 格言인 듯하다.

【不恆其德】원래는 오래 끌지 못하여 변화가 심한 것을 뜻한다. 《周易》恆卦의 爻辭이다.

【不占而已矣】朱子는 '뜻이 자세하지 않다'라 하였다. 《諺解》에는 "점치지 않았을 따름이다"라 하였고, "이상의 두 가지(南方格言과 《周易》의 '恆心이 없는 자는 점을 칠 필요도 없다'의 뜻이다"라 풀이한 것으로는 楊伯峻 《論語譯註》·《新譯四書讀本》(三民本)·《四書全譯》(貴州本) 등이 있으며, 毛子水는 《論語今註今譯》(商務印本)에서 "『不恆其德』 이하는 해석을 보류한다"라 하였다. 여기서는 일반적인 해석에 따라 임시로 풀이하여 둔다.

○ 諺解

陶山本   子(ᄌ)ㅣ ᄀᆞᆯ으샤ᄃᆡ 南人(남신)이 言(언)을 두어 ᄀᆞᆯ오ᄃᆡ 人(신)이오
恒(ᄒᆞᆼ)이 업스면 可(가)히 ᄡᅥ 巫(무)와 醫(의)도 되디 몯ᄒᆞ리라
ᄒᆞ니 善(션)ᄒᆞ다
그 德(덕)을 恒(ᄒᆞᆼ)티 아니ᄒᆞ면 或(혹)이 羞(슈)를 承(승)ᄒᆞ리라 ᄒᆞ니
子(ᄌ)ㅣ ᄀᆞᆯ으샤ᄃᆡ 占(졈)티 아니홀 ᄯᆞ름이니라

栗谷本   子(ᄌ)ㅣ ᄀᆞᄅᆞ샤ᄃᆡ 南人(남인)이 言(언)을 두어 ᄀᆞᆯ오ᄃᆡ 사ᄅᆞᆷ이
恒(ᄒᆞᆼ)이 업스면 可(가)히 巫(무)와 醫(의) 되디 못ᄒᆞ리라 ᄒᆞ니
善(션)ᄒᆞ뎌
그 德(덕)을 恒(ᄒᆞᆼ)히 아니면 或(혹) 羞(슈)로 承(승)ᄒᆞ다 ᄒᆞ니
子(ᄌ)ㅣ ᄀᆞᄅᆞ샤ᄃᆡ 占(졈)티 아니홀 ᄯᆞᄅᆞ미로다

324-㊀

恆, 胡登反. 夫, 音扶.

○ 南人, 南國之人. 恆, 常久也. 巫, 所以交鬼神. 醫, 所以寄死生. 故雖賤役, 而尤不可以無常, 孔子稱其言而善之.

恆은 反切로 '胡登反'(항)이다. 夫는 음이 扶(부)이다.
○ 南人은 남쪽 나라 사람이다. 恆은 평상 상태의 지속(常久)이다. 巫는 鬼神과 교통하는 것이다. 醫는 死生을 寄託하는 자이다. 그러므로 비록 천한 일을 하지만 더욱 恆常이 없어서는 안 된다. 孔子가 그 말을 칭하여 훌륭하다 한 것이다.

324-㊁

此易恆卦九三爻辭. 承, 進也.

이는 《周易》 恆卦 九三의(九三은 爻가 陽爻이며 세 번째일 때 부르는 이름) 爻辭이다. 承은 나아가다의 뜻이다.

324-㊂

復加『子曰』, 以別易文也, 其義未詳.
楊氏曰:「君子於易苟玩其占, 則知無常之取羞矣. 其爲無常也, 蓋亦『不占而已矣』.」
意亦略通.

다시 '子曰'이라고 붙인 것은 《周易》의 문장과 구별하기 위해서이며, 그 뜻은 자세하지 않다.
楊氏(楊時)는 이렇게 말하였다. "君子가 《周易》에서 진실되게 그 占의 뜻을 玩味해 보면 常이 없이는 부끄러움을 취하게 됨을 알게 된다. 常心이 없는 행동을 하게 되는 것은, 아마도 역시 '不占而已矣'(이를 점쳐보지 않았을 따름이기 때문)인 듯하다. 의미는 역시 대략 통한다."

325(13-23)

君子和而不同

공자가 말하였다.

"군자는 화和하나 동同할 수는 없고, 소인은 동하기만 할 뿐 화하지는 못한다."*

子曰:「君子和而不同, 小人同而不和.」㊀

* 《晏子春秋》(018, 175)에 和와 同의 구별에 대한 구체적인 사례가 있다. 그리고 《左傳》昭公 20年·《國語》鄭語의 史伯의 일화도 역시 和와 同의 차이를 밝히고 있다.

"君子和而不同,
小人同而不和"(石可)

 子(ᄌᆞ)ㅣ ᄀᆞᆯ오샤ᄃᆡ 君子(군ᄌᆞ)ᄂᆞᆫ 和(화)하고 同(동)티 아니ᄒᆞ고 小人(쇼ᅀᅵᆫ)ᄋᆞᆫ 同(동)ᄒᆞ고 和(화)티 아니ᄒᆞᄂᆞ니라

 子(ᄌᆞ)ㅣ ᄀᆞᄅᆞ샤ᄃᆡ 君子(군ᄌᆞ)ᄂᆞᆫ 和(화)코 同(동)티 아니ᄒᆞ고 小人(쇼인)ᄋᆞᆫ 同(동)코 和(화)티 아니ᄂᆞ니라

325-㊀

和者, 無乖戾之心. 同者, 有阿比之意.

○ 尹氏曰:「君子尙義, 故有不同. 小人尙利, 安得而和?」

和란 乖戾(괴팍하고 지독함)한 마음이 없는 것이다. 同이란 阿比(아부하고 작당하는 행위)의 뜻이 있는 것이다.

○ 尹氏(尹焞)는 이렇게 말하였다. "君子는 義를 숭상한다. 그 때문에 不同이 있다. 小人은 利를 숭상한다. 그러니 어찌 和할 수 있겠는가?"

326(13-24)

子貢問曰

자공子貢이 여쭈었다.

"마을 사람들이 모두 한사람을 좋아하면 어떠합니까?"

공자는 이렇게 말하였다.

"그것만으로는 안 된다."

"그러면 온 마을 사람들 중에서 모두 미워하면 어떠합니까?"

공자는 이렇게 말하였다.

"그것도 안 되지. 마을 사람들이 잘하는 자가 좋아하고, 옳지 못한
자가 미워함만 같지 못하다."*

子貢問曰:「鄕人皆好之, 何如?」

　子曰:「未可也.」

　　「鄕人皆惡之, 何如?」

　子曰:「未可也; 不如鄕人之善者好之, 其不善者

　　　　惡之.」㊀

* 본장과 유사 의미로 衛靈公篇 406(15-27)·里仁篇 069(4-3)가 있다.

● 諺解

陶山本 　子貢(ᄌ공)이 묻ᄌ와 굴오ᄃᆡ 鄕人(향신)이 다 됴히 너기면 엇더ᄒ니잇고 子(ᄌ)ㅣ 굴ᄋ샤ᄃᆡ 可(가)티 아니ᄒ니라 鄕人(향신)이 다 아쳐ᄒ면 엇더ᄒ니잇고 子(ᄌ)ㅣ 굴ᄋ샤ᄃᆡ 可(가)티 아니ᄒ니라 鄕人(향신)의 善(션)한 者(쟈)ㅣ 됴히 너기고 그 善(션)티 아니ᄒ 者(쟈)ㅣ 아쳐홈만 ᄀᆮ디 몯ᄒ니라

栗谷本 　子貢(ᄌ공)이 묻ᄌ와 굴오ᄃᆡ 鄕人(향인)이 다 好(호)ᄒᆯ 딘댄 엇뎌ᄒ니잇고 子(ᄌ)ㅣ ᄀᆮᄅ샤ᄃᆡ 可(가)티 아니니라 鄕人(향인)이 다 惡(오)ᄒᆯ 딘댄 엇더ᄒ니잇고 子(ᄌ)ㅣ ᄀᆮᄅ샤ᄃᆡ 可(가)티 아니ᄒ니 鄕人(향인)의 善(션)한 者(쟈)ᄂᆫ 好(호)ᄒ고 그 善(션)티 아닌 者(쟈)ᄂᆫ 惡(오)홈만 ᄀᆺ디 몯ᄒ니라

326-㊀

好·惡, 並去聲.

○ 一鄕之人, 宜有公論矣, 然其間亦各以類自爲好惡也. 故善者好之而惡者不惡, 則必其有苟合之行. 惡者惡之而善者不好, 則必其無可好之實.

好·惡은 모두가 去聲이다.

○ 한 鄕의 사람들에게는 의당 公論이 있다. 그러나 그 사이에는 역시 각각 그 유형에 따라 저절로 호오가 있다. 그러므로 善한 자가 좋아하고 惡한 자 또한 미워하지 않는 경우라면 틀림없이 구차스럽게 영합하는 행동이 있어서일 것이다. 그리고 악한 자가 미워하고 선한 자 또한 좋아하지 않는 경우라면 틀림없이 가히 좋아할 만한 실질이 없어서일 것이다.

327(13-25)

君子易事而難說也

공자가 말하였다.

"군자는 받들기는 쉬우나 그를 기쁘게 하기는 어렵다. 기쁘게 하되 도道로써 하지 아니하면 기뻐하지 않기 때문이다. 그는 사람을 부릴 때에도 각각 그 기량을 살펴 시킨다. 그러나 소인은 받들기는 어려우나 기쁘게 하기는 쉽다. 그에게는 비록 도가 아닌 것으로 기쁘게 한다 해도 기뻐하기 때문이다. 그는 사람을 부릴 때에도 완비되기만을 요구한다."

子曰:「君子易事而難說也. 說之不以道, 不說也; 及其使人也, 器之. 小人難事而易說也. 說之雖不以道, 說也; 及其使人也, 求備焉.」㊀

【君子易事】君子 밑에서 일하기는 쉽다는 뜻. 《說苑》雜言篇에 「曾子曰: 『夫子
見人之一善而忘其百非. 是夫子之易事也.』」라 하였다.
【求備】完備되기를 요구함. 완전하기를 바람.

● 諺解

（陶山本） 子(ᄌ)ㅣ 골ᄋ샤ᄃᆡ 君子(군ᄌ)는 事(ᄉ)홈이 쉽고 說(열)케 홈이
어려우니 說(열)케 홈을 道(도)로써 아니ᄒ면 說(열)티 아니ᄒ고
그 人(신)을 使(ᄉ)홈애 미처ᄂᆞᆫ 器(긔)로 ᄒᆞᄂᆞ니라 小人(쇼신)은 事(ᄉ)홈이
어렵고 說(열)케 홈이 쉬우니 說(열)케 홈을 비록 道(도)로써 아니ᄒ야도
說(열)ᄒ고 그 人(신)을 使(ᄉ)홈애 미처ᄂᆞᆫ 備(비)홈을 求(구)ᄒᆞᄂᆞ니라

（栗谷本） 子(ᄌ)ㅣ ᄀᆞᄅ샤ᄃᆡ 君子(군ᄌ)는 셤기기 쉽고 깃기기 어려우니
깃기기를 道(도)로써 아니면 깃디 아니코 그 사름 브리매 미처ᄂᆞᆫ
器(긔)ᄒᆞᄂᆞ니라 小人(쇼인)은 셤기기 어렵고 깃기기 쉬우니 깃기기를 비록
道(도)로써 아니나 깃거ᄒ고 그 사름 브리매 미처ᄂᆞᆫ 備(비)호믈 求(구)ᄒᆞᄂᆞ니라

◆ 集註

327-㉠

易, 去聲. 說, 音悅.
○ 器之, 謂隨其材器而使之也. 君子之心公而恕, 小人之心私而刻. 天理人欲之間,
每相反而已矣.

易(이)는 去聲(이)이다. 說은 음이 悅(열)이다.
○ 器之는 그 재주와 器量에 따라 부림을 말한다. 君子의 마음은 공정하되
恕하며, 小人의 마음은 사사롭되 각박하다. 天理와 人欲의 사이는 매번 상반될
따름이다.

328(13-26)

君子泰而不驕

공자가 말하였다.

"군자는 태연히 하면서도 교만히 굴지 아니하나, 소인은 교만히 굴 뿐 태연히 할 줄은 모른다."

子曰:「君子泰而不驕, 小人驕而不泰.」㊀

【驕】교만함. 文字의 原義는 八尺馬이나, '교만하게 행동하다'로 轉義되었다.

陶山本

　　子(ㅈ)ㅣ 골ㅇ샤딕 君子(군ㅈ)는 泰(태)ㅎ고 驕(교)티 아니ㅎ고
小人(쇼신)은 驕(교)ㅎ고 泰(태)티 아니ㅎ니라

栗谷本

　　子(ㅈ)ㅣ ㄱ른샤딕 君子(군ㅈ)는 泰(태)코 驕(교)티 아니ㅎ고
小人(쇼인)은 驕(교)코 泰(태)티 아니니라

◆ 集 註

328-㈠

君子循理, 故安舒而不矜肆. 小人逞欲, 故反是.

君子는 이치를 따른다. 그 때문에 편안하되 자랑하거나 제멋대로 하지 않는다.
小人은 욕심을 드러내어 이에 상반된다.

329(13-27)

剛毅木訥近仁

공자가 말하였다.

"강하고(剛), 굳세고(毅), 박실하고(木), 어눌한 것(訥)이 인仁에 가까운 것이니라."

子曰:「剛·毅·木·訥近仁.」㊀

【剛毅木訥】 質樸, 朴實함. 王肅은 「剛, 無欲; 毅, 果敢; 木, 質樸; 訥, 遲鈍」이라 하였다

◉ 諺 解

 　　子(ᄌ)ㅣ ᄀᆞᆯ♀샤ᄃᆡ 剛(강)과 毅(의)와 木(목)과 訥(룰)이 仁(신)에 갓가오니라

 　　子(ᄌ)ㅣ ᄀᆞᄅᆞ샤ᄃᆡ 剛(강)코 毅(의)코 木訥(목룰)호미 仁(인)의 近(근)ᄒᆞ니라

◆ 集 註

329-一

程子曰:「木者, 質樸. 訥者, 遲鈍. 四者, 質之近乎仁者也.」
楊氏曰:「剛毅則不屈於物欲, 木訥則不至於外馳, 故近仁.」

　　程子(程頤)는 이렇게 말하였다. "木이란 質樸함이요, 訥이란 遲鈍함이다. 네 가지는 그 본질이 仁에 가까운 것이다."
　　楊氏(楊時)는 이렇게 말하였다. "剛毅하면 物欲에 굴하지 않을 것이요, 木訥하면 밖으로 내닫는 데에 이르지 않을 것이다. 그 때문에 仁에 가까운 것이다."

330(13-28)

子路問曰

자로子路가 여쭈었다.

"어찌하면 선비라 할 만합니까?"

공자가 이렇게 말하였다.

"간절하게 서로 살펴 고쳐주고 즐거움으로 하면 가히 선비라 할 수 있느니라. 친구 사이에는 간절하게 살펴 고쳐주어야 하고, 형제 사이에는 즐거움으로 대하여야 하느니라."

子路問曰:「何如斯可謂之士矣?」

子曰:「切切偲偲, 怡怡如也, 可謂士矣. 朋友切切

偲偲, 兄弟怡怡.」㊀

【偲偲】서로 責善하는 모습, 혹은 '자세히 살펴 힘쓰다'의 뜻이라 한다. 음은 '시'이다.

【怡怡】서로 즐거워하는 모습. '이'로 읽는다.

◉ 諺 解

陶山本　子路(ᄌ로) ㅣ 묻ᄌ와 골오ᄃᆡ 엇더ᄒ야ᅀᅡ 이에 可(가)히 士(ᄉ) ㅣ라 닐ᄋ리잇고 子(ᄌ) ㅣ 골ᄋ샤ᄃᆡ 切切(졀졀)ᄒ며 偲偲(싁싁)ᄒ며 怡怡(이이)ᄐᆺ ᄒ면 可(가)히 士(ᄉ) ㅣ라 닐을 ᄯᅵ니 朋友(붕우)에ᄂᆞᆫ 切切(졀졀)ᄒ며 偲偲(싁싁)ᄒ고 兄弟(형뎨)에ᄂᆞᆫ 怡怡(이이)홀 ᄯᅵ니라

栗谷本　子路(ᄌ로) ㅣ 묻ᄌ와 골오ᄃᆡ 엇지ᄒ야ᅀᅡ 이에 可(가)히 士(ᄉ) ㅣ라 니ᄅᆞ니잇고 子(ᄌ) ㅣ ᄀᆞᆯᄋ샤ᄃᆡ 切切(졀졀)히 ᄒ며 偲偲(싁싁)히 ᄒ며 怡怡(이이)히 ᄒ면 可(가)히 士(ᄉ) ㅣ라 니ᄅᆞᆯ 디니 朋友(붕우)애ᄂᆞᆫ 切切(졀졀) 偲偲(싁싁)ᄒ고 兄弟(형뎨)애ᄂᆞᆫ 怡怡(이이)히 홀 디니라

◆ 集 註

330-㊀

胡氏曰:「切切, 懇到也. 偲偲, 詳勉也. 怡怡, 和悅也. 皆子路所不足, 故告之. 又恐其混於所施, 則兄弟有賊恩之禍, 朋友有善柔之損, 故又別而言之.」

胡氏(胡寅)는 이렇게 말하였다. "切切은 간절함이 이른 것이다. 偲偲는 자상하게 힘쓰는 것이다. 怡怡는 화목하고 즐거운 것이다. 이는 모두가 子路에게 부족한 바이다. 그 때문에 일러준 것이다. 또 이를 베푸는 데 있어서 뒤섞이면 兄弟에게 은혜를 해치는 화가 생기고, 친구 사이에 善柔(부드럽게 잘함)에 손실이 있을까 걱정하여, 그 때문에 다시 구별하여 일러 준 것이다."

331(13-29)

善人教民七年

공자가 말하였다.

"훌륭한 이가 백성을 칠 년 정도만 가르치면 역시 그들로 하여금 싸움터에 나가게 할 수 있으리라."

子曰:「善人教民七年, 亦可以卽戎矣.」㊀

【卽戎】卽은 나가다(就), 動詞. 戎은 전쟁.

子(ᄌᆞ)ㅣ 글ᄋᆞ샤ᄃᆡ 善人(션신)이 民(민) ᄀᆞᄅᆞ침이 七年(칠년)이면 ᄯᅩᄒᆞᆫ 可(가)히 ᄡᅥ 戎(슝)에 卽(즉)ᄒᆞ리니라

 子(ᄌᆞ)ㅣ ᄀᆞᄅᆞ샤ᄃᆡ 善人(션인)이 ᄇᆡᆨ셩 ᄀᆞᄅᆞ치기ᄅᆞᆯ 七年(칠년)을 ᄒᆞ면 ᄯᅩᄒᆞᆫ 可(가)히 ᄡᅥ 戎(융)에 卽(즉)ᄒᆞ리라

◆ 集 註

331-㊀

敎民者, 敎之以孝弟忠信之行, 務農講武之法. 卽, 就也. 戎, 兵也. 民知親其上, 死其長, 故可以卽戎.

○ 程子曰「七年云者, 聖人度其時可矣. 如云朞月・三年・百年・一世・大國五年・小國七年之類, 皆當思其作爲如何乃有益.」

敎民이란 孝弟忠信의 행동과 務農・講武의 법을 가르치는 것이다. 卽은 就이다. 戎은 兵(싸움, 전쟁)이다. 百姓이 그 윗사람을 친히 여기고 그 어른을 위해서 죽을 줄 알기 때문에, 가히 싸움터로 나가게 할 수 있다.

○ 程子(程頤)는 이렇게 말하였다. "七年이라고 말한 것은 聖人이 그 시간을 헤아려 可하다고 한 것이다. 이를테면 朞・三年・百年・一世・大國五年・小國七年 (《孟子》離婁上) 등의 표현법이다. 모두가 그 作爲를 어떻게 해야 할 것인가를 생각하여야 이에 이익이 있을 것이다."

332(13-30)

以不敎民戰

공자가 말하였다.

"가르치지 아니한 백성으로써 싸움터로 내모는 것, 이를 두고 백성을 버리는 것이라 하는 것이다."**

子曰:「以不敎民戰, 是謂棄之.」㊀

【以】 用과 같다. '~로써, 사용하여'의 뜻.

*《孟子》告子下(168(12-8))에「不敎民而用之, 謂之殃民」이라 하였다.

*《周禮》大司馬「中春, 敎振武」의 鄭玄 注에「兵者, 守國之備. 孔子曰:『以不敎民戰, 是謂棄之.』兵者凶事, 不可空設, 因蒐狩而習之. 凡師, 出曰治兵; 入曰振旅, 皆習戰也」라 하였다.

子(ᄌ)ㅣ 글으샤ᄃᆡ ᄀᆞᄅ치디 아니ᄒᆞᆫ 民(민)으로ᄡᅥ 戰(젼)ᄒᆞ면 이 닐온 ᄇᆞ림이니라

 子(ᄌ)ㅣ ᄀᆞᄅ샤ᄃᆡ 敎(교)티 아닌 民(민)을 ᄡᅥ 戰(젼)ᄒᆞ면 이 닐온 棄(기)호미니라

◈ 集 註

332-㊀

以, 用也. 言用不敎之民以戰, 必有敗亡之禍, 是棄其民也.

以는 用(쓰임)의 뜻이다. 가르치지 아니한 百姓을 사용하여 싸우도록 하면 틀림없이 敗亡之禍가 있을 터이니, 이는 百姓을 버리는 것이라고 말한 것이다.

논어

原憲字子思魯人㕁 原伯

〈原憲〉(子思) 王立忠 《精選中華文物石索》

헌문憲問 第十四

총47장(333-379)

◈ 集註

胡氏曰:「此篇疑原憲所記.」
凡四十七章.

　호씨胡氏(胡寅)가 말하였다. "이 편은 원헌原憲이 기록한 것이
아닌가 한다."
　모두 46장이다.

333(14-1)

憲問恥

원헌原憲이 부끄러움이 무엇인가에 대하여 여쭙자, 공자가 이렇게 말하였다.

"나라에 도가 있을 때 녹만 받아먹는 것이나, 나라에 도가 없는데도 녹만 받아먹는 것, 이것이 부끄러움이니라."*

憲問恥.

子曰:「邦有道, 穀; 邦無道, 穀, 恥也.」㊀

【憲】 原憲. 原思. 孔子의 弟子로 가난을 이겨내는 데 뛰어났다.
【穀】 祿. 俸祿을 뜻한다.
* 毛子水는 본장과 다음 장(334)를 묶어 하나의 章으로 보았다.

憲(헌)이 恥(티)를 묻ᄌᆞ온대 子(ᄌᆞ) | 글ᄋᆞ샤ᄃᆡ 邦(방)이 道(도) | 이숌애 穀(곡)만 ᄒᆞ며 邦(방)이 道(도) | 업슴애 穀(곡)만 홈이 恥(티) | 니라

憲(헌)이 恥(티)를 묻ᄌᆞ온대 子(ᄌᆞ) | ᄀᆞᄅᆞ샤ᄃᆡ 邦(방)이 道(도) | 이신제 穀(곡)만 ᄒᆞ며 邦(방)이 道(도) | 업슨 제 穀(곡)만 ᄒᆞ미 恥(티)니라

◆ 集註

333-㊀

憲, 原思名. 穀, 祿也. 邦有道不能有爲, 邦無道不能獨善, 而但知食祿, 皆可恥也. 憲之狷介, 其於邦無道穀之可恥, 固知之矣; 至於邦有道穀之可恥, 則未必知也. 故夫子因其問而幷言之, 以廣其志, 使知所以自勉, 而進於有爲也.

憲은 原思의 이름이다. 穀은 祿(祿俸)이다. 나라에 道가 있음에도 능히 하는 일이 없고, 나라에 道가 없을 때는 능히 홀로 善하지도 못하면서 다만 食祿만 아는 것은 모두가 수치스럽게 여길 만한 일이다. 原憲의 狷介(지조. 절개. 쌍성어)는 나라에 道가 없을 때의 俸祿은 수치스러운 일이라는 것에 대해서는 진실로 알고 있었으나, 나라에 도가 있을 때의 俸祿도 수치가 될 수 있는 경우에 이르러서는 아직 알지 못하고 있었다. 그 때문에 夫子가 그 질문을 근거로 함께 말해 주어 그 뜻을 넓혀, 그로 하여금 스스로 힘쓸 바를 알아 有爲로 나아가게 한 것이다.

334(14-2)

克伐怨欲不行焉

"이기고자 하는 것(克)·자랑하는 것(伐)·원망하는 것(怨)·욕심을 부리는 것(欲) 등을 행하지 아니하면 가히 어질다고 할 수 있습니까?"

이에 공자는 이렇게 말하였다.

"그렇게 하기가 어렵지. 그러나 그렇게 한다고 해서 그것이 곧 어짊인지는 나도 모르겠다."*

「克·伐·怨·欲不行焉, 可以爲仁矣?」㊀
子曰:「可以爲難矣, 仁則吾不知也.」㊁

【伐】자신의 공로를 자랑하는 것.

【欲】慾心을 부림.

* 何晏의 《論語集解》에는 이의 질문자를 原憲으로 보고 앞장과 합하여 하나의 章으로 여겼다.

● 諺 解

陶山本
　　克(극)과 伐(벌)과 怨(원)과 欲(욕)을 行(힝)티 몯게 ᄒᆞ면 可(가)히 ᄡᅥ 仁(신)이라 ᄒᆞ리잇가

子(ᄌᆞ)ㅣ ᄀᆞᄅᆞ샤ᄃᆡ 可(가)히 ᄡᅥ 어렵다 ᄒᆞ려니와 仁(신)은 내 아디 몯게라

栗谷本
　　克(극)과 伐(벌)과 怨(원)과 欲(욕)을 行(힝)티 아니면 可(가)히 ᄡᅥ 仁(인)이라 ᄒᆞ리잇가

子(ᄌᆞ)ㅣ ᄀᆞᄅᆞ샤ᄃᆡ 可(가)히 ᄡᅥ 어렵다 ᄒᆞ려니와 仁(인)은 내 아디 몯게라

◆ 集 註

334-㉠

此亦原憲以其所能而問也. 克, 好勝. 伐, 自矜. 怨, 忿恨. 欲, 貪欲.

이 역시 原憲이 자신이 능한 바를 가지고 여쭈어 본 것이다. 克은 이기기를 좋아하는 것이며, 伐은 스스로 자랑하는 것, 怨은 분하게 여겨 한을 품는 것, 欲은 貪欲(貪慾)이다.

334-㉡

有是四者而能制之, 使不得行, 可謂難矣. 仁則天理渾然, 自無四者之累, 不行, 不足以言之也.

○ 程子曰:「人而無克·伐·怨·欲, 惟仁者能之. 有之而能制其情使不行, 斯亦難能也. 謂之仁則未也. 此聖人開示之深, 惜乎, 憲之不能再問也!」

或曰:「四者不行, 固不得爲仁矣. 然亦豈非所謂克己之事, 求仁之方乎?」

曰:「克去己私以復乎禮, 則私欲不留, 而天理之本然者得矣. 若但制而不行, 則是未有拔去病根之意, 而容其潛藏隱伏於胸中也. 豈克己求仁之謂哉? 學者察於二者之間, 則其所以求仁之功, 益親切而無滲漏矣.」

이 네 가지를 가지고 있으면서, 능히 제어하여 그렇게 하지 못하게 하는 것은 가히 어렵다고 할 수 있다. 仁이란 天理가 渾然하여 저절로 네 가지의 얽매임이 없는 것이니, 행하지 않는 일이란 굳이 말할 거리가 되지 않는다.

○ 程子(程頤)는 이렇게 말하였다. "사람으로써 克·伐·怨·欲이 없을 수 있는 것은 오직 仁者만이 능할 수 있다. 이러한 것을 가지고 있으면서도 능히 그 情을 제어하여 행하지 못하게 하는 것, 이 역시 능히 해내기가 어렵다. 그렇지만 이를 仁이라 하기에는 아직 이르다. 이는 성인이 開示(펴서 보여 줌)함이 깊은 것이건만 아깝도다. 原憲이 다시 묻지 못함이여!"

혹자는 이렇게 말하였다. "이 네 가지가 행동으로 옮겨지지 않는 것이 진실로 爲仁(仁을 실행함)이 될 수는 없지만, 역시 어찌 克己之事와 求仁之方(仁을 구하는 방법)이라 말할 수야 없겠는가?"

나는 이렇게 대답하였다. "자신의 사사로움을 克己(이겨내어 제거함)하고 禮로 돌아간다면 私欲이 남아 있지 못할 것이요, 天理의 本然함이 얻어질 것이다. 만약 다만 제어만 하여 행동으로 나타나지 못하게 한다면, 이는 아직 그 병폐의 뿌리를 뽑아 버리지 않은 것으로, 그것이 가슴속에 잠복하여 숨겨져 있는 것을 용인하는 것이 된다. 그러니 어찌 克己求仁이라 말할 수 있겠는가? 배우는 자가 이 두 가지 차이를 살펴본다면, 그 求仁의 공력이 더욱 가깝고 절박하여 새어나가거나 누락됨이 없게 될 것이다."

335(14-3)

士而懷居

공자가 말하였다.

"선비로서 편안함에 뜻을 둔다면 족히 선비라고 여길 수 없느니라."

子曰:「士而懷居, 不足以爲士矣.」㊀

【懷居】 편안히 살기를 생각함.

"士而懷居, 不足以爲士"(石可)

 諺 解

 子(ᄌ)ㅣ ᄀᆞᆯᄋᆞ샤ᄃᆡ 士(ᄉ)ㅣ오 居(거)ᄅᆞᆯ 懷(회)ᄒᆞ면 足(죡)히 ᄡᅥ 士(ᄉ)ㅣ라 ᄒᆞ디 몯홀 ᄭᅥ시니라

 子(ᄌ)ㅣ ᄀᆞᄅᆞ샤ᄃᆡ 士(ᄉ)ㅣ오 居(거)ᄅᆞᆯ 懷(회)ᄒᆞ면 足(죡)히 ᄡᅥ 士(ᄉ)ㅣ 되디 못홀 디니라

◆ **集 註**

335-㊀

居, 謂意所便安處也.

居는 뜻이 편안히 여기는 바의 안식처를 말한다.

336(14-4)

邦有道

공자가 말하였다.

"나라에 도가 있으면 말도 높게 하고 행동도 높게 할 수 있지만, 나라에 도가 없을 때에는 행동을 높게 하되 말은 공손히 해야 하느니라."

子曰:「邦有道, 危言危行; 邦無道, 危行言孫.」㊀

【危言】正言. 올곧은 말. 비판의 말. 危行도 같다.
【孫】遜과 같다. 공손함.

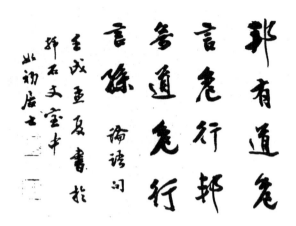

"邦有道, 危言危行; 邦無道, 危行言孫"(如初 金膺顯)

 諺解

 子(ᄌ)ㅣ ᄀᆞᆯᄋᆞ샤ᄃᆡ 邦(방)이 道(도)ㅣ 이슘앤 言(언)을 危(위)히
ᄒᆞ며 行(ᄒᆡᆼ)을 危(위)히 ᄒᆞ고 邦(방)이 道(도)ㅣ 업슘앤 行(ᄒᆡᆼ)을
危(위)히 ᄒᆞ고 言(언)은 孫(손)히 ᄒᆞᆯ ᄯᅵ니라

 子(ᄌ)ㅣ ᄀᆞᄅᆞ샤ᄃᆡ 邦(방)이 道(도)ㅣ 이신 제 言(언)을 危(위)히
ᄒᆞ며 行(ᄒᆡᆼ)을 危(위)히 ᄒᆞ고 邦(방)이 道(도)ㅣ 업슨 제ᄂᆞ 行(ᄒᆡᆼ)을
危(위)히 ᄒᆞ고 言(언)을 孫(손)히 ᄒᆞᆯ 디니라

◆ **集註**

336-㊀

行·孫, 並去聲.

○ 危, 高峻也. 孫, 卑順也.

尹氏曰:「君子之持身不可變也, 至於言則有時而不敢盡, 以避禍也. 然則爲國者
使士言孫, 豈不殆哉?」

1154 **논어**

行·孫은 모두 去聲이다.

○ 危는 높고 험준한 것이다. 孫(遜)은 낮추어 따르는 것이다.

尹氏(尹焞)는 이렇게 말하였다. "君子의 몸 보살핌은 변할 수 없지만 말에 있어서라면 때에 따라 감히 하고 싶은 바를 다하지 않아, 禍를 피해야 할 경우가 있다. 그런즉 나라를 다스리는 자가 선비들에게 말을 공손하게 하도록 해야 할 경우가 있다면 어찌 위태롭다 아니하겠는가?"

有德者必有言

공자가 말하였다.

"덕 있는 자는 반드시 그에 맞는 말이 있지만, 그러한 말을 한 자라고 해서 반드시 덕이 있는 것은 아니다. 어진 이는 반드시 용기가 있지만, 용기 있는 자라고 해서 반드시 어짊이 있는 것은 아니다."

子曰:「有德者必有言, 有言者不必有德. 仁者必有勇,
勇者不必有仁.」㊀

【有言】名言. 세상에 유익한 말.

陶山本　子(ᄌ)ㅣ 글ᄋ샤ᄃᆡ 德(덕)을 둔ᄂ 者(쟈)ᄂ 반ᄃᆞ시 言(언)을 둣거니와 言(언)을 둔ᄂ 者(쟈)ᄂ 반ᄃᆞ시 德(덕)을 두디 몯ᄒᄂ니라 仁(신)ᄒ 者(쟈)ᄂ 반ᄃᆞ시 勇(용)을 둣거니와 勇(용)ᄒ 者(쟈)ᄂ 반ᄃᆞ시 仁(신)을 두디 몯ᄒᄂ니라

栗谷本　子(ᄌ)ㅣ ᄀᆞᄅ샤ᄃᆡ 德(덕)을 둣ᄂ 者(쟈)ᄂ 반ᄃᆞ시 言(언)을 둣거니와 言(언) 둣ᄂ 者(쟈)ㅣ 구틔여 德(덕)을 둣디 못ᄒ며 仁(인)ᄒ 者(쟈)ᄂ 반ᄃᆞ시 勇(용)을 둣거니와 勇(용)ᄒ 者(쟈)ㅣ 구틔여 仁(인)을 둣디 못ᄒᄂ니라

◆ 集註

337-㊀

有德者, 和順積中, 英華發外. 能言者, 或便佞口給而已. 仁者, 心無私累, 見義必爲. 勇者, 或血氣之强而已.

○ 尹氏曰:「有德者必有言, 徒能言者未必有德也. 仁者志必勇, 徒能勇者未必有仁也.」

德있는 자는 和順이 중심에 쌓이고, 榮華가 밖으로 나타난다. 그러나 말에 능한 자는 가끔 便佞(말 잘함)·口給(남의 말을 잘 받아 막음)할 뿐일 수도 있다. 어진 자는 마음에 사사로운 얽매임이 없고, 의를 보면 반드시 행한다. 그러나 용맹한 자는 가끔 혈기만 강할 따름일 수도 있다.

尹氏(尹焞)는 이렇게 말하였다. "德 있는 자는 틀림없이 (훌륭한) 말이 있지만, 한갓 말에만 능한 자는 반드시 덕까지 갖추고 있는 것은 아니다. 어진 이는 틀림없이 용감하지만, 한갓 용맹하기만 한 자는 반드시 仁까지 지니고 있는 것은 아니다."

南宮适問於孔子曰

　　남궁괄南宮适이 공자에게 여쭈었다.

　　"후예后羿는 활을 잘 쏘았고, 오奡는 배를 타고 적을 무찌름에 뛰어났지만 모두가 좋은 죽음을 맞지는 못하였습니다. 그러나 우禹임금과 후직后稷은 몸소 농사를 지었지만 천하를 얻게 되었습니다."

　　선생님(공자)은 이에 대답을 아니하였다.

　　남궁괄이 나가자 공자는 그제야 이렇게 말하였다.

　　"군자로다, 이 같은 사람이여! 덕을 숭상할 줄 아는 자로다, 이 같은 사람이여!"

> 南宮适問於孔子曰:「羿善射, 奡盪舟, 俱不得其死然.
> 禹稷躬稼而有天下.」
> 夫子不答.
> 南宮适出, 子曰:「君子哉若人! 尚德哉若人!」㊀

【南宮括】南容(전출).

【羿】有窮后羿. 傳說에는 같은 이름이 셋이나 있다. 하나는 帝嚳 때의 弓士(《說文解字》), 다른 하나는 唐堯 때의 弓士로 열 개의 해가 한꺼번에 떠오르자 그 중 9개를 쏘아 없앤 人物이다(《淮南子》本經訓). 다음으로는 夏나라 때의 有窮國의 君主이다(《左傳》襄公 4年). 여기서는 세 번째의 人物을 가리킨다고 보고 있다. '예'로 읽는다.

【奡】'오'로 읽는다. 夏나라 寒浞의 아들로 字를 澆라 하였다. 朱駿聲의《說文通訓定聲》孚部의 '奡' 字 注에 「或據竹書及楚辭覆舟斟鄩事, 謂論語之奡, 卽左傳襄四傳之澆; 澆奡亦一聲之轉」이라 하였다(澆에 대한 자세한 기록은《左傳》襄公 4년, 哀公 元年, 그리고《竹書紀年》帝相 27年을 볼 것).

【盪舟】"능히 뭍에서 배를 끌 수 있는 힘이 있다"(朱註)는 풀이와 "水戰에 뛰어나다"의 해석이 있다. 劉寶楠의《論語正義》(諸子集成本)에는 「孔曰: 奡多力, 能陸地行舟」라 하고 자신의 疏에는 顧炎武의《日知錄》을 인용하여 「古人以左右衝殺爲盪陣, 其銳卒謂之跳盪, 別帥謂之盪舟」라 하여 "배를 타고 휘저어 싸움을 벌이다"(水戰에 뛰어나다)는 뜻으로 보았다. 楊伯峻, 毛子水,《四書全譯》에서도 이렇게 보았으며,《四書讀本》만은 "능히 뭍에서 배를 끌다"로 보았다. 본 역주에서는 "水戰에 뛰어나다"로 풀이하였다.

【禹】古代 夏나라의 開國 君主.

【后稷】古代 周나라의 始祖. 처음으로 農耕을 가르쳤다 한다.《史記》周本紀 참조.

〈后稷〉(姬棄)《三才圖會》

陶山本   南宮适(남궁괄)이 孔子(공ᄌᆞ)끠 묻ᄌᆞ와 굴오ᄃᆡ 羿(예)ᄂᆞᆫ 射(샤)를 善(션)ᄒᆞ고 奡(오)ᄂᆞᆫ 舟(쥬)를 盪(탕)호ᄃᆡ 다 그 死(ᄉᆞ)를 得(득)디 몯ᄒᆞ야늘 그러나 禹(우)와 稷(직)은 몸소 稼(가)호ᄃᆡ 天下(텬하)를 두시니이다 夫子(부ᄌᆞ)ㅣ 答(답)디 아니ᄒᆞ더시니 南宮适(남궁괄)이 出(츌)커늘 子(ᄌᆞ)ㅣ 굴ᄋᆞ샤ᄃᆡ 君子(군ᄌᆞ)ㅣ라 이러틋 ᄒᆞᆫ 사름이여 德(덕)을 尙(샹)ᄒᆞᄂᆞ다 이러틋 ᄒᆞᆫ 사름이여

栗谷本   南宮适(남궁괄)이 孔子(공ᄌᆞ)끠 묻ᄌᆞ와 굴오ᄃᆡ 羿(예)ᄂᆞᆫ 射(샤)를 善(션)히 ᄒᆞ고 奡(오)ᄂᆞᆫ 舟(쥬)를 盪(탕)호ᄃᆡ 다 그 死(ᄉᆞ)를 得(득)디 몯ᄒᆞ고 그러나 禹(우)와 稷(직)은 몸으로 稼(가)ᄒᆞ시다가 天下(텬하)를 두시니이다 夫子(부ᄌᆞ)ㅣ 答(답)디 아니ᄒᆞ시고 南宮适(남궁괄)이 出(츌)ᄒᆞ거늘 子(ᄌᆞ)ㅣ ᄀᆞᄅᆞ샤ᄃᆡ 君子(군ᄌᆞ)라 이런 사름이여 德(덕)을 尙(샹)ᄒᆞ다 이런 사름이여

338-㊀

适, 古活反. 羿, 音詣. 盪, 土浪反.

○ 南宮适, 卽南容也. 羿, 有窮之君, 善射, 滅夏后相而簒其位. 其臣寒浞又殺羿而伐之. 奡, 春秋傳作『澆』, 浞之子也, 力能陸地行舟, 後爲夏后少康所誅. 禹平水土曁稷播種, 身親稼穡之事. 禹受舜禪而有天下, 稷之後至周武王亦有天下. 适之意, 蓋以羿奡比當世之有權力者, 而以禹稷比孔子也. 故孔子不答. 然适之言如此, 可謂君子之人, 而有尙德之心矣, 不可以不與. 故俟其出而贊美之.

适은 反切로 '古活反'(괄)이며, 羿는 음이 詣(예)이다. 盪은 '土浪反'(탕)이다.

○ 南宮适은 南容이다. 羿는 有窮의 임금으로 활을 잘 쏘아 夏后인 相을 멸하고 그 王位를 찬탈하였다. 그 臣下인 寒浞이 다시 羿를 죽여 이를 토벌하였다. 奡는 《春秋傳》(《左傳》 襄公 4年)에는 '澆'로 실려 있으며 寒浞의 아들이다. 그의 힘은 능히 뭍에서 배를 끌 수 있었다. 뒤에 夏后인 少康에게 죽임을 당하였다. 禹는 물과 농토를 고르게 하였으며, 后稷과 함께 파종(농사)하여 몸소 농사의 일을 하였다. 禹는 舜으로부터 天下를 禪讓을 받아 다스리게 되었고, 后稷의 後孫도 周 武王에 이르러 역시 天下를 갖게 되었다. 南宮适의 뜻은 아마 后羿와 奡로써 當世의 권력 있는 자를 비유하고 禹와 后稷을 孔子에 비유한 것이리라. 그 때문에 孔子가 대답하지 않은 것이다. 그러나 南宮适의 말이 이와 같아 가히 君子축에 드는 사람으로 尙德之心이 있다고 이를 만하니 許與하기 않을 수 없다. 그 때문에 그가 밖으로 나가기를 기다렸다가 이를 칭찬한 것이다.

君子而不仁者有矣夫

공자가 말하였다.

"군자로서 어질지 못한 자는 있을 수 있으나, 소인이면서 어진 자는 있어본 적이 없다."

子曰:「君子而不仁者有矣夫, 未有小人而仁者也.」㊀

【夫】감탄종결사이다.

子(ᄌᆞ)ㅣ ᄀᆞᆯ 오샤ᄃᆡ 君子(군ᄌᆞ)ㅣ오 仁(신)티 몯ᄒᆞᆫ 者(쟈)ᄂᆞᆫ 잇거니와 小人(쇼신)이오 仁(신)ᄒᆞᆫ 者(쟈)ᄂᆞᆫ 잇디 아니ᄒᆞ니라

子(ᄌᆞ)ㅣ ᄀᆞ르샤ᄃᆡ 君子(군ᄌᆞ)ㅣ오 仁(인)티 못ᄒᆞᆫ 者(쟈)ᄂᆞᆫ 잇거니와 小人(쇼인)이오 仁(인)ᄒᆞᆫ 者(쟈)ᄂᆞᆫ 잇디 아니ᄒᆞ니라

◈ 集註

339-㊀

夫, 音扶.

○ 謝氏曰:「君子志於仁矣, 然毫忽之間, 心不在焉, 則未免爲不仁也.」

夫는 음이 扶(부)이다.

○ 謝氏(謝良佐)는 이렇게 말하였다. "君子가 仁에 뜻을 두었으면서, 毫忽(쌍성어, 아주 짧은 시간) 사이라도 마음이 거기에 있지 않다면, 不仁함을 아직 벗어나지 못한 것이다."

340(14-8)

愛之能勿勞乎

공자가 말하였다.

"사랑한다면서 능히 노고로운 일 하지 말라 하겠느냐? 충성되라 하면서 능히 깨우치지 말라 하겠느냐?"

子曰:「愛之, 能勿勞乎? 忠焉, 能勿誨乎?」㊀

【勞】《國語》魯語(下)에「夫民勞則思, 思則善心生; 逸則淫, 淫則忘善, 忘善則惡心生」이라 하였다.

"愛之, 能勿勞乎?
忠焉, 能勿誨乎"(石可)

 子(ᄌ)ㅣ 글ᄋᆞ샤ᄃᆡ 愛(ᄋᆡ)ᄒᆞ야란 能(능)히 勞(로)케 말랴 忠(튱)
ᄒᆞ야란 能(능)히 誨(회)티 말랴

 子(ᄌ)ㅣ ᄀᆞᄅᆞ샤ᄃᆡ 愛(ᄋᆡ)홀 딘댄 能(능)히 勞(로)티 말랴 忠(튱)
홀 딘댄 能(능)히 誨(회)티 말랴

◆ 集 註

340-㊀

蘇氏曰:「愛而勿勞, 禽犢之愛也; 忠而勿誨, 婦寺之忠也. 愛而知勞之, 則其爲愛
也深矣; 忠而知誨之, 則其爲忠也大矣.」

　蘇氏(蘇軾)는 이렇게 말하였다. "사랑한다면서 노고롭게 하지 않는 것은 짐승들의
사랑이요(《後漢書》 楊彪傳의 구절), 忠誠하기만 바라며 깨우쳐 주지 않는 것은 婦寺(부인
이나 內寺)들의 충성이다(《詩經》 大雅 瞻卬의 구절). 사랑하되 노고롭게 할 줄 안다면
그 사랑을 위함이 깊은 것이요, 충성하도록 하되 이를 깨우쳐 줄줄 안다면 그
충성을 위함이 큰 것이다."

爲命裨諶草創之

공자가 말하였다.

"정鄭나라의 외교문서는 비침裨諶이 처음 초안을 만들고, 세숙世叔이
이를 토론하며, 행인(行人; 외교관) 자우子羽가 이를 수식하고, 동리자산
東里子産이 이를 윤색하였다."*

子曰:「爲命, 裨諶草創之, 世叔討論之, 行人子羽脩
飾之, 東里子産潤色之.」⊖

【命】外交辭令. 외교 문서.
【裨諶】鄭나라의 大夫. 諶은 음의에 '심(時林反)'이나 《諺解》에는 '침'으로
읽었다.

【世叔】鄭나라의 子太叔. 이름은 游吉

【行人】官職 이름. 지금의 外交官. 《周禮》에 외교 업무를 관장하는 大行官, 小行官의 관직이 있다.

【子羽】公孫揮의 字.

【東里子産】東里는 地名. 지금의 鄭州市. 子産이 살던 곳.

*《左傳》襄公 31年에「鄭國將有諸侯之事, 子産乃問四國之爲於子羽, 且使多爲辭令, 與裨諶乘以適野, 使謀可否, 而告馮簡子使斷之. 事成, 乃授子太叔使行之, 以應對賓客, 是以鮮有敗事」라 하였다.

鄭나라 〈子産〉《三才圖會》

◉ 諺解

南山本　子(ᄌ)ㅣ 글ᄋ샤ᄃᆡ 命(명)을 홈애 裨諶(비팀)이 草創(초창)ᄒ고 世叔(셰슉)이 討論(토론)ᄒ고 行人(ᄒᆡᆼ신)인 子羽(ᄌ우)ㅣ 修飾(슈식)ᄒ고 東里(동리)ㅅ 子産(ᄌ산)이 潤色(슌싁)ᄒ니라

栗谷本　子(ᄌ)ㅣ ᄀᆞᄅᆞ샤ᄃᆡ 命(명)을 홀제 裨諶(비팀)은 草創(초창)ᄒ고 世叔(셰슉)은 討論(토론)ᄒ고 行人(ᄒᆡᆼ인) 子羽(ᄌ우)ᄂᆞ 修飾(슈식)ᄒ고 東里(동리) 子産(ᄌ산)은 潤色(윤싁)ᄒᄂ니라

341-㊀

裨, 婢之反. 諶, 時林反.

○ 裨諶以下四人, 皆鄭大夫. 草, 略也. 創, 造也. 謂造爲草藁也. 世叔, 游吉也, 春秋傳作『子大叔』. 討, 尋究也. 論, 講議也. 行人, 掌使之官. 子羽, 公孫揮也. 脩飾, 謂增損之. 東里, 地名, 子産所居也. 潤色, 謂加以文采也. 鄭國之爲辭命, 必更此四賢之手而成, 詳審精密, 各盡所長. 是以應對諸侯, 鮮有敗事. 孔子言此, 蓋善之也.

裨는 反切로 '婢之反'(비)이며, 諶은 '時林反'(심)이다.

○ 裨諶 이하 4명은 모두 鄭나라의 大夫이다. 草는 대략(略)이라는 뜻이다. 創은 造이다. 草藁를 만든다는 말이다. 世叔은 游吉인데 《春秋傳》에는 '子大叔'(이상의 내용은 《左傳》 襄公 31年을 볼 것)이라 실려 있다. 討는 尋討하여 窮究하는 것이다. 論은 강론하여 토론하는 것이다. 行人은 使臣의 임무를 관장하는 官職이다. 子羽는 公孫揮이다. 脩飾은 더하고 덜고 하는 것을 말한다. 東里는 地名으로 子産이 살던 곳이다. 潤色은 문채를 더함을 말한다. 鄭나라에서 辭命(외교문서)을 만듦에는 반드시 다시 이 四賢의 손을 거쳐 詳審하고 정밀히 하여, 각각의 장기를 다하였다. 이 때문에 諸侯를 응대함에 실패하는 일이 적었다. 孔子가 이렇게 말한 것은 대체로 이를 훌륭히 여긴 것이다.

342(14-10)

或問子産

어떤 이가 자산子産에 대하여 여쭙자, 공자가 이렇게 말하였다.
"은혜로운 사람이다."

자서子西에 대하여 여쭙자, 이렇게 말하였다.

"그 사람이여! 그 사람이여!"

관중管仲에 대하여 여쭙자, 이렇게 말하였다.

"이 사람은 백씨伯氏의 병읍駢邑 삼백을 빼앗아 거친 음식을 먹을 수밖에 없었으나, 백씨는 이가 빠져 늙어 죽도록 원망의 말이 없었다."

或問子産.

子曰:「惠人也.」㊀

問子西.

　曰:「彼哉! 彼哉!」㊁

問管仲.

　曰:「人也. 奪伯氏騈邑三百, 飯疏食, 沒齒無怨言.」㊂

【子産】 鄭나라의 大夫. 政治를 잘하여 이름을 남겼다.

【子西】 원래 春秋時代 子西란 이름은 세 명으로, 하나는 子産의 친동생인 鄭나라 大夫 公孫夏, 그리고 두 번째는 楚나라 鬪宜申(시기적으로 魯나라 僖公·文公 때의 인물). 세 번째는 역시 楚나라 公子申(楚나라 昭王을 세워 나라를 부흥시킨 인물)이다. 여기에서의 子西는 公孫夏(楊伯峻)로 보는 견해와 楚나라 公子申(朱註 등)으로 보는 說 등 다양하다.

【管仲】 春秋 初期의 齊 桓公을 도와 패업을 이룬 人物. 管夷吾.

【伯氏】 齊나라의 大夫. 皇侃의 《論語義疏》에 「伯氏名偃」이라 하였으나, 근거를 알 수 없다.

【騈邑】 齊나라의 地名. 齊 桓公이 伯氏의 병읍 3백 호를 빼앗아 管仲에게 주자 伯氏가 管仲의 功을 인정하고 종신토록 원망을 하지 않았다는 뜻이라 한다.

【沒齒】 '종신토록'의 뜻.

〈管仲〉(管夷吾)《三才圖會》

或(혹)이 子産(ᄌ산)을 묻ᄌ온대 子(ᄌ)] ᄀᆞᆯᄋᆞ샤ᄃᆡ 惠(혜)ᄒᆞ 人(ᅀᅵᆫ)이니라

子西(ᄌ셔)를 묻ᄌ온대 ᄀᆞᆯᄋᆞ샤ᄃᆡ 뎌여 뎌여

管仲(관듕)을 묻ᄌ온대 ᄀᆞᆯᄋᆞ샤ᄃᆡ 人(ᅀᅵᆫ)이 伯氏(ᄇᆡᆨ시)의 騈邑(변읍) 三百(삼ᄇᆡᆨ)을 아사ᄂᆞᆯ 疏食(소ᄉᆞ)를 飯(반)ᄒᆞ야 齒(치)] 沒(몰)호ᄃᆡ 怨(원)ᄒᆞᄂᆞᆫ 말이 업스니라

 或(혹)이 子産(ᄌ산)을 묻ᄌ온대 子(ᄌ)] ᄀᆞ르샤ᄃᆡ 惠(혜)ᄒᆞ 사름이니라

子西(ᄌ셔)를 묻ᄌ온대 ᄀᆞ르샤ᄃᆡ 뎌여 뎌여

管仲(관듕)을 묻ᄌ온대 ᄀᆞ르샤ᄃᆡ 사름이 伯氏(ᄇᆡᆨ시) 騈邑(변읍) 三百(삼ᄇᆡᆨ)을 아ᄋᆞ니 疏食(소ᄉᆞ)를 머고ᄃᆡ 齒(치) 沒(몰)토록 怨言(원언)이 업스니라

◆ 集註

342-㊀

子産之政, 不專於寬, 然其心則一以愛人爲主. 故孔子以爲惠人, 蓋擧其重而言也.

子産의 정치는 오로지 寬容에만 있는 것은 아니었다. 그러나 그 마음은 한결같이 사람을 사랑함을 위주로 하였다. 그 때문에 孔子가 그를 惠人이라 여겨 그의 중요한 점을 들어 말한 것이리라(《左傳》昭公 20年을 볼 것).

342-㊁

子西, 楚公子申, 能遜楚國, 立昭王, 而改紀其政, 亦賢大夫也. 然不能革其僭王之號. 昭王欲用孔子, 又沮止之. 其後卒召白公以致禍亂, 則其爲人可知矣.『彼哉』者, 外之之詞.

子西는 楚나라의 公子인 申이며, 능히 겸손으로 楚나라를 양보하고 昭王
(재위 27年. B.C. 515~489)을 세워 그 정치를 개혁하여 기강을 세우니, 역시 어진
大夫이다(《左傳》昭公 26年 및 定公 6年을 볼 것). 그러나 그 楚나라의 僭王之號(春秋時代
에는 周 天子만 王의 칭호를 쓰고 諸侯國은 公을 썼으나 楚나라만은 일찍부터 王의 칭호를 썼음)를
혁파하지는 못하였다. 또 昭王이 孔子를 등용하고자 하였을 때 이를 저지하였
으며, 그 후 끝내 白公을 불러들여 禍亂을 초래하였으니(《大學或問》止於至善章을
볼 것), 그 사람됨을 가히 알 수 있다(白公之亂은 《左傳》哀公 16年 및 《說苑》·《新序》
등을 볼 것). '彼哉'라 한 것은 그를 外之(멀리함, 인정하지 않음)한다는 말이다.

342-㊂

人也, 猶言此人也. 伯氏, 齊大夫. 駢邑, 地名. 齒, 年也. 蓋桓公奪伯氏之邑以與管仲,
伯氏自知己罪, 而心服管仲之功, 故窮約以終身而無怨言. 荀卿所謂『與之書社三百,
而富人莫之敢拒』者, 卽此事也.

○ 或問：「管仲子産孰優?」曰：「管仲之德, 不勝其才; 子産之才, 不勝其德. 然於
聖人之學, 則槪乎其未有聞也.」

人也란 이 사람이란 말과 같다. 伯氏는 齊나라의 大夫이다. 駢邑은 地名이다.
齒는 나이이다. 대체로 桓公이 伯氏의 邑을 빼앗아 이를 管仲에게 주자, 伯氏는
스스로 자기의 죄를 알고 마음속으로 管仲의 功에 승복하였기 때문에 窮僻한
채로 종신토록 살면서 원망의 말이 없었다는 뜻이다. 荀卿(荀子)이 소위 말한
"書社(교육용 토지) 3백을 주었으나 빼앗긴 富者들이 감히 거부하지 못하였다"(《荀子》
仲尼篇)라는 것이 바로 이러한 일이다.

○ 어떤 이가 "管仲과 子産 중 누가 더 낫습니까?"라고 묻자, 나는 이렇게
대답하였다. "管仲의 德은 그 재주를 넘지 못하였고, 子産의 재주는 그 德을
이기지 못하였다. 그러나 聖人의 學問에 있어서라면 대개 들어본 소문이 없다."

343(14-11)

貧而無怨

공자가 말하였다.
"가난하면서 원망이 없기는 어려우나, 부유하면서 교만하지 않기는 쉽도다."

子曰:「貧而無怨, 難; 富而無驕, 易.」㊀

子(ᄌᆞ) ㅣ 글ᄋᆞ샤ᄃᆡ 貧(빈)ᄒᆞ고 怨(원)홈이 업슴은 어렵고 富(부)
ᄒᆞ고 驕(교)홈이 업슴은 쉬오니라

 子(ᄌᆞ) ㅣ ᄀᆞᄅᆞ샤ᄃᆡ 貧(빈)코 怨(원)업기ᄂᆞᆫ 어렵고 富(부)코
驕(교)업기ᄂᆞᆫ 쉬오니라

◆ 集 註

343-㊀

易, 去聲.

○ 處貧難, 處富易, 人之常情. 然人當勉其難, 而不可忽其易也.

易(이)는 去聲(이)이다.

○ 가난에 처하기는 어렵고 富에 처하기는 쉬운 것이 人之常情이다. 그러나
사람은 그 어려움은 마땅히 힘써야 하며, 그 쉽다는 것 또한 경홀히 해서는
안 될 것이다.

344(14-12)

孟公綽爲趙魏老則優

공자가 말하였다.

"맹공작孟公綽같은 인물은 조趙·위魏의 원로元老가 된다면 우수하겠지만, 등滕·설薛의 대부는 될 수가 없다."*

子曰:「孟公綽爲趙魏老則優, 不可以爲滕薛大夫.」⊖

【孟公綽】魯나라의 大夫.《左傳》襄公 25年에 기록이 있으며,《史記》仲尼第子列傳에 孔子가 존경하였던 인물이라 하였다. 綽은 '작'으로 읽는다.

【趙·魏】春秋時代 晉나라의 卿. 즉 晉 六卿(韓氏, 魏氏, 趙氏, 知氏, 范氏, 中行氏)들로 그 중 韓, 魏, 趙는 戰國時代 七雄의 반열에 올라섰다.

【滕·薛】당시의 小國 이름. 등(滕)은 魯나라 부근으로 지금의 山東省 滕縣. 설(薛)은 滕縣의 남쪽 官橋公社에 지금도 故城이 있다.

* 큰 땅의 家臣이 되는 것이 小國의 大夫가 되는 것보다는 나은 재능을 가지고 있다는 뜻이다.

　　子(주)] 글ᄋ샤디 孟公綽(밍공쟉)이 趙魏(됴위)ㅅ 老(로)] 되면 優(우)ᄒ려니와 可(가)히 써 滕薛(등셜)ㅅ 태우ᄂ 되디 몯ᄒ리니라

　　子(ᄌ)] ᄀᄅ샤디 孟公綽(밍공쟉)이 趙魏(됴위)의 老(로)] 되면 優(우)ᄒ려니와 可(가)히 써 滕薛(등셜) 大夫(대부)] 되디 몯홀 디니라

◆ 集 註

344-㊀

公綽, 魯大夫. 趙·魏, 晉卿之家. 老, 家臣之長. 大家勢重, 而無諸侯之事; 家老望尊, 而無官守之責. 優, 有餘也. 滕·薛, 二國名. 大夫, 任國政者. 滕·薛國小政繁, 大夫位高責重. 然則公綽蓋廉靜寡欲, 而短於才者也.

○ 楊氏曰:「知之弗豫, 枉其才而用之, 則爲棄人矣. 此君子所以患不知人也. 言此, 則孔子之用人可知矣.」

公綽은 魯나라의 大夫이다. 趙·魏는 晉나라 卿의 집안이다. 老는 家臣의 우두머리이다. 大家는 권세가 重하나 諸侯로써의 업무는 없으며, 家老는 신망이 높지만 官職의 책임이 없다. 優는 남음이 있는 것이다. 滕과 薛은 두 나라 이름이다. 大夫는 國政을 맡은 사람이다. 滕·薛 두 나라는 작으나 國政은 번거로우며, 大夫는 지위가 높고 책임이 무겁다. 그렇다면 公綽은 아마 청렴하고 조용하며 욕심은 적으나 재능에는 단점이 있는 자였을 것이다.

○ 楊氏(楊時)는 이렇게 말하였다. "미리 알아서 살피지 못하여, 그 재능을 잘못 굽혀 등용하면 사람을 버리는 것이다. 이는 君子가 남을 알아보지 못할까 근심하는 所以이다. 이렇게 말한 것으로 孔子의 用人을 가히 알 수 있다."

345(14-13)

子路問成人

자로子路가 성인成人에 대하여 여쭙자, 공자가 이렇게 말하였다.

"장무중臧武仲의 지혜, 공작公綽의 욕심없음, 변장자卞莊子의 용맹, 그리고 염구冉求의 기예에다 예악으로써 무늬를 넣는다면 역시 가히 성인이라고 이를 수 있지."

그리고 다시 이렇게 덧붙였다.

"지금의 성인이 반드시 그렇게 할 수야 있겠느냐? 이익을 보면 의를 생각하고, 위험을 보면 목숨을 내놓을 수 있어야 하며, 오래 전의 약속일지라도 평소에 기약한 말을 잊지 않는다면 역시 성인이라 할 수 있느니라."

"見利思義, 見危授命"(石可)

子路問成人.

子曰:「若臧武仲之知, 公綽之不欲, 卞莊子之勇, 冉求
　　之藝, 文之以禮樂, 亦可以爲成人矣.」㊀

曰:「今之成人者何必然? 見利思義, 見危授命, 久要
　　不忘平生之言, 亦可以爲成人矣.」㊁

【子路】仲由.

【成人】인격이 완비된 인물.

【臧武仲】魯나라 大夫 臧孫紇. 대단히 총명하였으며, 齊나라로 도망하여 齊
　莊公이 피살될 것을 예견하였다(《左傳》襄公 23年 참조). 그의 지혜에 관한
　일화는 《說苑》·《孔子家語》 등에 실려 있다.

【卞莊子】魯나라 卞邑의 大夫이며 용사.《韓詩外傳》卷10 298(10-13) 및《新序》
　卷8 義勇篇 163(8-14)에 그의 일화가 자세히 실려 있으며, 그 외에《尸子》·《太平
　御覽》496·《荀子》大略篇 등에도 언급되어 있다.

【冉求】子有.

陶山本　子路(ㅈ로) | 成人(셩신)을 묻ㅈ온대 子(ㅈ) | 골ㅇ샤디 臧武仲(장무듕)의 知(디)와 公綽(공쟉)의 欲(욕)디 아니홈과 卞莊子(변장ㅈ)의 勇(용)과 冉求(염구)의 藝(예)예 文(문)호디 禮樂(례악)으로뻐 ᄒ면 쏘흔 可(가)히 뻐 成人(셩신)이 될 이니라

골ㅇ샤디 이제 成人(셩신)은 엇디 반드시 그러리오 利(리)를 보고 義(의)를 思(ᄉ)ᄒ며 危(위)를 보고 命(명)을 授(슈)ᄒ며 久要(구요)애 平生(평싱)말을 닛디 아니ᄒ면 쏘흔 可(가)히 뻐 成人(셩신)이 될 이니라

栗谷本　子路(ㅈ로) | 成人(셩인)을 묻ㅈ온대 子(ㅈ) | ᄀᆞ르샤디 만일 臧武仲(장무듕)의 知(디)와 公綽(공쟉)의 欲(욕)디 아님과 卞莊子(변장ㅈ)의 勇(용)과 冉求(염구)의 藝(예)예 文(문)호디 禮樂(례악)으로뻐 ᄒ면 쏘흔 可(가)히 뻐 成人(셩인)이 되리라

ᄀᆞ르샤디 이제 成人(셩인)은 엇디 구틔여 그러ᄒ리오 利(리)를 보고 義(의)를 思(ᄉ)ᄒ며 危(위)를 보고 命(명)을 授(슈)ᄒ며 오래 要(요)홀대 平生(평싱)의 言(언)을 닛디 아니면 쏘흔 可(가)히 뻐 成人(셩인)이 되리라

345-㉠

知, 去聲.

○ 成人, 猶言全人. 武仲, 魯大夫, 名紇. 莊子, 魯卞邑大夫. 言兼此四子之長, 則知足以窮理, 廉足以養心, 勇足以力行, 禮足以泛應, 而又節之以禮, 和之以樂, 使德成於內, 而文見乎外. 則材全德備, 渾然不見一善成名之迹; 中正和樂, 粹然無復偏倚駁雜之蔽, 而其爲人也亦成矣. 然『亦』之爲言, 非其至者, 蓋就子路之所可及而語之也. 若論其『至』, 則非聖人之盡人道, 不足以語此.

知는 去聲이다.

○ 成人이란 全人이라는 말과 같다. 武中은 魯나라의 大夫이며 이름은 紇이다. 莊子는 魯나라 卞邑의 大夫이다. 이 네 사람의 장점을 겸한다면 지혜는 이치를 窮究하기에 족하고, 청렴은 마음을 修養하기에 족하며, 용기는 힘써 행동하기에 족하고, 예절은 널리 응대할 수 있으며, 게다가 禮로써 이를 조절하고 樂으로써 이를 和하게 하여 안으로 德을 기르고, 밖으로 그 문채가 드러나도록 하면 材全德備하여, 渾然히 한 가지만 잘하였다는 자취로 이름을 드러내지 않으며, 中正和樂하여 粹然히 다시는 편벽되고 雜駁한 은폐가 없이, 그 사람됨이 이루어질 것이라고 말한 것이다. 그러나 '亦'의 말뜻은 지극히 그렇다는 것은 아니다. 아마 子路가 나아가 미칠 수 있는 바라고 여겨 말해 준 것이 아닌가 한다. 만약 '至'를 논한다면 人道를 다한 聖人이 아니면 족히 이러한 말로 할 수는 없다.

345-㈢

復加『曰』字者, 旣答而復言也. 授命, 言不愛其生, 持以與人也. 久要, 舊約也. 平生, 平日也. 有是忠信之實, 則雖其才知禮樂有所未備, 亦可以爲成人之次也.

○ 程子曰:「知之明·信之篤·行之果, 天下之達德也. 若孔子所謂成人, 亦不出此三者, 武仲, 知也; 公綽, 仁也; 卞莊子, 勇也; 冉求, 藝也. 須是合此四人之能, 文之以禮樂, 亦可以爲成人矣. 然而論其大成, 則不止於此. 若今之成人, 有忠信而不及於禮樂, 則又其次者也.」

又曰:「臧武仲之知, 非正也. 若文之以禮樂, 則無不正矣.」

又曰:「語成人之名, 非聖人孰能之? 孟子曰:『唯聖人, 然後可以踐形.』如此方可以稱成人之名.」

胡氏曰:「今之成人以下, 乃子路之言. 蓋不復聞斯行之之勇, 而有終身誦之之固矣. 未詳是否?」

다시 '曰'자를 덧붙인 것은, 이미 대답하고 다시 말한 것이다. 授命이란 그 목숨을 아까워하지 아니하고 이를 가져다 남에게 주는 것을 말한다. 久要는 옛날의 약속이다. 平生은 平日이다. 이러한 忠信의 실제가 있으면 비록 그 才知와 禮樂이 아직 未備한 점이 있을지라도, 역시 成人 다음으로 여길 수는 있을 것이다.

○ 程子(程頤)는 이렇게 말하였다. "지혜의 명석함, 믿음의 독실함, 행동의 과감함은 天下의 達德이다(《中庸》第20章에 '知仁勇三者, 天下之達德也'라 함). 孔子가 말한 것과 같은 소위 成人이라는 것도 역시 이 세 가지를 벗어나지 않으니 武仲은 知요, 公綽은 仁이며, 卞莊子는 勇이요, 冉求는 藝이다. 모름지기 이 세 사람의 능력을 합하고 이를 禮樂으로써 문채를 낸다면 역시 가히 成人이라 여길 수 있다. 그러나 그 大成을 논한다면 여기에 그치지 않는다. 지금의 成人 같은 경우 忠과 信은 있으면서 禮樂에 미치지 못한다면 다시 그 다음인 것이다."

또 이렇게 말하였다. "臧武仲의 지혜는 바른 것이 아니다. 만약 이를 禮樂으로써 문채를 내었다면 바르지 않음이 없었을 것이다."

또 이렇게 말하였다. "成人이란 이름의 말은 聖人이 아니면 누가 능히 이를 해낼 수 있는가? 孟子는 '오직 聖人인 연후에야 가히 踐形(원형대로 막힘 없이 실천함) 할 수 있다'(《孟子》盡心上 214(13-38)에 '形色, 天性也. 惟聖人然後, 可以踐形'이라 함)라 하였다. 이와 같이 하여야 바야흐로 가히 成人이란 이름을 칭할 수 있다."

胡氏(胡寅)는 이렇게 말하였다. "'今之成人' 이하는 바로 子路가 말한 사람이다. 대체로 '聞斯行之'(들으면 즉시 실천함. 先進篇 274(11-21))의 용기는 더 이상 없고, '終身誦之'(평생 외우기만 함. 子罕篇 231(9-26))의 고루함만 있을 뿐이니, 그러한지의 여부는 상세하지 않다."

346(14-14)

子問公叔文子於公明賈曰

공자가 공숙문자公叔文子에 대하여 공명가公明賈에게 이렇게 물었다.
"정말로 그 선생님은 말씀도 없고, 웃지도 않으며, 취함도 없으시냐?"
공명가가 이렇게 대답하였다.
"그렇게 말한 자가 지나쳤습니다. 그 선생님은 때가 맞아야 말을 하기 때문에 사람들이 그의 말을 싫어하지 아니하는 것이며, 즐거운 연후에야 웃기 때문에 남들이 그의 웃음을 싫어하지 아니하는 것입니다. 또 옳은 것인 연후에야 취하기 때문에 남들이 그의 취함을 싫어하지 아니하는 것입니다."
공자가 말하였다.
"그러하냐? 어찌 과연 그럴 수가 있느냐?"

子問公叔文子於公明賈曰:「信乎, 夫子不言, 不笑, 不取乎?」㊀

公明賈對曰:「以告者過也. 夫子時然後言, 人不厭其言; 樂然後笑, 人不厭其笑; 義然後取, 人不厭其取.」

子曰:「其然? 豈其然乎?」㊁

【公叔文子】衛나라 大夫 公孫拔. 시호는 文(貞惠文子)이다.《內閣本》에는 '拔'이 '枝'로 표기되어 있다.《禮記》檀弓篇에 그의 고사가 실려 있다.

【公明賈】衛나라 사람. 姓은 公明, 이름은 賈.

● 諺解

 子(ᄌ)ㅣ 公叔文子(공슉문ᄌ)를 公明賈(공명가)의게 무러 골ᄋ샤ᄃᆡ 진실로 夫子(부ᄌ)ㅣ 言(언)티 아니ᄒ며 笑(쇼)티 아니ᄒ며 取(취)티 아니ᄒᄂ냐

公明賈(공명가)ㅣ 對(ᄃᆡ)ᄒ야 골오ᄃᆡ 뻐 告(고)ᄒᆞᆫ 者(쟈)ㅣ 過(과)ᄒ도소이다 夫子(부ᄌ)ㅣ 時(시)ㄴ 然後(션후)에 言(언)ᄒᄂ 디라 人(신)이 그 言(언)을 厭(염)티 아니ᄒ며 樂(락)ᄒᆞᆫ 然後(션후)에 笑(쇼)ᄒᄂ 디라 人(신)이 그 笑(쇼)를 厭(염)티 아니ᄒ며 義(의)ㄴ 然後(션후)에 取(취)ᄒᄂ 디라 人(신)이 그 取(취)홈을 厭(염)티 아니ᄒᄂ니이다 子(ᄌ)ㅣ 골ᄋ샤ᄃᆡ 그 그러한가 엇디 그 그러ᄒ리오

 子(ᄌ)ㅣ 公叔文子(공슉문ᄌ)를 公明賈(공명가)ᄃ려 무러 ᄀᆞᄅ샤ᄃᆡ 진실로 夫子(부ᄌ)ㅣ 言(언)티 아니며 笑(쇼)티 아니며 取(취)티 아니터냐

公明賈(공명가)ㅣ 對(ᄃᆡ)ᄒ야 골오ᄃᆡ 뻐 告(고)ᄒᆞᆫ 者(쟈)ㅣ 過(과)ᄒ도소이다 夫子(부ᄌ)ㅣ 쌘 후에 言(언)ᄒᄂ 디라 사름이 그 言(언)을 厭(염)티 아니ᄒ며

즐거운 후에 笑(쇼)ᄒᆞᄂᆞᆫ 디라 사ᄅᆞᆷ이 그 笑(쇼)를 厭(염)티 아니ᄒᆞ며 義(의)ᆫ 후에 取(ᄎᆔ)ᄒᆞᄂᆞᆫ 디라 사ᄅᆞᆷ이 그 取(ᄎᆔ)를 厭(염)티 아니ᄒᆞ니이다 子(ᄌᆞ)ㅣ ᄀᆞᄅᆞ샤ᄃᆡ 그 그런가 엇디 그 그러ᄒᆞ리오

◆ 集註

346-㊀

公叔文子, 衛大夫公孫拔也. 公明姓, 賈名, 亦衛人. 文子爲人, 其詳不可知, 然必廉靜之士, 故當時以三者稱之.

公叔文子는 衛나라의 대부인 公孫拔이다. 公明은 姓이며 賈는 이름이다. 역시 衛나라 사람이다. 文子의 사람됨은 그 상세한 것은 알 수 없으나, 틀림없이 廉靜한 사람이었을 것이다. 그 때문에 당시에 이 세 가지로써 칭찬함이 있었던 것이리라.

346-㊁

厭者, 苦其多而惡之之辭. 事適其可, 則人不厭, 而不覺其有是矣. 是以稱之或過, 而以爲不言·不笑·不取也. 然此言也, 非禮義充溢於中, 得時措之宜者不能. 文子雖賢, 疑未及此, 但君子『與人爲善』, 不欲正言其非也. 故曰:『其然? 豈其然乎?』, 蓋疑之也.

厭이란 많은 것이 괴로워 이를 싫어한다는 말이다. 일이 그 可함에 맞으면 사람들이 싫증을 내지 않아 이러한 것이 있는지 깨닫지 못한다. 이 때문에 칭찬하는 것이 혹 지나쳐 不言·不笑·不取한다고 여긴 것이다. 그러나 이 말은 예의가 마음속에 차고 넘쳐 때맞추어 그 마땅함에 措置하는 자가 아니라면 불가능하다. 文子는 비록 어질기는 하나 의심컨대 여기까지 미치지는 못한 듯하다. 다만 君子는 '與人爲善'(남이 선해지도록 해줌.《孟子》公孫丑上)하되 그 잘못을 곧바로 말하지는 않는 것이다. 그러므로 '其然? 豈其然乎?'라 말한 것이니, 아마 의심해서일 것이다.

347(14-15)

臧武仲以防求爲後於魯

공자가 말하였다.

"장무중臧武仲은 방防 땅을 근거로, 나중에 자신의 아들이 노魯나라를 잇도록 해 달라고 하면서, 비록 임금에게 요구한 것은 아니라고 말했지만 나는 그의 말을 믿지 못하겠다."

> 子曰:「臧武仲以防求爲後於魯, 雖曰不要君, 吾不
> 信也.」㊀

【臧武仲】(전출) 죄를 얻어 邾 땅으로, 다시 防으로 도망하면서 魯나라에 사신을 보내어 그의 後孫을 세워 줄 것을 요구하였다. 魯나라가 그의 아들인 臧爲를 세워 주자 武仲은 다시 齊나라로 도망하였다. 《左傳》 襄公 23年 참조.

【防】 地名. 臧武仲의 封邑. 지금의 山東省 費縣의 華城이다. 齊나라와 접경지역이다.

【要君】 임금에게 요구를 들어줄 것을 강하게 협박함.

子(조)ㅣ 글오샤딕 臧武仲(장무듕)이 防(방)으로뻐 後(후) 삼음을
魯(로)애 求(구)ᄒ니 비록 글오딕 君(군)을 要(요)티 아니타 ᄒ나
내 믿디 아니ᄒ노라

 子(조)ㅣ ᄀᆞᄅᆞ샤딕 臧武仲(장무듕)이 防(방)으로뻐 魯(로)의 後(후)
ᄒ기ᄅᆞᆯ 求(구)ᄒ니 비록 글오딕 君(군)을 要(요)티 아니타 ᄒ나
내 믿디 아니ᄒ노라

347-㊀

要, 平聲.

○ 防, 地名, 武仲所封邑也. 要, 有挾而求也. 武仲得罪奔邾, 自邾如防, 使請立後
而避邑. 以示若不得請, 則將據邑以叛, 是要君也.

○ 范氏曰:「要君者無上, 罪之大者也. 武仲之邑, 受之於君. 得罪出奔, 則立後
在君, 非己所得專也. 而據邑以請, 由其好知而不好學也.」

楊氏曰:「武仲卑辭請後, 其跡非要君者, 而意實要之. 夫子之言, 亦春秋誅意之
法也.」

要는 平聲이다.

○ 防은 地名이다. 臧武仲이 封을 받은 邑이다. 要는 근거지로 삼아 이를 끼고
요구하는 것이다. 臧武仲이 죄를 짓고 邾로 도망하였다가 다시 邾로부터 防 땅에
이르러 후계자를 세워주면 防邑에서 피해 떠나겠다고 청하였다. 그리고 만약
요청을 들어주지 아니하면 장차 防邑을 근거로 반란을 일으킬 것임을 시사하였으니,
이것이 '要君'(임금을 협박함)이다(《左傳》襄公 23年을 볼 것).

○ 范氏(范祖禹)는 이렇게 말하였다. "'要君'이란 임금이 없다고 여기는 것으로 죄 중에 큰 것이다(《孝經》五刑章에 '要君者無上'이라 함). 臧武仲의 邑은 임금으로부터 받은 것이다. 罪를 얻어 도망갔다면 마땅히 그 후계를 세우는 일은 임금에게 있지 자신이 專橫을 부려 될 일이 아니다. 邑을 근거로 요청하였으니, 이는 꾀를 좋아한 데서 말미암은 것으로 學問을 좋아한 것은 아니다."

楊氏(楊時)는 이렇게 말하였다. "臧武仲은 겸손한 말로 후계자를 세워 줄 것을 요청하였으니, 그 행적은 要君한 것이 아닌 듯하나 그 뜻은 실제로 要君한 것이다. 夫子의 말은 역시 '春秋誅意'의 법이다."('春秋誅意'란 《春秋》 筆法에 그 의도만 惡해도 이를 벌주어야 한다는 역사판별법이다.)

348(14-16)

晉文公譎而不正

공자가 말하였다.

"진晉 문공文公은 속임수를 쓰면서 정직하지 못하였고, 제齊 환공桓公은 정직하면서 속임수를 쓰지 않았다."*

子曰:「晉文公譎而不正, 齊桓公正而不譎.」㊀

【晉 文公】春秋五霸의 하나. 이름은 重耳.
　재위 9년(B.C. 636~624).

【齊 桓公】春秋五霸의 首長. 이름은 小白.
　재위 43년(B.C. 685~643).

*《春秋繁露》玉英篇에는「論語: 晉文公
　譎而不正; 齊桓公正而不譎. 譎, 權也; 正,
　經也. 言: 晉文公能行權而不能守經; 齊桓
　公能守經而不能行權. 各有所長, 亦各有所
　短也」라 하였다.

〈齊桓公〉

 諺 解

　子(ㅈ)] 글ᄋ샤ᄃᆡ 晉文公(진문공)은 譎(휼)ᄒ고 正(졍)티 아니
ᄒ고 齊桓公(졔환공)은 正(졍)ᄒ고 譎(휼)티 아니ᄒᄂ니라

 集 註

348-㊀

譎, 古穴反.

○ 晉文公, 名重耳. 齊桓公, 名小白. 譎, 詭也. 二公皆諸侯盟主, 攘夷狄以尊周室
者也. 雖其以力假仁, 心皆不正, 然桓公伐楚, 仗義執言, 不由詭道, 猶爲彼善於此.
文公則伐衛以致楚, 而陰謀以取勝, 其譎甚矣. 二君他事亦多類此, 故夫子言此以發
其隱.

譎은 反切로 '古穴反'(원음은 귤, 속음은 휼로 읽음)이다.

○ 晉 文公은 이름이 重耳이다. 齊 桓公의 이름은 小白이다. 譎은 속이다라는 뜻이다. 두 公은 모두 諸侯의 盟主로 夷狄을 물리치고 天子國인 周室을 높인 자들이다. 비록 힘으로 仁을 빌려 마음은 모두가 正直하지 못하였으나, 桓公이 楚나라를 칠 때 仗義執言(義에 의지하여 언약을 지킴.《左傳》僖公 4年을 볼 것)하였으니, 이는 詭道로 한 것이 아니므로 오히려 저(桓公)는 이(文公) 보다 낫다고 볼 수 있다(《左傳》僖公 4年을 볼 것). 文公은 衛를 치면서 楚나라를 끌어들여 음모로 승리를 취하였으니(《左傳》僖公 27年을 볼 것), 그 속임수가 심한 것이다. 두 임금의 다른 일도 역시 이와 같은 類가 많다. 그 때문에 夫子가 이런 말을 하여 그 숨은 사실을 드러낸 것이다.

349(14-17)

子路曰桓公殺公子糾

자로子路가 말하였다.

"환공桓公이 공자公子 규糾를 죽였을 때, 소홀召忽은 따라 죽었지만 관중管仲은 죽지 않았으니, 일컫되 어질지 못한 것인저!"

공자가 이를 듣고 이렇게 말하였다.

"환공이 아홉 번 제후들을 불러 모으면서도 무력으로 하지 않을 수 있었던 것은 관중의 힘이었다. 그와 같은 어짊인데, 그와 같은 어짊인데."*

> 子路曰:「桓公殺公子糾, 召忽死之, 管仲不死. 曰: 未
> 　　仁乎?」㊀
> 子曰:「桓公九合諸侯, 不以兵車, 管仲之力也. 如其
> 　　仁, 如其仁.」㊁

【子路】仲由.

【公子 糾】齊나라 襄公이 무도하게 굴자 鮑叔牙는 公子 小白(뒤에 齊 桓公)을
모시고 莒로 도망하고, 管仲과 召忽은 公子 糾를 모시고 魯로 피하였다. 그 뒤
公孫無知가 襄公을 죽이고 나라가 어지러워지자, 齊나라 百姓들이 망명한 公子를
불러 임금으로 삼고자 하였다. 公子 糾가 먼저 중도에 이르러 小白의 무리를
쏘았다. 小白이 허리띠에 화살을 맞고 거짓으로 죽은 체하여 지름길로 들어가
王이 되었다. 이가 곧 齊 桓公이다. 桓公은
자신을 쏜 管仲·召忽, 그리고 동생 糾를
죽이도록 하였다. 魯나라에서는 糾를
죽였고 召忽도 따라 죽었다. 그러나 管仲은
치욕을 무릅쓰고 살아나 鮑叔의 추천에
의해 桓公의 宰相이 되어, 天下를 제패
하였다(《史記》 齊太公世家·管晏列傳
등 참조).

〈齊桓公과 管仲〉 畫像石

*『曰: 未仁乎!』에 대하여 일부 본에는 『管仲不死』까지 子路가 말한 후 다시 말하되
"어질지 못한 것인가?"라고 스스로 되물은 것으로 보는 견해(楊伯峻·劉俊田·臺
灣師大 標點本 등)와 전체를 子路가 계속해서 말한 것이며, 중간의 『曰』자는
일반적인 판단의 인용으로 쓰인 것이라고 보는 예(毛子水《論語今註今譯》·《四書
讀本》·諺解 등)가 있다. 前者의 경우는 표점이 「曰:『未仁乎?』」로 되어야 하며,
後者의 경우는 의문부호(?)가 감탄부호(!)로 되어야 한다.

子路(ㅈ로)ㅣ 글오듸 桓公(환공)이 公子(공ㅈ) 糾(규)를 殺(살)
ᄒ야늘 召忽(쇼홀)은 死(ᄉ)ᄒ고 管仲(관듕)은 死(ᄉ)티 아니ᄒ니
글오듸 仁(신)티 몯ᄒ뎌

子(ㅈ)ㅣ 글ᄋ샤듸 桓公(환공)이 諸侯(져후)를 九合(규합)호듸 兵車(병거)
로써 아니홈은 管仲(관듕)의 力(력)이니 뉘 그 仁(신) ᄀ트리오 뉘 그 仁(신)
ᄀ트리오

子路(ㅈ로)ㅣ 글오듸 桓公(환공)이 公子(공ㅈ) 糾(규)를 주겨늘
召忽(쇼홀)은 죽고 管仲(관듕)은 죽디 아니ᄒ니 글온 仁(인)티 아니
ᄒ뎌

子(ㅈ)ㅣ ᄀᄅ샤듸 桓公(환공)이 諸侯(져후)를 九合(규합)호듸 兵車(병거)
로써 아니호ᄆ 管仲(관듕)의 힘이니 뉘 그 仁(인) ᄀ트리오 뉘 그 仁(인)
ᄀ트리오

 集 註

349-㊀

糾, 居黝反. 召, 音邵.

○ 按春秋傳, 齊襄公無道, 鮑叔牙奉公子小白奔莒. 及無知弑襄公, 管夷吾 · 召忽
奉公子糾奔魯. 魯人納之, 未克, 而小白入, 是爲桓公. 使魯殺子糾而請管召, 召忽死之,
管仲請囚. 鮑叔牙言於桓公以爲相. 子路疑管仲忘君事讐, 忍心害理, 不得爲仁也.

糾는 反切로 '居黝反'(규)이다. 召는 음이 邵(소)이다.

○《春秋傳》(《左傳》莊公 4年 및 8年, 9年)에 의하면 齊나라 襄公(B.C. 697~686)이
무도하게 굴자 鮑叔牙가 公子 小伯을 모시고 莒로 도망하였다. 뒤에 公孫無知가
襄公을 죽였다. 管夷吾와 召忽은 公子 糾를 모시고 魯나라도 도망쳐 있었는데,
魯나라에서 이를 齊나라로 들여보냈으나 미처 닿기 전에 小伯이 들어갔다.

이가 桓公이다. 桓公은 魯나라에게 公子 糾는 죽이고 管仲과 召忽은 보내 줄 것을 청하였다. 召忽은 스스로 죽었으나 管仲은 스스로 죄수 되기를 자청하였다. 이에 鮑叔牙가 桓公에게 말하여 管仲을 宰相으로 삼도록 하였다. 子路는 管仲이 君主를 잊고 원수를 섬긴 것은, 속마음을 참고 理를 害한 것으로 仁이 될 수 없다고 의심한 것이다.

349-㈁

九, 春秋傳作『糾』, 督也, 古字通用. 不以兵車, 言不假威力也. 如其仁, 言誰如其仁者, 又再言以深許之. 蓋管仲雖未得爲仁人, 而其利澤及人, 則有仁之功矣.

'九'는 《春秋傳》(《左傳》僖公 26年에 '糾合諸侯'로 되어 있음)에는 '糾'로 실려 있으니, 감독하다는 뜻으로 古字에서는 통용되었다. 兵車(병력, 무력)로 하지 않았다는 것은, 威力을 빌려서 한 것이 아님을 말한 것이다. '如其仁'은 누가 그의 仁만 하겠는가라는 말이며, 또 두 번이나 이렇게 말하여 깊이 긍정한 것이다. 아마 管仲은 비록 仁人의 경지는 될 수 없으나 그 이익과 혜택이 사람들에게 미쳤다면, 仁의 공적이 있는 것이라 본 것이리라.

350(14-18)

子貢曰管仲非仁者與

자공子貢이 말하였다.

"관중管仲은 어질지 못한 자인가? 환공桓公이 공자公子 규糾를 죽였을 때, 능히 따라 죽지 아니하고 오히려 환공을 돕고 나섰으니."

공자가 이렇게 말하였다.

"관중이 환공을 도와 제후를 제패하고 천하를 하나로 바로잡아 놓자 백성들은 지금까지도 그의 은덕을 입고 있다. 만약에 관중이 아니었 더라면 나는 피발좌임被髮左衽하였을 것이다. 어찌 필부필부匹夫匹婦가 작은 신의를 위해 스스로 목매어 죽어 구독溝瀆에 묻혀 세상이 알아주지 못해도 되는 것처럼 하겠느냐?"

子貢曰:「管仲非仁者與? 桓公殺公子糾, 不能死, 又相
　　之.」㊀
子曰:「管仲相桓公, 霸諸侯, 一匡天下, 民到于今受
　　其賜. 微管仲, 吾其被髮左衽矣.㊁ 豈若匹夫
　　匹婦之爲諒也, 自經於溝瀆而莫之知也?」㊂

【子貢】端木賜.

【被髮左衽】머리를 풀어헤치고 옷깃을 왼쪽으로 함. 오랑캐의 풍습을 표현한
　것이다. 衽은 '임'으로 읽으며 '袵'과 통용된다. 관중이 환공을 도와 그 일을
　성취시키지 않았더라면 지금의 나는 오랑캐가 되었을 것이라는 뜻이다.

【匹夫匹婦】庶民을 뜻한다.

【溝瀆】溝壑과 같다. 죽어서 시신이 버려짐을 표현하는 말. '구독'으로 읽는다.

【經】'목매다'(縊)와 같다.

【莫之知】《史記》管子列傳에「公子糾敗, 召忽死之, 吾幽囚受辱; 鮑叔不以我爲
　無恥, 知我不羞小節, 而恥功名不顯於天下也」라 하였다.

● 諺解

　　子貢(ᄌ공)이 굴오ᄃᆡ 管仲(관듕)은 仁(신)ᄒᆞᆫ 者(쟈)ㅣ 아닌뎌
桓公(환공)이 公子(공ᄌ) 糾(규)를 殺(살)ᄒᆞ야늘 能(능)히 死(ᄉ)티
　　몯ᄒᆞ고 ᄯᅩ 相(샹)ᄒᆞ곤여
　子(ᄌ)ㅣ 굴ᄋᆞ샤ᄃᆡ 管仲(관듕)이 桓公(환공)을 相(샹)ᄒᆞ야 諸侯(져후)에
霸(패)ᄒᆞ야 天下(텬하)를 一匡(일광)ᄒᆞ니 民(민)이 이제 니르히 그 賜(ᄉ)를
受(슈)ᄒᆞᄂᆞ니 管仲(관듕)이 업스면 우리 그 髮(발)을 被(피)ᄒᆞ며 衽(심)을
左(자)ᄒᆞ리러니라
　엇디 匹夫匹婦(필부필부)의 諒(량)홈이라 스스로 溝瀆(구독)에 經(경)ᄒᆞ야
사ᄅᆞᆷ이 아디 몯홈 ᄀᆞ트리오

子貢(주공)이 골오디 管仲(관듕)은 仁者(인쟈)ㅣ 아닌뎌 桓公
(환공)이 公子(공주) 糾(규)를 주겨늘 能(능)히 死(수)티 몯ᄒ고
ᄯᅩ 相(샹)ᄒ고녀

　子(주)ㅣ ᄀᆞᄅᆞ샤디 管仲(관듕)이 桓公(환공)을 相(샹)ᄒ야 諸侯(져후)의
霸(패)ᄒ야 ᄒᆞ 번 天下(텬하)를 匡(광)ᄒ니 빅셩이 이제 니ᄅᆞ히 그 賜(수)를
받ᄂᆞ니 管仲(관듕)이 업스면 우리 그 髮(발)을 被(피)ᄒ고 左衽(자임)ᄒ리라
　엇디 匹夫匹婦(필부필부)의 諒(량)을 ᄒ야 스스로 溝瀆(구독)의 經(경)ᄒ야
사름이 알리 업슴 ᄀᆞᄐᆞ리오

◆ 集 註

350-㉠

與, 平聲. 相, 去聲.
○ 子貢意不死猶可, 相之則已甚矣.

與는 평성이며, 相은 거성이다.
○ 子貢의 뜻은, 죽지 않는 것은 그래도 可하나 이를 돕고 나선 것은 이미
심하다고 본 것이다.

350-㉡

被, 皮寄反. 衽, 而審反.
○ 霸, 與伯同, 長也. 匡, 正也. 尊周室, 攘夷狄, 皆所以正天下也. 微, 無也.
衽, 衣衿也. 被髮左衽, 夷狄之俗也.

被는 反切로 '被寄反'(피)이며, 衽은 '而審反'(임)이다.
○ 霸는 伯과 같다. 우두머리라는 뜻이다. 匡은 正(바로잡다)의 뜻이다. 周室을
높이고 夷狄을 물리친 것은 모두 天下를 바로잡은 것이다. 微는 없다(無)이다.
衽은 웃옷의 깃이다. 被髮左衽은 夷狄의 풍습이다.

諒, 小信也. 經, 縊也. 莫之知, 人不知也. 後漢書引此文, 莫字上有人字.

○ 程子曰:「桓公, 兄也. 子糾, 弟也. 仲私於所事, 輔之以爭國, 非義也. 桓公殺之
雖過, 而糾之死實當. 仲始與之同謀, 遂與之同死, 可也; 知輔之爭爲不義, 將自免
以圖後功亦可也. 故聖人不責其死而稱其功. 若使桓弟而糾兄, 管仲所輔者正,
桓奪其國而殺之, 則管仲之與桓, 不可同世之讐也. 若計其後功而與其事桓, 聖人
之言, 無乃害義之甚, 啓萬世反復不忠之亂乎? 如唐之王珪·魏徵, 不死建成之難,
而從太宗, 可謂害於義矣. 後雖有功, 何足贖哉?」

愚謂:「管仲有功而無罪, 故聖人獨稱其功; 王·魏先有罪以後有功, 則不以相掩可也.」

諒은 작은 신의이다. 經은 목매다(縊)의 뜻이다. 莫之知는 남들이 알아주지
못하는 것이다.《後漢書》에 이 문장이 인용되었는데 莫자 위에 '人'자가 있다
《後漢書》應邵傳).

○ 程子(程頤)는 이렇게 말하였다. "桓公은 형이며 公子 糾는 아우이다. 그런데
管仲은 그 사사로이 섬기는 바에 따라 이를 보필하면서 나라를 다툰 것은 義가
아니다. 桓公이 이(糾)를 죽인 것은 비록 지나치기는 하였으나, 公子 糾의 죽음은
실제로 당연한 것이다. 그런데 管仲이 처음에는 이 公子 糾와 함께 모책을 하였으니,
끝내 그와 함께 죽는 것이 옳기는 하다. 그러나 公子 糾를 도와 나라를 다툰
것이 의롭지 못한 것임을 알고 나서, 장차 스스로 면책을 받아 훗날의 공적을
도모한 것도 역시 옳다. 그러므로 聖人이 그의 죽음은 질책하지 않고 그의 공적을
칭찬한 것이다. 만약 桓公이 아우였고 糾가 형이었다면 管仲이 보필한 바는
정당하지만, 桓公이 그 나라를 빼앗고 그(형으로 가정한 糾)를 죽였다면 管仲과 桓公은
세상을 함께 할 수 없는 원수였을 것이다. 만약 뒷날의 공적을 헤아려 桓公을
섬긴 것을 긍정하였다면, 聖人의 말은 의를 해침이 심하여 만세에 不忠之亂을
열어 주는 논리가 아니겠는가? 이를테면 唐나라의 王珪와 魏徵은 建成之難에
죽지 않고 太宗을 따랐으니, 이는 가히 義에 害가 되는 일이라 할 수 있다(建成知難은
唐 高宗의 長子이며, 太宗 李世民의 형으로 世子에 책봉된 후 李世民을 미워하여 죽이려다 도리어 자신이
죽임을 당한 사건.《新·舊唐書》太宗紀, 王珪傳 및 魏徵傳 참조). 뒤에 비록 공을 세우기는
하였으나, 어찌 족히 속죄가 되겠는가?"

내 생각으로는 이렇다. "管仲은 功은 있고 罪는 없다. 그 때문에 聖人이 유독
그 공만을 칭찬한 것이다. 王珪와 魏徵은 먼저 죄가 있은 뒤에 공적이 있었으니
그렇다면 그것으로 서로 엄폐해 줄 수 없음이 옳다."

公叔文子之臣大夫僎與文子同升諸公

공숙문자公叔文子의 신하인 대부 선僎이 문자와 더불어 함께 공조
公朝에 올랐다. 공자가 이를 듣고 이렇게 말하였다.
"그는 가히 '문文'이라고 시호를 쓸 만하다."

公叔文子之臣大夫僎與文子同升諸公.㊀
子聞之, 曰:「可以爲『文』矣.」㊁

【公叔文子】衛나라 大夫. 公孫拔. 시호가 文子(貞惠文子)였다(346 참조). 한편 시호를 文으로 하는 것은 朱註에는 「順理而成章」이라 하였고, 公冶長 (106(5-14))에는 「敏而好學, 不恥下問」이라 하였다.

【僎】公叔文子의 家臣. '선'으로 읽는다.

【文】公叔文子의 諡號는 《禮記》 檀弓篇에 의하면 貞惠文子였다.

 諺 解

公叔文子(공슉문ㅈ)의 臣(신) 태우 僎(션)이 文子(문ㅈ)로 더브러 ᄒᆞ 가지로 公(공)에 升(승)ᄒᆞ얏더니

子(ㅈ)ㅣ 들ᄋᆞ시고 ᄀᆞᆯᄋᆞ샤ᄃᆡ 可(가)히 뻐 文(문)이라 ᄒᆞ리로다

公叔文子(공슉문ㅈ)의 臣(신) 大夫(대부) 僎(션)이 文子(문ㅈ)로 더브러 ᄒᆞᆫ가지로 公(공)의 升(승)ᄒᆞ야늘

子(ㅈ)ㅣ 드르시고 ᄀᆞᄅᆞ샤ᄃᆡ 可(가)히 뻐 文(문)이라 ᄒᆞ리로다

 集 註

351-㊀

僎, 士免反.

○ 臣, 家臣. 公, 公朝. 謂薦之與己同進爲公朝之臣也.

僎은 反切로 '士免反'(션)이다.

○ 臣은 家臣을 말하며, 公은 公的인 朝廷이다. 이를 추천하여 자기(文子)가 公朝에 나가 함께 臣下가 됨을 말한 것이다.

351-㈁

文者, 順理而成章之謂. 諡法亦有所謂『錫民爵位曰文』者.

○ 洪氏曰:「家臣之賤而引之使與己並, 有三善焉; 知人, 一也; 忘己, 二也; 事君, 三也.」

文이란 이치에 순응하여 문장을 이룸을 말한다. 諡法(諡號를 짓는 법)에 소위 '錫民爵位曰文'(百姓에게 爵位를 내려 주는 것을 文이라 함)이라 한 것이다.

○ 洪氏(洪興祖)는 이렇게 말하였다. "家臣 중에 천한 이를 끌어 자기와 나란히 하도록 한 것은, 세 가지의 훌륭함이다. 하나는 사람을 알아보는 것이요, 둘째는 자신을 잊는 것이요, 셋째는 임금을 섬기는 것이다."

352(14-20)

子言衛靈公之無道也

공자가 위衛 영공靈公은 무도하다고 하자, 강자康子가 이렇게 여쭈었다.
"무릇 이와 같으면서 어찌 나라를 잃지 않습니까?"
공자가 이렇게 말하였다.
"중숙어仲叔圉가 빈객의 일을 다스리고, 축타祝鮀가 종묘의 일을 다스리며,
왕손가王孫賈가 군대를 다스리는 덕택입니다. 이렇게 하니 어찌 잃을 수
있겠습니까?"

子言衛靈公之無道也, 康子曰:「夫如是, 奚而不喪?」㊀

孔子曰:「仲叔圉治賓客, 祝鮀治宗廟, 王孫賈治軍旅.

夫如是, 奚其喪?」㊁

【衛 靈公】春秋時代 衛나라 군주. 衛靈公篇 참조. 재위 42년(B.C. 534~493).
【康子】季康子. 魯나라 大夫. 權臣.
【仲叔圉】衛나라 公文子. 賢臣이었다(106(5-14) 참조). 圉는 '어'로 읽는다.
【王孫賈】역시 衛나라의 大臣.

◉ 諺解

(蜜山本)　　子(ᄌ)ㅣ 衛靈公(위령공)의 道(도)업슴을 닐ᄋ더시니 康子
(강ᄌ)ㅣ ᄀᆞᆯ오듸 이러틋 호듸 엇디 喪(상)티 아니ᄒᆞ느니잇고
孔子(공ᄌ)ㅣ ᄀᆞᆯ으샤듸 仲叔圉(듕슉어)ᄂᆞᆫ 賓客(빈ᄏᆡᆨ)을 다ᄉᆞ리고 祝鮀
(츅타)ᄂᆞᆫ 宗廟(종묘)를 다ᄉᆞ리고 王孫賈(왕손가)ᄂᆞᆫ 軍旅(군려)를 다ᄉᆞ리니
이러틋 ᄒᆞ니 엇디 그 喪(상)ᄒᆞ리오

(栗谷本)　　子(ᄌ)ㅣ 衛靈公(위령공)의 道(도)업ᄉᆞᄆᆞᆯ 닐ᄅᆞ신대 康子(강ᄌ)ㅣ
ᄀᆞᆯ오듸 그 이러ᄒᆞ듸 엇디 喪(상)티 아니니잇고
孔子(공ᄌ)ㅣ ᄀᆞᄅᆞ샤듸 仲叔圉(듕슉어)ᄂᆞᆫ 賓客(빈ᄏᆡᆨ)을 다ᄉᆞ리고 祝鮀
(츅타)ᄂᆞᆫ 宗廟(종묘)를 다ᄉᆞ리고 王孫賈(왕손가)ᄂᆞᆫ 軍旅(군려)을 다ᄉᆞ리니
그 이러커니 엇디 그 喪(상)ᄒᆞ리오

◈ 集註

352-㊀

夫, 音扶. 喪, 去聲.
○ 喪, 失位也.

夫는 음이 扶(부)이다. 喪은 去聲(잃다)이다.
○ 喪은 職位를 잃는 것이다.

352-㊁

仲叔圉, 卽孔文子也. 三人皆衛臣, 雖未必賢, 而其才可用. 靈公用之, 又各當其才.

○ 尹氏曰:「衛靈公之無道, 宜喪也, 而能用此三人, 猶足以保其國, 而況有道之君, 能用天下之賢才者乎? 詩曰:『無競維人, 四方其訓之.』」

仲叔圉는 곧 孔文子이다. 세 사람 모두 衛나라의 臣下로 비록 반드시 어진 것은 아니었으나 그 재능은 가히 쓸 만하였다. 靈公이 이를 등용하였고 또한 각각 그 才能에 맞았다.

○ 尹氏(尹焞)는 이렇게 말하였다. "衛 靈公의 무도함으로 보면 의당 지위를 잃어야 하였을 것이나, 그런데도 능히 이 세 사람을 등용하였기에 그나마 그 나라를 지킬 수 있었다. 그러니 하물며 道 있는 임금이 天下의 賢才를 능히 등용하였을 경우임에랴? 《詩》(大雅 抑)에는 '사람의 도리를 다하기만 하면 사방이 우러러 따라오리라'라 하였다."

353(14-21)

其言之不怍

공자가 말하였다.

"그 말에 부끄러움을 모른다면, 그런 사람의 행동이란 실행이 어렵도다."

子曰:「其言之不怍, 則爲之也難.」㊀

【怍】부끄러움(慚). '작'으로 읽는다.
【爲之】실천함, 실행함.

諺解

子(ᄌ)ㅣ ᄀᆞᆯㅇ샤ᄃᆡ 그 言(언)홈이 怍(쟉)디 아니ᄒᆞ면 곧 홈이
어려우니라

子(ᄌ)ㅣ ᄀᆞᄅᆞ샤ᄃᆡ 그 言(언)ᄒᆞ기 怍(쟉)디 아니면 爲(위)ᄒᆞ기
어려우니라

集註

353-㊀

大言不慙, 則無必爲之志, 而自不度其能否矣. 欲踐其言, 豈不難哉?

큰소리치면서 부끄러움을 모른다면 틀림없이 이를 행하려는 뜻이 없는 것이며,
스스로 그 능력의 여부도 촌탁忖度하지 못하는 것이다. 그 말을 실천하고자 한다면
어찌 어렵지 않겠는가?

354(14-22)

陳成子弑簡公

진성자陳成子가 간공簡公을 시해弑害하였다. 공자가 목욕을 하고 조정에 나가 애공哀公에게 사실을 알렸다.

"진항陳恆이 그 임금을 시해하였으니 토벌하기를 청합니다."

애공은 이렇게 말하였다.

"저 세 사람에게 알리시오."

공자가 나와서 이렇게 말하였다.

"나는 대부를 지냈던 신분으로써 감히 그 사실을 알리지 않을 수가 없었다. 그런데 임금은 '세 사람에게 알리라' 하시는구나."

그리고는 가서 알렸다. 그러나 세 사람은 불가하다고 하였다. 공자는 이렇게 말하였다.

"나는 대부를 지냈던 신분으로써 감히 그 사실을 알리지 않을 수가 없었다."*

陳成子弑簡公.㊀

孔子沐浴而朝, 告於哀公曰:「陳恆弑其君, 請討之.」㊁

公曰:「告夫三子!」㊂

孔子曰:「以吾從大夫之後, 不敢不告也. 君曰『告夫三子』者!」㊃

之三子告, 不可.

孔子曰:「以吾從大夫之後, 不敢不告也.」㊄

【陳成子】 齊나라 大夫. 陳恆. 田常. 그 선조가 陳에서 齊로 망명하여 姓을 田氏로 바꾸어 실권을 쥐었다. 그 후손이 결국 齊나라를 찬탈하여 戰國時代 田氏 齊가 되었다. 《史記》 田敬仲完世家 참조.

【簡公】 春秋時代의 齊나라 君主. 이름은 壬. 재위 4년(B.C. 484~481).

* 이 사건은 《左傳》 哀公 14年 및 《晏子春秋》·《說苑》·《史記》 등에 자세히 실려 있다.

【三子】 三家. 당시 魯나라의 실권을 쥐고 있던 孟孫氏·叔孫氏·季孫氏를 말한다.

● 諺解

陶山本 陳成子(딘셩ᄌ)ㅣ 簡公(간공)을 弑(시)ᄒ야ᄂᆞᆯ

孔子(공ᄌ)ㅣ 沐浴(목욕)ᄒ시고 朝(됴)ᄒ샤 哀公(ᄋᆡ공)ᄭᅴ 告(고)ᄒ야 ᄀᆞᆯ으샤ᄃᆡ 陳恒(딘ᄒᆼ)이 그 君(군)을 弑(시)ᄒ니 請(쳥)컨댄 討(토)ᄒ쇼셔

公(공)이 ᄀᆞᆯ으샤ᄃᆡ 三子(삼ᄌ)의게 告(고)ᄒ라

孔子(공ᄌ)ㅣ ᄀᆞᆯ으샤ᄃᆡ 내 태우의 後(후)에 從(죵)홈으로 뻬라 敢(감)히 告(고)티 아니티 몯호니 君(군)이 ᄀᆞᆯ으샤ᄃᆡ 三子(삼ᄌ)의게 告(고)ᄒ라 ᄒ시고녀

三子(삼즈)의게 가 告(고)ᄒ신대 可(가)티 아니타 ᄒ야ᄂᆞᆯ 孔子(공즈)ㅣ ᄀᆞᆯ ᄋᆞ샤ᄃᆡ 내 태우의 後(후)에 從(죵)홈으로 ᄡᅦ라 敢(감)히 告(고)티 아니티 몯ᄒᆞ예니라

陳成子(딘셩즈)ㅣ 簡公(간공)을 弑(시)ᄒ야ᄂᆞᆯ
孔子(공즈)ㅣ 沐浴(목욕)ᄒ시고 朝(됴)ᄒ샤 哀公(ᄋᆡ공)ᄭᅴ 告(고)ᄒ야 ᄀᆞᆯ샤ᄃᆡ 陳恒(딘ᄒᆡᆼ)이 그 님금을 弑(시)ᄒ니 請(쳥)컨댄 討(토)ᄒ쇼셔
公(공)이 ᄀᆞᆯ샤ᄃᆡ 三子(삼즈)ᄃᆞ려 告(고)ᄒ라
孔子(공즈)ㅣ ᄀᆞᆯ샤ᄃᆡ 내 大夫(대부)의 後(후)를 從(죵)호믈 ᄡᅥ라 敢(감)히 告(고)티 아니티 못ᄒᆞ니 君(군)이 ᄀᆞᆯ샤ᄃᆡ 三子(삼즈)ᄃᆞ려 告(고)ᄒ라 ᄒ시고녀
三子(삼즈)의게 가 告(고)ᄒ신대 可(가)티 아니타 ᄒ야ᄂᆞᆯ 孔子(공즈)ㅣ ᄀᆞᆯ샤ᄃᆡ 내 大夫(대부)의 後(후)를 從(죵)호믈 ᄡᅥ라 敢(감)히 告(고)티 아니티 못ᄒᆞ라

◆ 集 註

354-㊀

成子, 齊大夫, 名恆. 簡公, 齊君, 名壬. 事在春秋哀公十四年.

成子는 齊나라 大夫로 이름은 恆이다. 簡公은 齊나라 임금으로 이름은 壬이다. 이 사건은 《春秋》哀公 14年에 실려 있다.

354-㊁

朝, 音潮.
○ 是時孔子致仕居魯. 沐浴齊戒以告君, 重其事而不敢忽也. 臣弑其君, 人倫之大變, 天理所不容, 人人得而誅之, 況隣國乎? 故夫子雖已告老, 而猶請哀公討之.

朝는 음이 潮(조)이다.

○ 이 당시 孔子는 벼슬을 그만두고 魯나라에 살고 있었다. 沐浴齊(齋)戒하고 임금에게 고한 것은 그 일을 중히 여겨 감히 소홀히 할 수 없었기 때문이다. 臣下가 그 임금을 弑害한 것은 人倫의 큰 변고이며 天理로도 용납되지 않아, 사람마다 그를 주벌할 수 있는데 하물며 이웃 나라이겠는가? 그 때문에 夫子가 비록 이미 告老(늙어 벼슬자리에 물러남. 현 직위에 있지 않음)임에도 오히려 哀公에게 청하여 이를 토벌하자고 한 것이다.

354-㉢

夫, 音扶, 下『告夫』同.
○ 三子, 三家也. 時政在三家, 哀公不得自專, 故使孔子告之.

夫는 음이 扶(부)이다. 아래의 '告夫'의 夫도 같다.
○ 三子는 三家이다. 당시 정치가 三家에 있어 哀公도 스스로 마음대로 할 수 없어 그 때문에 孔子에게 이를 알리도록 시킨 것이다.

354-㉣

孔子出而自言如此. 意謂弑君之賊, 法所必討; 大夫謀國, 義所當告. 君乃不能自命三子, 而使我告之邪?

孔子가 나와서 스스로 이와 같이 말한 것이다. 뜻은 임금을 弑害한 역적은 법으로 반드시 토벌토록 해야 하며, 大夫가 나라를 움직이는 것은 義로 보아 의당 알려야 된다고 여겼으며, 임금이 능히 스스로 三家에게 명하지 못하고 나를 시켜 알린단 말인가라고 생각한 것이다.

354-㉤

以君命往告, 而三子魯之强臣, 素有無君之心, 實與陳氏聲勢相倚, 故沮其謀. 而夫子復以此應之, 其所以警之者深矣.

○ 程子曰:「左氏記孔子之言曰:『陳恆弑其君, 民之不予者半. 以魯之衆, 加齊之半, 可克也.』此非孔子之言. 誠若此言, 是以力不以義也. 若孔子之志, 必將正名其罪, 上告天子, 下告方伯, 而率與國以討之. 至於所以勝齊者, 孔子之餘事也, 豈計魯人 之衆寡哉? 當是時, 天下之亂極矣, 因是足以正之, 周室其復興乎? 魯之君臣, 終不 從之, 可勝惜哉!」

胡氏曰:「春秋之法, 弑君之賊, 人得而討之. 仲尼此擧, 先發後聞可也.」

임금의 명령으로 가서 알렸건만 三子는 魯나라의 强臣으로 평소 無君之心이 있었고, 실제 陳氏와는 聲勢가 서로 엇비슷하여 그 때문에 그 모책을 저지한 것이다. 그렇지만 夫子가 다시금 이 말로 대응하였으니 그 警責하는 바가 심히 깊다.

○ 程子(程頤)는 이렇게 말하였다. "左氏(《左傳》의 기록자. 흔히 左丘明으로 여김)가 孔子의 말이라고 기록하면서, '陳恆이 그 임금을 弑害하였으나 백성으로서 동의하지 않는 자가 반이다. 魯나라의 民衆으로 齊나라의 그 반을 더한다면 가히 쳐서 이길 수 있다'(《左傳》哀公 14年)라 하였으나, 이는 孔子의 말이 아니다. 진실로 이와 같이 말하였다면 힘으로 하겠다는 것이지 義로 하겠다는 것이 아니다. 만약 孔子의 뜻이라면 틀림없이 장차 그 罪의 명분을 바로잡아 위로는 天子에게 고하고 아래로 는 方伯(諸侯)들에게 알려 동참하는 나라를 이끌고 그를 토벌하였을 것이다. 齊나라 를 이긴다는 문제는 孔子에게 있어서는 餘事(그 다음의 일)이니 어찌 魯나라의 사람이 많고 적음을 계산하였겠는가? 그 당시는 天下가 어지러움이 극에 이르러 이를 근거로 족히 바로잡아 周室을 부흥시킬 수 있지 않았겠는가? 魯나라의 임금과 臣下가 끝내 이 의견을 따르지 않았으니 그 애석함을 어찌 이겨내겠는가!"

胡氏(胡寅)는 이렇게 말하였다. "春秋之法에 임금을 시해한 역적은 보통사람 으로서도 토벌할 수 있었다. 仲尼가 이를 들어 먼저 발동(토벌)하고, 뒤에 천자에게 보고를 하였더라도 가능한 일이었다."

355(14-23)

子路問事君

자로子路가 임금 섬기는 일을 여쭙자, 공자가 이렇게 말하였다.
"속임이 없도록 하라, 그리고 나서 얼굴을 붉히는 간쟁이 있어야
한다."

子路問事君.
子曰:「勿欺也, 而犯之.」⊖

【子路】仲由.
【犯之】임금의 잘못에 과감히 그 안색을 침범함. 諫言을 뜻함.《禮記》檀弓上에
「事君有犯而無隱」이라 하였다.

子路(ᄌ로)ㅣ 君(군) 事(ᄉ)홈을 묻ᄌ온대 子(ᄌ)ㅣ ᄀᆞᆯᄋᆞ샤ᄃᆡ 欺(긔)티 말오 犯(범)홀 ᄠᅵ니라

 　子路(ᄌ로)ㅣ 님금 셤기ᄅᆞᆯ 묻ᄌ온대 子(ᄌ)ㅣ ᄀᆞᄅᆞ샤ᄃᆡ 欺(긔)티 말고 犯(범)홀 디니라

◆ 集註

355-㊀

犯, 謂犯顏諫爭.

○ 范氏曰:「犯非子路之所難也, 而以不欺爲難. 故夫子告以先勿欺而後犯也.」

犯은 얼굴을 범하여 간쟁함을 말한다.

○ 范氏(范祖禹)는 이렇게 말하였다. "犯이란 子路로서는 어려운 바가 아니고 오히려 속이지 않는 일이 어렵다. 그 때문에 夫子가 먼저 속이지 말고 뒤에 범하라고 일러 준 것이다."

356(14-24)

君子上達

공자가 말하였다.

"군자는 위로 통달하고, 소인은 아래로 통달한다."

子曰:「君子上達, 小人下達.」⊖

【上達下達】皇侃은 《論語義疏》에서 上達은 仁義에 통달하는 것이며, 下達은
財利에 통달하는 것이라 하였다.

子(ᄌ)ㅣ ᄀᆞᆯ〮ᄋᆞ샤ᄃᆡ 君子(군ᄌᆞ)ᄂᆞᆫ 우흐로 達(달)ᄒᆞ고 小人(쇼신)은 아래로 達(달)ᄒᆞᄂᆞ니라

 子(ᄌ)ㅣ ᄀᆞᄅᆞ샤ᄃᆡ 君子(군ᄌᆞ)ᄂᆞᆫ 우흐로 達(달)ᄒᆞ고 小人(쇼인)은 아래로 達(달)ᄒᆞᄂᆞ니라

◆ 集 註

356-㊀

君子循天理, 故日進乎高明; 小人徇人欲, 故日究乎汙下.

君子는 天理를 따른다(內閣本에는 '君子反天理'로 되어 있다). 그 때문에 날로 高明한 데로 나아간다. 그러나 小人은 사람의 욕망을 따른다. 그 때문에 날로 汙下(더럽고 낮은 쪽)한 데로 처지는 것이다.

357(14-25)

古之學者爲己

공자가 말하였다.

"옛날의 배우는 자는 자신의 수양을 위하여 공부하였으나, 오늘날의
배우는 자는 남에게 드러내기 위하여 공부하는구나."

子曰:「古之學者爲己, 今之學者爲人.」㊀

【爲己】 자기 자신의 修養을 위해 공부함.
【爲人】 남에게 자랑하기 위해 공부함. 혹은 남에게 인정받기 위해 공부함.

子(ᄌ)ㅣ ᄀᆞᆯ오샤ᄃᆡ 녯 學(ᄒᆞᆨ)ᄒᆞᄂᆞᆫ 者(쟈)ᄂᆞᆫ 己(긔)를 爲(위)ᄒᆞ더니
이젯 學(ᄒᆞᆨ)ᄒᆞᄂᆞᆫ 者(쟈)ᄂᆞᆫ 人(신)을 爲(위)ᄒᆞ놋다

 子(ᄌ)ㅣ ᄀᆞᄅᆞ샤ᄃᆡ 녜 學(ᄒᆞᆨ)ᄒᆞᄂᆞᆫ 者(쟈)ᄂᆞᆫ 己(긔)를 爲(위)ᄒᆞ더니
이제 學(ᄒᆞᆨ)ᄒᆞᄂᆞᆫ 者(쟈)ᄂᆞᆫ 人(인)을 爲(위)ᄒᆞ놋다

◆ 集 註

357-㊀

爲, 去聲.
○ 程子曰:「爲己, 欲得之於己也; 爲人, 欲見知於人也.」
○ 程子曰:「古之學者爲己, 其終至於成物; 今之學者爲人, 其從至於喪己.」
愚按:「聖賢論學者用心得失之際, 其說多矣, 然未有如此言之切而要者. 於此明
辨而日省之, 則庶乎其不昧於所從矣.」

爲는 去聲이다.
○ 程子(程頤)는 이렇게 말하였다. "爲己란 자신에게 이를 터득하여 얻으려는
것이요, 爲人은 남에게 알려지기를 바라는 것이다."
○ 程子(程頤)가 말하였다. "옛 배우는 자는 爲己로 하였으니 그 끝은 成物에
이른다. 지금의 배우는 자는 爲人하니 그 끝은 자신을 잃는 데에 이른다."
내 생각으로는 이렇다. "聖賢이 배우는 자의 用心·得失을 논함에 그 說이
여러 가지이다. 그러나 이 말처럼 절박하고 긴요한 것은 없었다. 여기에서처럼
明辨(밝게 辨析함)하고 날마다 살핀다면 거의 所從(어느 쪽을 쫓을까 하는 바)에 어둡지
않게 될 것이다."

蘧伯玉使人於孔子

거백옥蘧伯玉이 공자에게 사람을 보내자, 공자가 그와 더불어 자리를 함께하고 물었다.

"너의 선생님께서는 무엇을 하고 계시는가?"

그 사람이 이렇게 대답하였다.

"우리 선생님께서는 그 허물을 줄이려고 하시지만 아직 능하지는 못합니다."

그 심부름하는 자가 물러나자 공자가 이렇게 말하였다.

"심부름꾼답도다! 심부름꾼답도다!"

蘧伯玉使人於孔子.㊀
孔子與之坐而問焉, 曰:「夫子何爲?」
對曰:「夫子欲寡其過而未能也.」
使者出.
子曰:「使乎! 使乎!」㊁

【蘧伯玉】姓은 蘧, 이름은 瑗, 字는 伯玉. 衛나라의 훌륭한 大夫. 孔子가 衛나라에 있을 때 그의 집을 방문하였다. 《說苑》奉使篇 380(12-20) 참조.

◉ 諺解

南山本
蘧伯玉(거빅옥)이 사룸을 孔子(공ᄌ)ᄭᅴ 블여늘 孔子(공ᄌ)ㅣ 더블어 坐(좌)ᄒᆞ야 물어 ᄀᆞᆯᄋᆞ샤ᄃᆡ 夫子(부ᄌ)ᄂᆞᆫ 므스 일 ᄒᆞᄂᅸ 對(ᄃᆡ)ᄒᆞ야 ᄀᆞᆯ오ᄃᆡ 夫子(부ᄌ)ㅣ 그 過(과)를 寡(과)코져 ᄒᆞᄃᆡ 能(능)티 몯ᄒᆞ니이다 使者(시쟈)ㅣ 出(츌)커늘 子(ᄌ)ㅣ ᄀᆞᆯᄋᆞ샤ᄃᆡ 使(시)ㅣ여 使(시)ㅣ여

栗谷本
蘧伯玉(거빅옥)이 孔子(공ᄌ)ᄭᅴ 사룸을 브려늘 孔子(공ᄌ)ㅣ 더브러 坐(좌)ᄒᆞ시고 무러 ᄀᆞ르샤ᄃᆡ 夫子(부ᄌ)ᄂᆞᆫ 므슴ᄒᆞᄂᅸ 對(ᄃᆡ)ᄒᆞ야 ᄀᆞᆯ오ᄃᆡ 夫子(부ᄌ)ㅣ 허믈을 젹게 ᄒᆞ고져 ᄒᆞᄃᆡ 能(능)티 못ᄒᆞ더이다 使者(시쟈)ㅣ 出(츌)커늘 子(ᄌ)ㅣ ᄀᆞ르샤ᄃᆡ 使(시)ㅣ여 使(시)ㅣ여

358-㊀

使, 去聲, 下同.
○ 蘧伯玉, 衛大夫, 名瑗. 孔子居衛, 嘗主於其家. 旣而反魯, 故伯玉使人來也.

使는 去聲이다. 아래도 같다.
○ 蘧伯玉은 衛나라 大夫이며, 이름은 瑗이다. 孔子가 衛나라에 居할 때 일찍이 그 집을 주인으로 한 적이 있다(《說苑》奉使篇). 이윽고 魯나라로 돌아오자 그 때문에 蘧伯玉이 사람을 보내온 것이다.

358-㊁

與之坐, 敬其主以及其使也. 夫子, 指伯玉也. 言其但欲寡過而猶未能, 則其省身克己, 常若不及之意可見矣. 使者之言猶自卑約, 而其主之賢益彰, 亦可謂深知君子之心, 而善於詞令者矣. 故夫子再言『使乎』以重美之.
按莊周稱『伯玉行年五十, 而知四十九年之非』. 又曰:『伯玉行年六十, 而六十化.』蓋其進德之功, 老而不倦. 是以踐履篤實, 光輝宣著. 不惟使者知之, 而夫子亦信之也.

與之坐(그와 함께 앉음)란 그 주인을 공경함이 그 심부름하는 이에게까지 미친 것이다. 夫子는 蘧伯玉을 가리킨다. 다만 허물을 적게 하려 하였지만 아직 능히 그렇게 하지 못한다 하였으니, 그렇다면 省身克己가 항상 아직 미치지 못하면 어쩌나 하는 것과 같음을 가히 알 수 있다. 使者의 말이 오히려 스스로 卑約(낮추고 검약함)하여 그 주인의 어짊을 더욱 드러냈으니, 가히 君子의 마음을 깊이 알아 심부름꾼으로서 훌륭하다 이를 만하다. 그 때문에 夫子가 두 번이나 '使乎'라 하여 거듭 이를 칭찬한 것이다.
莊周(莊子, 《莊子》則陽篇의 구절, 《淮南子》에도 같은 내용이 실려 있음)를 살펴보니 "蘧伯玉은 50세 동안 행하고 나서 그전 49년이 잘못이었음을 알았다"라 하였고, 다시 "60세를 행하고 나서 60에서야 化하였다"라 하였으니, 대개 그 進德之功(德으로 나아가려는 功夫)이 늙어서도 게으르지 않았다. 이로써 실천함이 독실하고 光輝가 퍼져 드러나서, 심부름꾼만이 안 것이 아니고 夫子도 역시 이를 믿고 있었던 것이다.

359(14-27)

不在其位

공자가 말하였다.

"그 직위에 있지 않거든 그 정치가 어떠니 하고 모책하지 말 것이니라."*

子曰:「不在其位, 不謀其政.」㊀

* 본장은 泰伯篇 198(8-14)과 중복된다.

없음

 없음

◈ 集註

359-㊀

重出.

거듭 나왔다(泰伯篇 198(8-14)).

曾子曰君子思不出其位

증자_{曾子}가 이렇게 말하였다.
"군자는 자신의 지위를 벗어난 생각을 하지 않는다."*

曾子曰:「君子思不出其位.」㊀

* 楊伯峻은 본장을 앞장과 연결된 것이라 보았다.

諺解

 陶山本   曾子(증ᄌ) ㅣ 길ᄋ샤ᄃᆡ 君子(군ᄌ)ᄂᆞᆫ 思(ᄉ) ㅣ 그 位(위)예 出(츌)티 아니ᄒᆞᄂᆞ니라

 栗谷本   曾子(증ᄌ) ㅣ ᄀᆞᄅᆞ샤ᄃᆡ 君子(군ᄌ)ᄂᆞᆫ 思(ᄉ) ㅣ 그 位(위)예 나디 아닛ᄂᆞ니라

集註

360-㊀

此艮卦之象辭也. 曾子蓋嘗稱之, 記者因上章之語而類記之也.

○ 范氏曰:「物各止其所, 而天下之理得矣. 故君子所思不出其位, 而君臣·上下·大小, 皆得其職也.」

이는 《周易》 艮卦의 象辭(卦 전체의 의미를 孔子가 풀이한 말)이다. 曾子가 아마 일찍이 이 말을 칭찬하자 기록한 자가 윗장(359)의 말을 근거하여 비슷하다고 여겨 여기에 기록한 듯하다.

○ 范氏(范祖禹)는 이렇게 말하였다. "사물이 각각 그 자리에 머물면 天下의 이치도 제자리를 얻는다. 그 때문에 君子의 생각하는 바가 그 위치를 벗어남이 없으면, 君臣·上下·大小가 모두 그 職分을 얻게 된다."

361(14-29)

君子恥其言而過其行

공자가 말하였다.

"군자는 그 말이 행동보다 앞서가는 것을 부끄러워해야 하느니라."**

子曰:「君子恥其言而過其行.」㊀

【而】之와 같다. 皇侃本과 日本 足利本은 모두 '之'로 고쳐져 있다.

＊《諺解》에는 "君子는 그 말을 부끄러워하고 행실을 앞세운다"라고 풀이하였다.

＊《禮記》雜記에 「有其言而無其行, 君子恥之」라 하였고, 表記에는 「君子恥有其辭而無其德; 有其德而無其行」이라 하였다.

"君子恥其言而過其行"(石可)

 諺 解

 子(ᄌ)ㅣ ᄀᆞᄅᆞ샤ᄃᆡ 君子(군ᄌᆞ)는 그 言(언)을 恥(티)ᄒ고 그
行(ᄒᆡᆼ)을 過(과)ᄒᄂᆞ니라

 子(ᄌ)ㅣ ᄀᆞ르샤ᄃᆡ 君子(군ᄌᆞ)는 그 言(언)을 恥(티)ᄒ고 그
行(ᄒᆡᆼ)을 過(과)히 ᄒᄂᆞ니라

◆ 集 註

361-㊀

行, 去聲.

○ 恥者, 『不敢盡』之意; 過者, 『欲有餘』之辭.

行은 去聲이다.

○ 恥란 '不敢盡'(부족한 부분을 감히 진력을 다하지 않음)의 뜻이요, 過란 '欲有餘'(남아도는
것을 다 쓰려함.《中庸》13章에 '有所不足, 不敢不勉; 有餘不敢盡'이라 함)의 말이다.

君子道者三

공자가 말하였다.

"군자의 도는 세 가지가 있는데 나는 능히 그렇게 하지 못하는구나. 즉 어진 이라면 근심이 없어야 하고, 지혜로운 자라면 미혹함이 없어야 하며, 용맹한 자라면 두려움이 없어야 하는 것이로다."

자공子貢이 이에 대하여 이렇게 말하였다.

"이는 선생님이 스스로 겸양의 말씀으로 하신 것이다."*

> 子曰:「君子道者三, 我無能焉: 仁者不憂, 知者不惑,
> 勇者不懼.」㊀
> 子貢曰:「夫子自道也.」㊁

【子貢】端木賜.

* 본장은 子罕篇 233(9-28)에도 앞부분이 실려 있다.

陶山本 子(ᄌ)ㅣ ᄀᆞᆯ오샤ᄃᆡ 君子(군ᄌ)의 道(도)ㅣ 三(삼)애 내 能(능)홈이 업소니 人(신)ᄒᆞᆫ 者(쟈)ᄂᆞᆫ 憂(우)티 아니ᄒᆞ고 知(디)ᄒᆞᆫ 者(쟈)ᄂᆞᆫ 惑(혹)디 아니ᄒᆞ고 勇(용)ᄒᆞᆫ 者(쟈)ᄂᆞᆫ 懼(구)티 아니ᄒᆞᄂᆞ니라
　子貢(ᄌ공)이 ᄀᆞᆯ오ᄃᆡ 夫子(부ᄌ)ㅣ 스스로 닐옴이샷다

栗谷本 子(ᄌ)ㅣ ᄀᆞᄅᆞ샤ᄃᆡ 君子(군ᄌ)의 道(도)ㅣ 세헤 내 能(능)호미 업스니 人(인)ᄒᆞᆫ 者(쟈)ᄂᆞᆫ 憂(우)티 아니ᄒᆞ고 知(지)ᄒᆞᆫ 者(쟈)ᄂᆞᆫ 惑(혹)디 아니ᄒᆞ고 勇(용)ᄒᆞᆫ 者(쟈)ᄂᆞᆫ 懼(구)티 아니ᄒᆞᄂᆞ니라
　子貢(ᄌ공)이 ᄀᆞᆯ오ᄃᆡ 夫子(부ᄌ)ㅣ 스스로 道(도)ᄒᆞ샷다

◆ 集 註

362-㊀

知, 去聲.
○ 自責以勉人也.

知는 去聲이다.
○ 스스로 책하여 남을 勉勵한 것이다.

362-㊁

道, 言也. 自道, 猶云謙辭.
○ 尹氏曰：「成德以仁爲先, 進學以知爲先. 故夫子之言, 其序有不同者以此.」

道는 말하다(言)이다. 自道는 오히려 謙讓으로 말하다와 같다.
○ 尹氏(尹焞)는 이렇게 말하였다. "德을 이루는 일은 仁을 우선으로 하고, 學問에 나아가는 것은 知를 우선으로 한다. 그러므로 夫子의 말에서 그 차례가 같지 않음이 있는 것은 이 때문이다."

363(14-31)

子貢方人

자공子貢이 사람을 비교하자 공자가 이렇게 말하였다.
"사(賜; 자공)야, 너는 현명한가? 무릇 나라면 그럴 겨를이 없겠다."

> 子貢方人.
> 子曰:「賜也賢乎哉? 夫我則不暇.」㊀

【子貢】端木賜.
【方人】남의 장단을 품평함. 비교함.

子貢(ㅈ공)이 人(신)을 方(방)ᄒ더니 子(ᄌ)ㅣ ᄀᆯᄋ샤되 賜(ᄉ)는 賢(현)ᄒ냐 나는 暇(가)티 몯ᄒ노라

 子貢(ㅈ공)이 人(인)을 方(방)ᄒ거늘 子(ᄌ)ㅣ ᄀᆞᄅ샤되 賜(ᄉ)는 어딘가 나는 暇(가)티 몯ᄒ노라

◈ 集 註

363-㈠

夫, 音扶.

○ 方, 比也. 乎哉, 疑辭. 比方人物而較其短長, 雖亦窮理之事, 然專務爲此, 則心馳於外, 而所以自治者疎矣. 故褒之而疑其辭, 復自貶以深抑之.

○ 謝氏曰:「聖人責人, 辭不迫切而意已獨至如此.」

夫는 음이 扶(부)이다.

○ 方은 比(비교하다)이다. 乎哉는 의문사이다. 人物을 비교하여 그 장·단점을 따져보는 것이 비록 역시 窮理之事이기는 하나, 여기에 오로지 힘쓰다 보면 마음이 밖으로만 내달아 자신이 다스려야 할 바에 대해서는 소홀해진다. 그 때문에 이를 포상하되 그 말에 의문을 던져 다시 스스로 貶毁하여 깊이 억제한 것이다.

○ 謝氏(謝良佐)는 이렇게 말하였다. "聖人이 남을 責함에 말이 박절하지 않으면서 뜻이 이미 독특함의 지극하기가 이와 같다."

364(14-32)

不患人之不己知

공자가 말하였다.

"남이 나를 알아주지 않는다고 걱정할 것이 아니라 내가 그에 능치 못함을 걱정하라."*

子曰:「不患人之不己知, 患其不能也.」⊖

---

* 본장은 學而篇 016(1-16)·里仁篇 080(4-14)과 관련이 있다.

◉ 諺解

陶山本 子(ᄌᆞ)ㅣ ᄀᆞᆯᄋᆞ샤ᄃᆡ 人(ᅀᅵᆫ)의 己(긔)ᄅᆞᆯ 아디 몯홈을 患(환)티 말고 그 能(능)티 몯홈을 患(환)홀 띠니라

栗谷本 子(ᄌᆞ)ㅣ ᄀᆞᄅᆞ샤ᄃᆡ 人(인)의 날 아디 몯호믈 患(환)티 말고 그 能(능)티 몯호믈 患(환)홀 디니라

◈ 集註

364-㊀

凡章指同而文不異者, 一言而重出也. 文小異者, 屢言而各出也. 此章凡四見, 而文皆有異. 則聖人於此一事, 蓋屢言之, 其丁寧之意亦可見矣.

모든 장에서 뜻은 같고 문장도 다르지 않은 것은, 한 마디(한번 말한 것)였으나 거듭 나온 것이다. 그러나 문장이 조금 다른 것은 여러 번 말한 것이 각각 나타난 것이다. 이 장은 모두 4번이 보이는데 문장이 모두 다르다. 그렇다면 聖人이 이 한 가지 일에 아마 여러 번 말한 것일 터이니, 그 丁寧(叮嚀과 같음. 자상하고 세심함. 첩운어)함을 또한 가히 알 수 있다.

365(14-33)

不逆詐

공자가 말하였다.

"남이 나를 속이지나 않나 하고 미리 짐작하지 않으며, 믿어주지 않을까 하고 미리 억측하지 않으면서, 도리어 또한 먼저 깨닫는 자가 된다면 이가 어진 이로다!"

子曰:「不逆詐, 不億不信, 抑亦先覺者, 是賢乎!」⊖

【逆】 일이 이루어지지 않았는데 미리 의심을 나타내는 것.
【億】 臆·憶 등과 같다. 미리 억측함.
【抑】 反語詞. '그러나, 도리어, 생각건대'의 뜻.

子(ᄌ)ㅣ ᄀᆞᆯᄋᆞ샤ᄃᆡ 詐(사)를 逆(역)디 아니ᄒᆞ며 不信(블신)을 億(억)디 아니ᄒᆞᆯ 꺼시나 ᄯᅩ흔 몬져 覺(각)ᄒᆞᄂᆞᆫ 者(쟈)ㅣ 이 賢(현)인뎌

 子(ᄌ)ㅣ ᄀᆞᄅᆞ샤ᄃᆡ 詐(사)를 逆(역)디 말며 不信(블신)을 億(억)디 말고 ᄯᅩ흔 몬져 覺(각)흔 者(쟈)ㅣ 이 賢(현)ᄒᆞ뎌

◈ 集 註

365-㊀

逆, 未至而迎之也. 億, 未見而意之也. 詐, 謂人欺己. 不信, 謂人疑己. 抑, 反語辭. 言雖不逆不億, 而於人之情僞, 自然先覺, 乃爲賢也.

○ 楊氏曰:「君子一於誠而已, 然未有誠而不明者. 故雖不逆詐·不億不信, 而常先覺也. 若夫不逆不億而卒爲小人所罔焉, 斯亦不足觀也已.」

逆은 아직 이르지 않은 것을 미리 맞이하는 것(예측함)이요, 億은 아직 드러나지 않았는데 미리 생각하는 것이다. 詐는 남이 자신을 속이는 것이다. 不信은 남이 나를 의심하는 것이다. 抑은 反語辭이다. 비록 예측하지도 억측하지도 않는다 해도 남의 情僞(실정과 거짓)에 대해 자연스럽게 먼저 깨달아야 이에 어짊이 됨을 말한 것이다.

○ 楊氏(楊時)는 이렇게 말하였다. "君子는 한결같이 誠에 뜻을 두어야 할 뿐이다. 그러니 성실하면서 不明한 자는 있을 수 없다. 그 때문에 비록 逆詐하지도 않고 不信을 미리 예측하지도 않는다 해도 항상 먼저 알아차리는 것이다. 만약 무릇 不逆不億하는데도 끝내 小人에게 欺罔을 당한다면 이 역시 보아주기에 부족하다."

366(14-34)

微生畝謂孔子曰

미생모微生畝가 공자를 두고 이렇게 말하였다.

"그丘는 무엇을 위해 이토록 바쁘신지요? 말솜씨를 뽐내기 위해 그런 것이 아닌가요?"

공자가 이렇게 말하였다.

"감히 말솜씨를 뽐내려고 그런 것이 아닙니다. 고집스런 자가 미워서 그런 것입니다."

微生畝謂孔子曰:「丘何爲是栖栖者與? 無乃爲佞乎?」㊀

孔子曰:「非敢爲佞也, 疾固也.」㊁

【微生畝】微生은 姓, 畝는 이름. 구체적 사적은 알 수 없다. 畝는 '무, 묘, 모'로도 읽는다. 《諺解》를 따라 '모'로 읽었다.

【栖栖】편안하지 못한 모습. 바삐 움직이는 모습. 朱子는 依依(버리지 못하고 연연함)의 뜻으로 보았다. 栖의 음은 '서'이다.

【佞】말솜씨를 나타냄.

【疾固】고집불통인 사람들을 미워함.

● 諺 解

남산본 微生畝(미싱모) ㅣ 孔子(공ᄌᆞ)ㅅ의 닐어 글오디 丘(구)는 엇디 이 栖栖(셔셔)ᄒᆞ욤을 ᄒᆞᄂᆞ뇨 아니 佞(녕)을 ᄒᆞᄂᆞ냐

孔子(공ᄌᆞ) ㅣ 글ᄋᆞ샤디 敢(감)히 佞(녕)을 ᄒᆞᄂᆞᆫ 줄이 아니라 固(고)를 疾(질)홈이니라

율곡본 微生畝(미싱모) ㅣ 孔子(공ᄌᆞ)의 닐러 글오디 丘(구)는 엇디 이리 栖栖(셔셔)ᄒᆞᄂᆞ뇨 아니 佞(녕)을 ᄒᆞᄂᆞ냐

孔子(공ᄌᆞ) ㅣ ᄀᆞᆯᄋᆞ샤디 敢(감)히 佞(녕)을 호미 아니라 固(고)를 疾(질)ᄒᆞ노라

◆ 集 註

366-㊀

與, 平聲.

○ 微生, 姓, 畝, 名也. 畝名呼夫子而辭甚倨, 蓋有齒德而隱者. 栖栖, 依依也. 爲佞, 言其務爲口給以悅人也.

與는 平聲이다.

○ 微生은 姓이요, 畝는 이름이다. 微生畝가 孔子의 이름을 불렀고 말이 심히 거만한 것은, 아마 나이가 많고 덕이 있으면서 隱者였기 때문이리라. 栖栖는 依依와 같다. 爲佞은 口給(말대꾸와 풀이를 잘함. 前出)하여 남을 즐겁게 하기에 힘씀을 말한 것이다.

366-㊂

疾, 惡也. 固, 執一而不通也. 聖人之於達尊, 禮恭而言直如此, 其警之亦深矣.

疾은 미워함(惡)이다. 固는 하나만을 고집하여 융통하지 못함이다. 聖人이 達尊(《孟子》 公孫丑下에 爵·齒·德을 三達尊이라 하여 누구나 공통으로 존경하는 대상이라는 뜻)에 대하여 예절이 공손하고 말이 바르기가 이와 같았으니 그 警責함이 역시 깊다.

367(14-35)

驥不稱其力

공자가 말하였다.

"기驥라는 천리마는 그 힘으로써 이름이 난 것이 아니라, 그 덕 때문에 이름이 난 것이니라."

子曰:「驥不稱其力, 稱其德也.」㊀

【驥】古代의 千里馬.《博物志》卷6에 周穆王의 八駿馬 중에 '赤驥'라는 말이 있었다 하였다.

子(주) ㅣ 글ᄋ샤ᄃ| 驥(긔)ᄂ 그 力(력)을 稱(칭)ᄒ 거시 아니라
그 德(덕)을 稱(칭)홈이니라

 子(주) ㅣ ᄀᄅ샤ᄃ| 驥(긔)ᄅ 그 力(력)을 稱(칭)호미 아니라
그 德(덕)을 稱(칭)호미니라

◈ 集 註

367-㊀

驥, 善馬之名. 德, 謂調良也.
○ 尹氏曰:「驥雖有力, 其稱在德. 人有才而無德, 則亦奚足尙哉?」

驥는 훌륭한 말의 이름이다. 德이란 조절이 良好함을 말한다.
○ 尹氏(尹焞)는 이렇게 말하였다. "驥는 비록 힘이 있으나 그 훌륭함은 德을
두고 말한다. 사람이 才能이 있고 德이 없으면 어찌 족히 숭상할 만한 것이
있겠는가?"

368(14-36)

或曰以德報怨

어떤 이가 물었다.
"덕으로써 원한을 갚으면 어떻습니까?"
공자가 이렇게 말하였다.
"그렇게 하면 덕은 무엇으로 갚겠느냐? 곧은 것으로 원한을 갚고,
덕으로써 덕을 갚아야 하느니라."**

或曰:「以德報怨, 何如?」㊀
子曰:「何以報德?㊁ 以直報怨, 以德報德.」㊂

【直】 곧다. 正直하다. 혹은 '한결같이 공평무사하다'의 뜻.

* 《老子》 36章에 「大小多少, 報怨以德」이라 하여, 당시 유행어나 格言으로 보인다.

* 《禮記》 表記에 「子曰: 以德報德, 則民有所勸; 以怨報怨, 則民有所懲」이라 하고, 다시 「子曰: 以德報怨, 則寬身之仁也; 以怨報德, 則刑戮之民也」라 하였다.

◉ 諺解

陶山本 或(혹)이 ᄀᆞᆯ오ᄃᆡ 德(덕)으로ᄡᅥ 怨(원)을 報(보)홈이 엇더ᄒᆞ니잇고 子(ᄌᆞ)ㅣ ᄀᆞᆯᄋᆞ샤ᄃᆡ 므서스로ᄡᅥ 德(덕)을 報(보)ᄒᆞ료 直(딕)으로ᄡᅥ 怨(원)을 報(보)ᄒᆞ고 德(덕)으로ᄡᅥ 德(덕)을 報(보)홀 띠니라

栗谷本 或(혹)이 ᄀᆞᆯ오ᄃᆡ 德(덕)으로ᄡᅥ 怨(원)을 報(보)호ᄃᆡ 엇더ᄒᆞ니잇고 子(ᄌᆞ)ㅣ ᄀᆞᄅᆞ샤ᄃᆡ 므서스로ᄡᅥ 德(덕)을 報(보)ᄒᆞ료 直(딕)으로ᄡᅥ 怨(원)을 報(보)ᄒᆞ고 德(덕)으로ᄡᅥ 德(덕)을 報(보)홀 디니라

◈ 集註

368-㊀

或人所稱, 今見老子書. 德, 謂恩惠也.

或人이 칭한 바는 지금의 《老子》(36章)를 보라. 德은 은혜를 말한다.

368-㊁

言於其所怨, 旣以德報之矣; 則人之有德於我者, 又將何以報之乎?

원망할 사람에게 이미 德으로써 이를 보답하였다면, 나에게 德을 입힌 다른 자는 장차 무엇으로써 보답할 것인가를 말한 것이다.

368-㊂

於其所怨者, 愛憎取舍, 一以至公而無私, 所謂直也. 於其所德者, 則必以德報之,
不可忘也.

○ 或人之言, 可謂厚矣. 然以聖人之言觀之, 則見其出於有意之私, 而怨德之報,
皆不得其平也. 必如夫子之言, 然後二者之報各得其所. 然怨有不讐, 而德無不報,
則又未嘗不厚也. 此章之言, 明白簡約, 而其指意曲折反復. 如造化之簡易易知,
而微妙無窮, 學者所宜詳玩也.

원한을 가진 사람에게 愛憎과 取舍(取捨)는 한결같이 至公으로 하여 사사로움이
없는 것이 소위 말하는 直이다. 덕스럽다 여기는 바의 사람에게라면 틀림없이
이를 德으로 갚아 잊지 않아야 할 것이다.

○ 或人의 말은 가히 厚하다 할 만하다. 그러나 聖人의 말로 이를 보면 그것이
有意之私(의도적인 사사로움)가 있어 원한과 德에 대한 보답이 모두 그 공평함을
얻지 못함을 발견할 수 있다. 반드시 夫子의 말과 같아진 연후라야 두 가지의
보답이 각각 그 위치를 얻을 수 있다. 그러나 원한에 원수로 여김이 없고 은혜에
보답하지 않음이 없다면 또한 厚하지 않은 것이 없다. 이 章의 말은 명백하고
簡約하여 그 指意가 曲折하고 반복된다. 마치 造化의 簡易(《周易》 繫辭傳에 '乾以易知,
坤以簡能'이라 함)함을 쉽게 알 수는 있지만, 그 미묘함은 무궁하니 배우는 자는
의당 자세히 玩味해야 할 것이다.

369(14-37)

莫我知也夫

공자가 말하였다.

"나를 알아주는 자가 없구나!"

자공子貢이 말하였다.

"어찌 선생님을 알아주는 자가 없겠습니까?"

공자가 이렇게 말하였다.

"하늘을 원망하지 아니하고, 사람을 탓하지 아니하며, 아래로 배워 위로 통달하니 나를 알아주는 자는 하늘이런가!"

> 子曰:「莫我知也夫!」㊀
>
> 子貢曰:「何爲其莫知子也?」
>
> 子曰:「不怨天, 不尤人, 下學而上達. 知我者其天乎!」㊁

【我知】나를 알아주다(知我). 앞의 否定詞「莫」으로 인해 도치되었다.
【子貢】端木賜.
【下學上達】下學은 人事, 上達은 天理이다. 아래로 人事를 배운 후에 위로 天理에
  이른다는 뜻으로 卑近한 사물을 익혀 깊은 學理로 나아감을 말한다.

● 諺解

陶山本
    子(ᄌ)ㅣ 굴ᄋ샤ᄃᆡ 날 알리 업슨뎌
    子貢(ᄌ공)이 굴오ᄃᆡ 엇디 그 子(ᄌ)를 알리 업스니잇고 子(ᄌ)ㅣ
굴ᄋ샤ᄃᆡ 天(텬)을 怨(원)티 아니 ᄒ며 人(신)을 尤(우)티 아니ᄒ고 下(하)로
學(ᄒᆨ)ᄒ야 上(샹)으로 達(달)ᄒ노니 나를 아는 者(쟈)ᄂᆞᆫ 그 天(텬)인뎌

栗谷本
    子(ᄌ)ㅣ ᄀᆞᄅ샤ᄃᆡ 나를 아디 몯ᄒᄂᆞᆫ뎌
    子貢(ᄌ공)이 굴오ᄃᆡ 엇디 ᄒᄆᆞ로 子(ᄌ)를 아디 몯ᄒᄂᆞ니잇고
子(ᄌ)ㅣ ᄀᆞᄅ샤ᄃᆡ 天(텬)을 怨(원)티 아니며 人(인)을 尤(우)티 아니코 下(하)로
學(ᄒᆨ)ᄒ야 上(샹)으로 達(달)ᄒ노니 날 아는 者(쟈)ᄂᆞᆫ 그 天(텬)이신뎌

◆ 集註

369-㊀

夫, 音扶.
○ 夫子自歎, 以發子貢之問也.

夫는 음이 扶(부)이다.
○ 夫子 스스로 탄식하여 子貢의 질문을 유발한 것이다.

369-㊁

不得於天而不怨天, 不合於人而不尤人, 但知下學而自然上達. 此但自言其反己自修, 循序漸進耳, 無以甚異於人而致其知也. 然深味其語意, 則見其中自有人不及知而天獨知之之妙. 蓋在孔門, 唯子貢之智幾足以及此, 故特語以發之. 惜乎, 其猶有所未達也!

○ 程子曰:「不怨天, 不尤人, 在理當如此.」

又曰:「下學上達, 意在言表.」

又曰:「學者, 須守下學上達之語, 乃學之要. 蓋凡下學人事, 便是上達天理. 然習而不察, 則亦不能以上達矣.」

하늘로부터 얻지 못하여도 하늘을 원망하지 않고, 사람에게 합하지 못하여도 사람을 탓하지 않으며, 다만 아래의 일을 배워 자연스럽게 위로 통달한다는 것이다. 이는 다만 스스로 反己自修하여 순서에 따라 점점 나아갈 뿐, 남들과 심히 다르게 그 지혜에 이르는 것은 없음을 말한 것이다. 그러나 그 語意를 깊이 음미해 보면, 그 중에 저절로 남이 미치지 못할 지혜가 있어 하늘만이 홀로 이를 알아주는 묘함이 있음을 발견할 수 있다. 대개 孔子의 門下에는 오직 子貢의 지혜만이 거의 여기에 미치기에 족하여, 그 때문에 특별히 말하여 유발시킨 것이다. 아깝도다, 그래도 오히려 통달하지 못하였으니!

○ 程子(程頤)는 이렇게 말하였다. "不怨天, 不尤人은 이치에 있어서 당연히 이와 같아야 한다."

또 이렇게 말하였다. "下學上達은 그 뜻이 말 밖에 있다."

또 이렇게 말하였다. "배우는 자는 모름지기 下學上達의 말을 지켜야 하나니, 이것이 곧 학문의 요체이다. 대개 무릇 아래로 人事를 배우게 되면 곧 天理를 上達하게 된다. 그러나 익히기만 하고 살펴보지 않으면 역시 上達할 수가 없다."

370(14-38)

公伯寮愬子路於季孫

공백료公伯寮가 계손季孫에게 자로子路를 참소하자, 자복경백子服景伯이 공자에게 이렇게 말하였다.

"계손씨가 진실로 공백료의 말에 혹한 뜻을 두고 있으니, 제 힘으로라도 능히 그를 죽여 저자나 조정에 그 시신을 펴놓고자 합니다."

공자가 이렇게 말하였다.

"도가 장차 행해지는 것도 운명이며, 도가 장차 폐하고 마는 것도 운명이로다. 그러한 운명에 공백료인들 어찌하겠느냐?"

公伯寮愬子路於季孫.

子服景伯以告, 曰:「夫子固有惑志於公伯寮, 吾力猶
　　　　能肆諸市朝.」㊀

子曰:「道之將行也與, 命也; 道之將廢也與, 命也.
　　公伯寮其如命何!」㊁

【公伯寮】魯나라 사람으로 姓은 公伯, 이름은 寮.《史記》仲尼弟子列傳에는
「公伯寮, 字子周」라 하였다.

【愬】訴와 같다. '소'로 읽는다.

【季孫】季孫氏. 魯나라 三桓의 하나.

【子路】仲由.

【子服景伯】子服氏. 諡號는 景이며, 伯은 字. 魯나라 大夫인 子服何.

【肆】시신을 펴놓음.《周禮》註에「有罪既殺, 陳其尸曰肆」라 하였다. '사'로
읽는다.

【市朝】古代 罪人을 죽여 梟示하거나 朝廷에 보이는 것.

⊙ 諺解

陶山本　　公伯寮(공빅료)ㅣ 子路(주로)를 季孫(계손)의게 愬(소)ᄒ야늘
子服景伯(주복경빅)이 뻐 告(고)ᄒ야 ᄀᆞᆯ오듸 夫子(부주)ㅣ 진실로
公伯寮(공빅료)의게 惑志(혹지)를 둔ᄂᆞ니 내 힘이 오히려 能(능)히 市朝(시됴)애
肆(ᄉᆞ)홀 이이다

子(주)ㅣ ᄀᆞᆯ으샤듸 道(도)의 쟝ᄎᆞᆺ 行(ᄒᆡᆼ)홈도 命(명)이며 道(도)의 쟝ᄎᆞᆺ
廢(폐)홈도 命(명)이니 公伯寮(공빅료)ㅣ 그 命(명)에 엇디리오

　　公伯寮(공빅료)ㅣ 子路(ㅈ로)를 季孫(계손)의게 愬(소)ᄒᆞ거늘
　　子服景伯(ㅈ복경빅)이 뻐 告(고)ᄒᆞ야 ᄀᆞᆯ오디 夫子(부ㅈ)ㅣ 진실로
公伯寮(공빅료)의게 惑(혹)ᄒᆞᆫ 뜻을 둣ᄂᆞ니 내 힘으로 오히려 能(능)히 市朝(시됴)의
肆(ᄉᆞ)ᄒᆞ리이다

　　子(ㅈ)ㅣ ᄀᆞᄅᆞ샤디 道(도)의 쟝ᄎᆞᆺ 行(ᄒᆡᆼ)홈도 命(명)이며 道(도)의 쟝ᄎᆞᆺ
廢(폐)홈도 命(명)이니 公伯寮(공빅료)ㅣ 그 命(명)에 엇디리오

◆ 集 註

370-㉠

朝, 音潮.

○ 公伯寮, 魯人, 子服氏, 景諡, 伯字, 魯大夫子服何也. 夫子, 指季孫. 言其有疑於
寮之言也. 肆, 陳尸也. 言欲誅寮.

朝는 음이 潮(조)이다.

○ 公伯寮는 魯나라 사람이다. 子服은 氏요, 景은 諡號이며, 伯은 字이다.
魯나라 大夫인 子服何이다. 夫子는 季孫을 가리킨다. 公伯寮의 말에 의심을
가지고 있다는 말이다. 肆는 시신을 陳設해 놓는 것으로 公伯寮를 주살하겠다는
말이다.

370-㉡

與, 平聲.
○ 謝氏曰:「雖寮之愬行, 亦命也. 其實寮無如之何.」
愚謂:「言此以曉景伯, 安子路, 而警伯寮耳. 聖人於利害之際, 則不待決於命而
後泰然也.」

與는 平聲이다.

○ 謝氏(謝良佐)는 이렇게 말하였다. "비록 公伯寮의 참소가 실행된다 해도 역시 운명이니 사실 公伯寮도 어찌 할 수가 없다."

내 생각으로는 이렇다. "이를 말하여 景伯을 깨우쳐 주고 子路를 안정시켜 公伯寮를 경계시키면 그뿐이다. 성인이 利害 사이에 있어서는 운명의 결정을 기다리고 나서 그 후에 태연해지는 것은 아니다."

371(14-39)

賢者辟世

공자가 말하였다.

"어진 자는 우선 세상을 피하고, 그 다음에는 그 땅을 피하며, 그 다음에는 임금의 얼굴을 피하고, 그 다음에는 말을 피하느니라."

子曰:「賢者辟世,㊀ 其次辟地,㊁ 其次辟色,㊂ 其次辟言.」㊃

【辟】避의 通假字. '피'로 읽는다.
【色】임금의 얼굴 색.

子(ᄌ)ㅣ 글ᄋ샤ᄃᆡ 賢(현)ᄒᆞᆫ 者(쟈)ᄂᆞᆫ 世(셰)를 辟(피)ᄒᆞ고
그 次(ᄎ)ᄂᆞᆫ 地(디)를 辟(피)ᄒᆞ고
그 次(ᄎ)ᄂᆞᆫ 色(ᄉᆡᆨ)을 辟(피)ᄒᆞ고
그 次(ᄎ)ᄂᆞᆫ 言(언)을 辟(피)ᄒᆞᄂᆞ니라

 子(ᄌ)ㅣ ᄀᆞᄅᆞ샤ᄃᆡ 賢者(현쟈)ㅣ 世(셰)를 辟(피)ᄒᆞᄂᆞ니
그 次(ᄎ)ᄂᆞᆫ 地(디)를 辟(피)ᄒᆞ고
그 次(ᄎ)ᄂᆞᆫ 色(ᄉᆡᆨ)을 辟(피)ᄒᆞ고
그 次(ᄎ)ᄂᆞᆫ 言(언)을 辟(피)ᄒᆞᄂᆞ니라

371-㊀

辟, 去聲, 下同.
○ 天下無道而隱, 若伯夷·太公是也.

辟(피)는 去聲이다. 아래도 같다.
○ 天下에 道가 없으면 숨는다는 것은, 伯夷와 太公 같은 경우가 이것이다.

371-㊁

去亂國, 適治邦.

亂國을 떠나 다스려지는 나라로 가는 것이다.

371-㊂

禮貌衰而去.

禮貌가 쇠하여 떠나는 것이다.

371-㊃

有違言而後去也.
○ 程子曰:「四者, 雖以大小次第言之, 然非有優劣也, 所遇不同耳.」

말을 거스름이 있어 떠나는 것이다.
○ 程子(程顥)는 이렇게 말하였다. "네 가지는 비록 大小와 차례에 따라 말하였으나 優劣이 있는 것은 아니다. 당하는 경우에 따라 다를 뿐이다."

作者七人矣

공자가 말하였다.
"실행한 사람이 일곱이었다."*

子曰:「作者七人矣.」㊀

【作者】 어떤 일을 만들어 실행한 사람.
* 何晏은 본장과 앞장이 연결되어, 앞의 내용을 실천한 사람이 7人이었다고
  여겼다(《論語集解》). 그러나 "떠난 사람이 7人이었다"로 풀이하기도 한다.

子(ᄌ)ㅣ 골ᄋ샤ᄃᆡ 作(작)ᄒᆞᆫ 者(쟈)ㅣ 七人(칠신)이로다

 子(ᄌ)ㅣ ᄀᆞᄅᆞ샤ᄃᆡ 作(작)ᄒᆞᆫ 者(쟈)ㅣ 七人(칠인)이로다

◆ 集註

372-㊀

李氏曰:「作, 起也. 言起而隱去者, 今七人矣. 不可知其誰何. 必求其人以實之, 則鑿矣.」

李氏(李郁, 字는 光祖)는 이렇게 말하였다. "作은 起이다. 일어나 은둔해 떠난 자가 현재까지 7人이었음을 말한 것이다. 그가 누구인지는 알 수 없다. 꼭 그 사람을 찾아 실증하려 한다면 이는 헛된 穿鑿이다."

373(14-41)

子路宿於石門

자로子路가 석문石門에서 유숙하고 나자, 새벽에 문지기가 물었다.

"어디서 오셨습니까?"

자로가 대답하였다.

"공씨孔氏 계신 데에서 왔소이다."

그러자 그는 이렇게 말하였다.

"안 되는 줄 알면서도 그렇게 하는 그 사람 말이오?"

子路宿於石門.

晨門曰:「奚自?」

子路曰:「自孔氏.」

　曰:「是知其不可而爲之者與?」⊖

【子路】仲由.

【石門】地名. 鄭玄의 注에는「石門. 魯城外門也」라 하였다.

【晨門】새벽에 문 여는 일을 맡은 자.

 諺 解

南山本 　子路(ᄌ로)ㅣ 石門(셕문)에 宿(슉)ᄒ더니 晨門(신문)이 ᄀᆞᆯ오ᄃᆡ 어드러브터 오 子路(ᄌ로)ㅣ ᄀᆞᆯ오ᄃᆡ 孔氏(공시)로브테로라 ᄀᆞᆯ오ᄃᆡ 이 그 可(가)티 아닌 줄을 알오ᄃᆡ ᄒᆞ는 者(쟈)가

栗谷本 　子路(ᄌ로)ㅣ 石門(셕문)의 자더니 晨門(신문)이 ᄀᆞᆯ오ᄃᆡ 어드러셔 自(ᄌ)ᄒᆞ뇨 子路(ᄌ로)ㅣ ᄀᆞᆯ오ᄃᆡ 孔氏(공시)로셔 自(ᄌ)호라 ᄀᆞᆯ오ᄃᆡ 이 그 可(가)티 몯흔 줄 알며 ᄒᆞ는 者(쟈)가

 集 註

373-㉠

與, 平聲.

○ 石門, 地名. 晨門, 掌晨啓門, 蓋賢人隱於抱關者也. 自, 從也, 問其何所從來也.
胡氏曰:「晨門知世之不可而不爲, 故以是譏孔子. 然不知聖人之視天下, 無不可爲之時也.」

與는 平聲이다.

○ 石門은 地名이다. 晨門은 새벽에 성문을 열어 주는 일을 관장하는 자로써, 아마 賢人이면서 관문을 지키는 일에 은둔한 자일 것이다. 自는 從(~로부터)과 같으며 어디로부터 왔는가를 물은 것이다.

胡氏(胡寅)는 이렇게 말하였다. "새벽 성문지기는 세상에 불가능한 것을 알고 하지 않는 자이다. 그 때문에 이처럼 孔子를 譏弄한 것이다. 그러나 聖人이 天下 보기를, 실행하기에 不可한 때란 없다고 여기고 있음을 알지 못하였다."

374(14-42)

子擊磬於衛

공자가 위衛나라에서 경磬을 두드리고 있을 때, 삼태기를 짊어진 어떤 사람이 공자의 문 앞을 지나면서 이렇게 말하였다.

"마음을 두고 치는구나, 경치는 소리여!"

그리고 조금 후에 다시 이렇게 말하였다.

"비루하도다, 그 경경硜硜하는 소리여! 자신을 알아주지 않으면 여기에서 그칠 일이로다. '깊은 물이면 옷을 입은 채 건너고, 얕은 물이면 옷을 걷고 건너면 된다'라고 하였거늘."

공자가 이를 듣고 이렇게 말하였다.

"과감한 자로다! 그렇게만 한다면야 어려울 것이 없겠도다!"

子擊磬於衛, 有荷蕢而過孔氏之門者, 曰：「有心哉,
擊磬乎!」㊀
既而曰：「鄙哉, 硜硜乎! 莫己知也, 斯已而已矣.
『深則厲, 淺則揭』.」㊁
子曰：「果哉! 末之難矣.」㊂

【擊磬】磬은 樂器의 일종. 磬은 '경'으로 읽는다.
【荷蕢】荷는 짊어지다(동사). 궤(蕢)는 풀로 만든 바구니, 삼태기. 여기서는 隱者를
뜻한다.
【硜硜】樂器 소리. 딱딱하다는 뜻. 세상을 피할 의사가 없다는 소리로 들은 것.
《諺解》에는 '경경'으로 읽었다.
【深厲淺揭】《詩經》邶風 匏有苦葉의 구절. 世俗에 부응하여 살면 된다는 뜻이다.
【末之難矣】楊伯峻은 "그를 설득시킬 방법이 없구나"로 毛子水는 "그렇게 한다면
무슨 어려움이 있겠는가!"로 풀이하였다. 혹은 "그의 非難에 어쩔 수가 없구나!"로
해석할 수도 있다. 末은 無와 같다.

⊙ 諺解

　　　　子(ᄌ)ㅣ 磬(경)을 衛(위)예셔 擊(격)ᄒ더시니 蕢(궤)를 荷(하)
　　　ᄒ고 孔氏(공시)의 門(문)에 過(과)ᄒᆞᆯ 者(쟈)ㅣ 이셔 ᄀᆞᆯ오ᄃᆡ 有心(유심)
　　　ᄒ다 磬(경)을 擊(격)홈이여
이윽고 ᄀᆞᆯ오ᄃᆡ 鄙(비)ᄒ다 硜硜(경경)홈이여 己(긔)를 알 리 업거든 이예
말 ᄯᆞ름이니 深(심)ᄒᆞᆫ 則(즉) 厲(려)ᄒ고 淺(천)ᄒᆞᆫ 則(즉) 揭(게)홀 ᄯᆡ니라
　　　子(ᄌ)ㅣ ᄀᆞᆯᄋᆞ샤ᄃᆡ 果(과)ᄒ다 難(난)홈이 업스니라

子(주)ㅣ 衛(위)에셔 磬(경) 치거시늘 蕢(궤)를 荷(하)ᄒ고 孔氏(공시)ㅅ 門(문)에 디늘 者(쟈)ㅣ 이셔 ᄀᆞᆯ오ᄃᆡ 有心(유심)ᄒ다 磬(경)을 치기여

이윽고 ᄀᆞᆯ오ᄃᆡ 鄙(비)ᄒ다 硜硜(경경)홈이여 날을 아디 몯ᄒ거든 이예 마룰 디니 深(심)거든 厲(려)ᄒ고 淺(쳔)커든 揭(게)홀 디니라

　子(주)ㅣ ᄀᆞᄅᆞ샤ᄃᆡ 果(과)ᄒ다 어려오미 업스리로다

◆ 集註

374-㉠

荷, 去聲.

○ 磬, 樂器. 荷, 擔也. 蕢, 草器也. 此荷蕢者, 亦隱士也. 聖人之心未嘗忘天下, 此人聞其磬聲而知之, 則亦非常人矣.

荷는 去聲이다.

○ 磬은 樂器이다. 荷는 메다의 뜻이다. 蕢는 풀로 짠 그릇이다. 이 蕢를 멘 자도 역시 隱士이다. 聖人의 마음에 天下를 잊은 적이 없으니, 이 사람이 그 경의 소리를 듣고 이를 알아차린 것으로 보아 역시 보통 사람은 아니다.

374-㉡

硜, 苦耕反. 莫己之己, 音紀, 餘音以. 揭, 起例反.

○ 硜硜, 石聲, 亦專確之意. 以衣涉水曰厲, 攝衣涉水曰揭. 此兩句, 衛風匏有苦葉之詩也. 譏孔子人不知己而不止, 不能適淺深之宜.

硜硜은 反切로 '苦耕反'(경)이다. 莫己의 己는 음이 紀(기)이다. 그 외 나머지(己를 가리킴)는 음이 以(이,ㄹ)이다. 揭는 '起例反'(게)이다.

○ 硜硜은 돌 소리이며, 역시 오로지 하고 확고하다는 뜻이다. 웃옷을 입은 채로 물을 건너는 것을 厲라 하고, 옷을 걷고 건너는 것을 揭라 한다. 이 두 구절은 《詩經》 衛風 匏有苦葉의 詩이다. 孔子에 대하여 남이 자신을 알아주지 않는데도 중지하지 않아 능히 深淺의 마땅함에 적응하지 못하는 것을 譏弄한 것이다.

374-㊂

果哉, 嘆其果於忘世也. 末, 無也. 聖人心同天地, 視天下猶一家, 中國猶一人, 不能一日忘也. 故聞荷蕢之言, 而嘆其果於忘世. 且言人之出處, 若但如此, 則亦無所難矣.

果哉라 한 것은 세상을 잊고 사는데 과감함을 탄식한 것이다. 末은 無이다. 聖人의 마음은 天地와 같이 하여 天下를 마치 一家처럼 보며 中國(中原)을 한 사람으로 여겨 하루도 잊지 못하였다. 그 때문에 삼태기를 메고 가는 자의 말을 듣고 그의 세상 잊음에 과감함을 탄식한 것이다. 게다가 사람의 出處(세상에 나가는 것과 은둔함)가 만약 오직 이와 같다면 역시 어려움이 없을 것임을 말한 것이다.

375(14-43)

子張曰書云

자장子張이 말하였다.

"서書에 '고종高宗이 양암諒陰으로 삼 년 동안 말을 하지 않았다'라고 하였는데, 무슨 뜻입니까?"

공자가 이렇게 설명하였다.

"하필 고종만이 그렇게 하였겠느냐? 옛날 사람들은 누구나 그렇게 하였느니라. 임금이 돌아가시면 온 관리들은 모두가 자신의 직무를 삼 년 동안 총재家宰에게 듣고 처리하였느니라."

子張曰:「書云:『高宗諒陰, 三年不言.』何謂也?」⊖

子曰:「何必高宗, 古之人皆然. 君薨, 百官總己以聽

於家宰三年.」⊖

【子張】顓孫師.

【高宗】殷(商)의 中興主인 武丁을 가리킨다.
부열(傅說)을 얻어 殷나라를 부흥시켰다.
본문의 구절은 《尙書》 無逸篇에 있다.

【諒陰】天子나 임금이 부모의 죽음에 守孝
를 위해 喪中에 있음을 뜻함. 혹은 居喪中인
상태. 諒闇, 亮陰으로도 쓴다. 3년의 喪期
동안 政令을 내지 않음을 뜻한다. 諒陰은
'량암'으로 읽는다(《諺解》). 《尙書》 無逸
篇에는 「乃或亮陰, 三年不言」이라 되어
있다. 이에 대해 馬融은 「信黙不言」하는 것
이라 하였고, 鄭玄은 凶廬(居喪하는 곳)라
하였다.

〈殷 高宗〉(武丁) 《三才圖會》

【冢宰】天子가 守孝하느라 政事를 보지 못하므로 대신 冢宰에게 물어 처리하는
것. 冢宰는 太宰, 行政의 최고 책임자. 《周禮》 天官 참조.

⊙ 諺解

陶山本　　子張(ᄌ댱)이 굴오디 書(셔)에 닐오디 高宗(고종)이 諒陰(량암)에
三年(삼년)을 言(언)티 아니타 ᄒ니 엇디 닐옴이니잇고
子(ᄌ)ㅣ 굴ᄋ샤디 엇디 반ᄃ시 高宗(고종)ᄯᆞᆫ이리오 녯사ᄅᆞᆷ이 다 그러ᄒ니
君(군)이 薨(훙)커든 百官(빅관)이 己(긔)를 總(총)ᄒ야 뻐 冢宰(통지)의게
聽(텽)홈을 三年(삼년)을 ᄒ니라

栗谷本　　子張(ᄌ댱)이 굴오디 書(셔)에 닐오디 高宗(고종)이 諒陰(량암)의
三年(삼년)을 言(언)티 아니ᄒ시다 ᄒ니 엇디 닐옴이니잇고
子(ᄌ)ㅣ ᄀᆞᄅᆞ샤디 엇디 구텨여 高宗(고종)이리오 녯 人(인)이 다 그러터니
君(군)이 薨(훙)커시든 百官(빅관)이 己(긔)를 總(총)ᄒ야 뻐 冢宰(통지)의게
듯기를 三年(삼년)을 ᄒ더니라

375-㊀

高宗, 商王武丁也. 諒陰, 天子居喪之名, 未詳其義.

高宗은 商나라 임금인 武丁이다. 諒陰이란 天子가 居喪(喪中에 거하는 곳)의 이름이다. 그 뜻은 상세하지 않다.

375-㊁

言君薨, 則諸侯亦然. 總己, 謂總攝己職. 冢宰, 大宰也. 百官聽於冢宰, 故君得以三年不言也.
○ 胡氏曰: 「位有貴賤, 而生於父母無以異者. 故三年之喪, 自天子達. 子張非疑此也, 殆以爲人君三年不言, 則臣下無所稟令, 禍亂或由以起也. 孔子告以聽於冢宰, 則禍亂非所憂矣.」

君薨이라 말한 것으로 보아 諸侯도 역시 이와 같다. 總己란 자신의 직무를 총괄하여 攝政함을 말한다. 冢宰는 태재(大宰)이다. 모든 관리가 冢宰에게 듣게 된다. 그 때문에 임금은 3년 동안 말을 하지 않을 수 있다.
○ 胡氏(胡寅)는 이렇게 말하였다. "職位에는 貴賤이 있으나 부모로부터 태어남에는 다를 것이 없다. 그 때문에 三年喪은 天子로부터 통달된다. 子張이 이를 의심한 것이 아니라, 아마 임금 된 자가 3년을 말을 하지 않으면 신하가 그 명령을 稟議할 바가 없으니 禍亂이 혹 여기서 일어나는 것이 아닌가 여긴 것이다. 孔子가 冢宰에게 듣는다고 하였으니, 그렇다면 禍亂은 걱정할 바가 아니라고 일러 준 것이다."

376(14-44)

上好禮

공자가 말하였다.
"윗사람이 예를 좋아하면 백성은 쉽게 부릴 수 있다."

子曰:「上好禮, 則民易使也.」㊀

【易使】 '부리기 쉽다'의 뜻이다. 陽貨篇 438(17-4)의 『小人學道則易使也』와 같다.
易은 음이 '이'이다.

子(조)ㅣ 굴♀샤딕 上(샹)이 禮(례)를 好(호)ᄒ면 民(민)을 使(ᄉ) 홈이 易(이)ᄒ니라

 　子(조)ㅣ ᄀ른샤딕 上(샹)이 禮(례)를 好(호)ᄒ면 民(민)이 브리기 쉬오니라

◆ 集 註

376-㊀

好·易, 皆去聲.
○ 謝氏曰:「『禮達而分定』, 故民易使.」

好·易는 모두 去聲이다.
○ 謝氏(謝良佐)는 이렇게 말하였다. "『禮達而分定』(예가 통달하여 직분이 정해짐.《禮記》 禮運)하기 때문에 百姓을 부리기가 쉬운 것이다."

377(14-45)

子路問君子

자로子路가 군자에 대하여 여쭙자, 공자가 이렇게 말하였다.

"자신을 수양하되 공경으로써 할지니라."

자로가 다시 여쭈었다.

"그렇게만 하면 되는 것입니까?"

공자가 말하였다.

"자신을 수양하되 남을 편안히 해주어야 한다."

자로가 여쭈었다.

"그렇게만 하면 되는 것입니까?"

공자가 이렇게 설명하였다.

"자신을 수양하되 백성을 편안히 해 주어야 하느니라. 자신을 수양하되 백성을 편안히 하는 것은 요堯·순舜도 오히려 어렵게 여겼던 바이니라."*

子路問君子.

子曰:「脩己以敬.」

曰:「如斯而已乎?」

曰:「脩己以安人.」

曰:「如斯而已乎?」

曰:「脩己以安百姓. 脩己以安百姓, 堯舜其猶病諸!」㊀

【子路】仲由.

【病諸】病은 병폐. 해내지 못하는 어려운 것으로 여김. 諸는 之乎의 合音字로 '저'로 읽는다.

＊劉寶楠은 《孟子正義》 疏에서 「修己者, 修身也; 安人者, 齊家也; 安百姓, 則治國平天下也」라 하였다.

"修己以安百姓"(石可)

◉ 諺 解

陶山本 子路(주로)ㅣ 君子(군주)를 묻주온대 子(주)ㅣ 글ㅇ샤딕 己(긔)를 修(슈)호딕 敬(경)으로써 홀 띠니라 글오딕 이러틋 홀 ㅆ롬이니잇가 글ㅇ샤딕 己(긔)를 修(슈)ㅎ야 써 人(신)을 安(안)홀 띠니라 글오딕 이러틋 홀 ㅆ롬이니잇가 글ㅇ샤딕 己(긔)를 修(슈)ㅎ야 써 百姓(빅셩)을 安(안)홀 띠니 己(긔)를 修(슈)ㅎ야 써 百姓(빅셩)을 安(안)홈은 堯舜(요슌)도 그 오히려 病(병)ㅎ시니라

子路(ᄌ로)ㅣ 君子(군ᄌ)를 問(문)ᄒ대 子(ᄌ)ㅣ ᄀᄅ샤ᄃᆡ 己(긔)를 修(슈)호ᄃᆡ 敬(경)으로ᄡᅥ ᄒᄂ니라 ᄀᆯ오ᄃᆡ 이ᄀᆞ틀만 ᄒ고 말리잇가 ᄀᆞᄅ샤ᄃᆡ 己(긔)를 修(슈)ᄒ야 ᄡᅥ 人(인)을 安(안)ᄒ니라 ᄀᆯ오ᄃᆡ 이ᄀᆞ틀만 ᄒ고 말리잇가 ᄀᆞᄅ샤ᄃᆡ 己(긔)를 修(슈)ᄒ야 ᄡᅥ 百姓(ᄇᆡᆨ셩)을 安(안)ᄒ기는 己(긔)를 修(슈)ᄒ야 ᄡᅥ 百姓(ᄇᆡᆨ셩)을 安(안)호ᄆᆞᆫ 堯舜(요슌)도 그 오히려 病(병)ᄒ더시니라

◆ 集註

377-㊀

脩己以敬, 夫子之言至矣盡矣, 而子路少之, 故再以其充積之盛, 自然及物者告之, 無他道也. 人者, 對己而言. 百姓, 則盡乎人矣. 堯舜猶病, 言不可以有加如此. 以抑子路, 使反求諸近也. 蓋聖人之心無窮, 世雖極治, 然豈能必知四海之內, 果無一物不得其所哉? 故堯舜猶以安百姓爲病. 若曰吾治已足, 則非所以爲聖人矣.

○ 程子曰:「君子脩己以安百姓, 篤恭而天下平. 唯上下一於恭敬, 則天地自位, 萬物自育, 氣無不和, 而四靈畢至矣. 此體信達順之道, 聰明睿知皆由是出, 以此事天饗帝.」

脩己以敬은 夫子의 말 중에서 지극하고 曲盡함이 있는데도 子路가 이를 사소한 일이라 여긴 것이다. 그 때문에 그 充積之盛(채우고 쌓아 풍성히 함)하여 자연스럽게 外物에 미친다는 것으로써 일러주었으며, 다른 방도가 있는 것은 아니다. 人(남)이란 己(자기)를 상대하여 일컫는 말이다. 百姓 모두 사람(타인)을 다 포함한 것이다. 堯舜도 어려운 것으로 여겼다는 것은 여기에 더할 것이 없음을 말한 것이다. 子路를 억제하여 이를 돌이켜 가까운 데에서 구하도록 한 것이다. 대개 聖人의 마음은 무궁하니 세상이 비록 지극한 治世라 해도 어찌 반드시 四海之內에 과연 한 가지 물건이라도 그 제자리를 얻지 못한 바가 없다고 할 수 있겠는가? 그러므로 堯舜이 오히려 百姓을 안정시키는 일을 해내지 못한, 부족한 것으로 여겼던 것이다. 만약 나의 다스림이 이만하면 족하다라고 하였다면 이는 聖人 될 수 있는 바가 아니다.

○ 程子(程顥)는 이렇게 말하였다. "君子는 자신을 닦아 百姓을 편안히 하고 恭敬을 독실히 하여야 天下가 태평해진다. 오직 上下가 恭敬에 한결같이 한다면, 天地가 저절로 위치를 찾게 되고, 萬物이 저절로 生育되면 氣는 和하지 않음이 없으며, 네 가지 靈物(龍·鳳·麟·龜)이 모두 다가올 것이다. 이는 '體信達順'(《禮記》 禮運의 구절. 믿음을 실천하고 순리에 통달함)의 道로써 총명과 叡智가 모두 여기에서 나오는 것이니, 이로써 事天饗帝(하늘을 섬기고 天帝에게 제사함) 하는 것이다."

378(14-46)

原壤夷俟

원양原壤이 걸터앉은 채 공자를 기다리자, 공자가 이렇게 말하였다.
"어려서는 공손함과 우애가 없고, 커서는 무어라 일컬어줄 말이
없었더니, 늙어서 죽지도 않는구나. 이는 적해賊害만 될 뿐이로다."
그리고는 지팡이로 그의 정강이를 두드렸다.

> 原壤夷俟.
> 子曰:「幼而不孫弟, 長而無述焉, 老而不死, 是爲賊.」
> 以杖叩其脛.㊀

【原壤】孔子의 오랜 친구.《禮記》檀弓篇에 그의 어머니가 죽자 孔子가 治喪을
  도와준 기사가 실려 있다.
【夷俟】걸터앉은 채 기다림. 夷는 箕踞, 사(俟)는 待의 뜻.
【賊】常俗을 어그러뜨림. 賊害가 됨.

◉ 諺解

陶山本   原壤(원샹)이 夷(이)ᄒᆞ야 俟(ᄉᆞ)ᄒᆞ더니 子(ᄌᆞ)ㅣ ᄀᆞᆯᄋᆞ샤ᄃᆡ 졈어셔
       孫弟(손뎨)티 아니ᄒᆞ며 ᄌᆞ라 述(슐)홈이 업고 늙오ᄃᆡ 死(ᄉᆞ)티 아니
홈이 이 賊(적)이라 ᄒᆞ시고 杖(댱)으로써 그 脛(경)을 叩(고)ᄒᆞ시다

栗谷本   原壤(원양)이 夷(이)ᄒᆞ야 俟(ᄉᆞ)ᄒᆞ거늘 子(ᄌᆞ)ㅣ ᄀᆞᄅᆞ샤ᄃᆡ 幼(유)
       ᄒᆞ야셔 孫弟(손뎨)티 아니며 長(댱)ᄒᆞ야셔 述(슐)호미 업스며 老(로)
ᄒᆞ야셔 죽디 아니호미 이 賊(적)이 되미라 ᄒᆞ시고 杖(댱)으로써 그 脛(경)을
叩(고)ᄒᆞ시다

◆ 集註

378-㊀

孫·弟, 並去聲. 長, 上聲. 叩, 音口. 脛, 其定反.

○ 原壤, 孔子之故人. 母死而歌, 蓋老氏之流, 自放於禮法之外者. 夷, 蹲踞也.
俟, 待也. 言見孔子來而蹲踞以待之也. 述, 猶稱也. 賊者, 害人之名. 以其自幼至老,
無一善狀, 而久生於世, 徒足以敗常亂俗, 則是賊而已矣. 脛, 足骨也. 孔子旣責之,
而因以所曳之杖, 微擊其脛, 若使勿蹲踞然.

  孫·弟는 모두 去聲이다. 長은 上聲이다. 叩는 음이 口(구, 고)이다. 脛은 '其定反'
(경)이다.

○ 原壤은 孔子의 친구이다. 어머니가 죽었는데도 노래를 불렀으니(《禮記》 檀弓 下에 자세히 실려 있음), 아마 老氏(道家)의 무리로서 예법의 밖에 放誕한 자였을 것이다. 夷는 걸터앉다(踞)의 뜻이고 俟는 기다리다(待)의 뜻이다. 孔子가 오는 것을 보고도 걸터앉아 기다리고 있음을 말한 것이다. 述은 稱과 같다. 賊이란 사람을 해친다는 名稱이다. 그가 어려서부터 늙음에 이르도록 훌륭한 모습은 하나도 없이 세상에 오래 살아, 한갓 족히 敗常亂俗한다면 이는 賊일 뿐이다. 脛은 足骨(다리뼈, 정강이)이다. 孔子가 이미 질책해 놓고 이로 인해 끌고 오던 지팡이로 그 정강이를 가볍게 쳐서 그로 하여금 걸터앉지 말라고 하는 듯이 한 것이다.

闕黨童子將命

궐당闕黨의 어린 동자가 명命을 전달하는 일을 맡게 되자 어떤 이가 이렇게 물었다.

"이 아이는 더 배우려는 자이기에 그렇게 시키신 것입니까?"

공자가 이렇게 말하였다.

"나는 그 아이가 어른의 자리에 마구 앉는 것을 보았다. 또 그가 선생들과 더불어 나란히 걷는 것도 보았다. 그는 더 배우려는 자가 아니라 다만 어서 어른이 되었으면 하는 자이다."

闕黨童子將命.

或問之曰:「益者與?」㊀

子曰:「吾見其居於位也, 見其與先生並行也.

非求益者也, 欲速成者也.」㊀

【闕黨】闕里. 지금의 山東省 曲阜市 孔府가 있는 곳의 地名. 闕門이라고도 한다.

【將命】賓主 사이의 명령을 전달하는 임무를 맡음(454(17-20) 참조).

【居於位】자기 자리가 아닌 위치에 있음. 《禮記》玉藻에「童子無事則立主人之北. 南面」이라 하였다.

【與先生並行】先生의 年長者.《禮記》曲禮上에「五年以長, 則肩隨之」라 하여, 童子의 경우 어른과 나란히 걸을 수 없다.

〈闕里行敎圖〉顧愷之 그림을 동판에 새겼으며 宋 眞宗의 찬을 더하였음. 王立忠《精選中華文物石索》

闕黨(궐당)앳 童子(동ᄌ) ㅣ 命(명)을 將(쟝)ᄒ거늘 或(혹)이 묻ᄌ와 굴오듸 益(익)ᄒᄂ 者(쟈) ㅣ 니잇가

子(ᄌ) ㅣ 굴ᄋ샤듸 내 그 位(위)예 居(거)홈을 見(견)ᄒ며 그 先生(션ᄉᆡᆼ)으로 더블어 굴와 行(ᄒᆡᆼ)홈을 見(견)호니 益(익)을 求(구)ᄒᄂ 者(쟈) ㅣ 아니라 섈리 일고쟈 ᄒᄂ 者(쟈) ㅣ 니라

闕黨(궐당) 童子(동ᄌ) ㅣ 命(명)을 將(쟝)ᄒ거늘 或(혹)이 묻ᄌ와 굴오듸 益(익)ᄒ 者(쟈) ㅣ 잇가

子(ᄌ) ㅣ ᄀᆞᄅ샤듸 내 그 位(위)예 居(거)호믈 보며 그 先生(션ᄉᆡᆼ)과 더브러 ᄀᆞᆲ 行(ᄒᆡᆼ)호믈 보니 益(익)을 求(구)ᄒᄂ 者(쟈) ㅣ 아니라 섈리 成(셩)코져 ᄒᄂ 者(쟈) ㅣ 러라

379-㊀

與, 平聲.

○ 闕黨, 黨名. 童子, 未冠者之稱. 將命, 謂傳賓主之言. 或人疑此童子學有進益, 故孔子使之傳命以寵異之也.

與는 平聲이다.

○ 闕黨은 黨(마을 단위 명칭)의 이름이다. 童子는 아직 관례를 치르지 않은 자를 칭한다. 將命이란 賓主의 말을 전달해 줌을 말한다. 或人이 이 童子의 배움에 進益이 있어서 그 때문에 孔子가 傳令의 심부름을 시키며 총애가 특별한 것이 아닌가 의아히 여겼던 것이다.

379-㊁

禮, 童子當隅坐隨行. 孔子言吾見此童子, 不循此禮. 非能求益, 但欲速成爾. 故使之給使令之役, 觀長少之序, 習揖遜之容. 蓋所以抑而敎之, 非寵而異之也.

禮에는 童子는 마땅히 귀퉁이에 앉고 어른이 갈 때는 뒤따라야 한다(《禮記》檀弓·王制·玉藻·曲禮上 등 참조). 孔子는, 나는 이 童子가 이런 禮를 따르지 않는 것을 보고, 능히 進益을 구하는 것이 아니라, 다만 어서 成人이 되기를 바랄 뿐인 아이라고 말한 것이다. 그 때문에 使令의 임무를 시켜 長少之序(어른과 젊은이의 차례를 지키는 禮法)를 보고 揖遜之容(揖하고 謙讓하는 용태)을 익히도록 한 것이다. 대체로 억제시켜 이를 가르치고자 한 것이지 총애하여 기특하게 여긴 것이 아니다.

임동석(茁浦 林東錫)

慶北 榮州 上茁에서 출생. 忠北 丹陽 德尙골에서 성장. 丹陽初中 졸업. 京東高 서울 教大 國際大 建國大 대학원 졸업. 雨田 辛鎬烈 선생에게 漢學 배움. 臺灣 國立臺灣師 範大學 國文研究所(大學院) 博士班 졸업. 中華民國 國家文學博士(1983). 建國大學校 教授. 文科大學長 역임. 成均館大 延世大 高麗大 外國語大 서울대 등 大學院 강의. 韓國中國言語學會 中國語文學研究會 韓國中語中文學會 會長 역임. 저서에《朝鮮譯 學考》(中文)《中國學術槪論》《中韓對比語文論》. 편역서에《수레를 밀기 위해 내린 사람들》《栗谷先生詩文選》. 역서에《漢語音韻學講義》《廣開土王碑研究》《東北民族 源流》《龍鳳文化源流》《論語心得》〈漢語雙聲疊韻研究〉 등 학술 논문 50여 편.

임동석중국사상100

논어 論語

朱熹 集註 / 林東錫 譯註
1판 1쇄 발행/2009년 12월 12일
2쇄 발행/2013년 11월 11일
발행인 고정일
발행처 동서문화사
창업 1956. 12. 12. 등록 16-3799
서울강남구신사동563-10 ☎546-0331~6 (FAX)545-0331
www.dongsuhbook.com
잘못 만들어진 책은 바꾸어 드립니다.

*

*
사업자등록번호 211-87-75330
ISBN 978-89-497-0545-3   04080
ISBN 978-89-497-0542-2   (세트)